税目別 ケースで読み解く！
国際課税の税務調査対応マニュアル

編著 武田恒男

ぎょうせい

はじめに

　平成28年春、「パナマ文書」が話題となりました。財務省からの報道資料によると、同年8月25日、パナマシティーにおいて、日本とパナマ共和国との間で「租税に関する情報の交換のための日本国政府とパナマ共和国政府との間の協定」の署名が行われその内容については「本協定は、OECDが策定した国際基準に基づく金融口座の情報交換に必要な自動的情報交換を含む両国税務当局間における実効的な情報交換について規定するものであり、一連の国際会議等で重要性が確認されている国際的な脱税及び租税回避行為の防止に資することとなります」との説明がなされています。

　さて、経済活動のグローバル化に伴い企業や個人による国境を越えた経済活動が複雑・多様化している中、各国の税制の違いを巧みに利用して税金を納めないなどの国際的な租税回避が世界的にも大きな問題となっています。

　国税庁の発表によると、海外取引法人に対する実地調査は、平成26事務年度は1万2,957件に実施され、非違件数が3,430件あったとしています。申告漏れ所得金額は2,206億円で、一件当たりになると1,702万円にも上ります。

　また、海外取引を行っている個人に対する実地調査（特別・一般）件数は、3,322件あり、1件当たりの申告漏れ所得金額は1,944万円になるとしています。この数字は、所得税の実地調査（特別・一般）全体（1件当たり877万円）の約2.2倍ですから、海外取引をしている人がいかにお金を持っているか分かります。

　国税庁では、有価証券・不動産等の大口所有者、経常的な所得が特に高額な者などの、いわゆる「富裕層」に対しても、資産運用の多様化・国際化が進んでいることを念頭に、この数年積極的に情報収集や調査に取り組んでいると聞いております。

このように、課税当局は海外取引に対し毎年、税務調査を相当数件数行っているにも関わらず、それに対応できる専門書が極めて少ないのが現状です。すでに出版されている国際税務の書籍については、多くが専門分野に特化したものばかりで、国際税務の基本から法人税や所得税など税目全体まで把握できるものがありませんでした。そこで、「国際税務」をキーワードに、全税目に関わる実務ポイント、問題点、税務調査対応について1冊の本にまとめました。特に国際取引の実務シーンにおいて、担当者が確認したい事項を簡易にまとめているので、これ1冊あれば、国際税務の基本は網羅しているものと自負しています。

　本書ができたのは、執筆者陣が一般社団法人租税調査研究会に所属する主任研究員・研究員の税理士であり、課税当局勤務時代は、各税目の実務責任者だったからです。本書は、法律解釈は当然として、課税当局の目線、現役税理士としての目線から、バランスよく各税目の国際税務のポイントをQ＆A形式で解説しております。ここまで国際税務を網羅した書籍は、これまでに有るようでなかったので、必ずや実務の上で役立つものと思っております。

　なお、文中の意見については、個人的見解であることを念のため申し添えます。終わりに、本書刊行に当たりご支援をいただいた租税調査研究会の皆さまおよび関係者各位に執筆者を代表して心から御礼申し上げます。

　本書が、読者にとって実務上の参考となれば幸いです。

平成28年10月吉日

武田　恒男

目　次

はじめに／i

第1章　国際的な課税強化と税務調査への影響

- Q1　BEPS（税源浸食と利益移転）／2
- Q2　相互協議／5
- Q3　租税条約／8
- Q4　国際会議／10
- Q5　国際課税への取組み／12
- Q6　国際的租税回避への取組み／15
- Q7　国税庁の国際業務担当部署／17
- Q8　国税局の国際調査体制（法人）／19
- Q9　国税局の国際調査体制（個人）／22
- Q10　税務署の国際調査体制（法人）／24
- Q11　税務署の国際調査体制（個人）／26
- Q12　税務当局の海外情報入手ツール／28
- Q13　租税条約等に基づく情報交換／30
- Q14　日本の租税条約ネットワーク／33
- Q15　海外銀行の顧客情報／35
- Q16　情報交換の活用事例／36
- Q17　国外送金等調書／38
- Q18　国外証券移管等調書／39
- Q19　金融口座情報の自動的交換制度／40
- Q20　国外財産調書／43

第2章　国際課税と税務調査〔法人税編〕

- Q1　海外取引法人への調査状況／48
- Q2　海外取引への重点調査／50
- Q3　大企業への国際調査／51
- Q4　中小企業への国際調査／53
- Q5　調査対象法人の選定／56
- Q6　輸出取引の流れと調査ポイント／59
- Q7　輸入取引の流れと調査ポイント／62
- Q8　貿易業への調査（販売費、一般管理費、営業外損益、etc…）／64
- Q9　貿易業への調査（支払手数料、コミッション、リベート）／65
- Q10　貿易用語（英語）／66
- Q11　貿易用語（日本語）／69
- Q12　外貨建取引のポイント／71
- Q13　外貨建取引（規定整備の経緯）／74
- Q14　外貨建取引（発生時換算法と期末時換算法）／76
- Q15　外貨建取引（外貨建資産）／78
- Q16　外貨建取引（外貨建て有価証券）／80
- Q17　外貨建取引（先物外国為替契約）／81
- Q18　デリバティブ取引とは／82
- Q19　デリバティブ取引（期末未決済）／83
- Q20　デリバティブ取引（繰越ヘッジ処理）／85
- Q21　デリバティブ取引（時価ヘッジ処理）／87
- Q22　海外渡航費（税務調査対応）／89
- Q23　海外渡航費（業務の遂行上必要かどうかの判断基準）／91
- Q24　海外渡航費（業務と観光を併せて行った場合）／93
- Q25　海外渡航費（同業者団体の視察旅行）(1)／95
- Q26　海外渡航費（同業者団体の視察旅行）(2)／97
- Q27　海外渡航費（家族の同伴）／98

Q 28　海外渡航費の計算／100
Q 29　海外投資等損失準備金／103
Q 30　外国の地方公共団体が課す罰金／105
Q 31　タックスヘイブン対策税制／106
Q 32　外国関係会社と特定外国子会社との関係／108
Q 33　タックスヘイブン対策税制の対象／110
Q 34　合算課税の対象となる所得金額／113
Q 35　タックスヘイブン対策税制の適用除外／115
Q 36　資産性所得の合算課税／119
Q 37　統括会社の適用除外／121
Q 38　テレビ会議システム等を活用した場合の管理支配基準／124
Q 39　移転価格税制とは／126
Q 40　移転価格税制の対象となる国外関連者／129
Q 41　国外関連者に関する明細書／131
Q 42　独立企業間価格の算定／132
Q 43　事前確認制度／133
Q 44　移転価格課税への対処法／136
Q 45　資料収集と推定課税／137
Q 46　移転価格の文書化／140
Q 47　移転価格調査の対象となる企業／142
Q 48　簡易な移転価格調査（本業に付随した役務提供）／144
Q 49　簡易な移転価格調査（企業グループ内役務提供）／146
Q 50　簡易な移転価格調査（金利）／148
Q 51　海外子会社への貸付金／151
Q 52　業績不振の子会社への無利息貸付け／153
Q 53　移転価格税制の用語解説（事前確認・事前相談）／154
Q 54　移転価格課税調査への備え／157
Q 55　移転価格調査への備え（BEPS議論の検討）／158

- Q 56　移転価格調査への備え（事業内容の分析）／160
- Q 57　移転価格調査への備え（「切出しPL」の作成）／162
- Q 58　移転価格調査への備え（機能・リスク・無形資産の分析）／165
- Q 59　移転価格調査への備え（移転価格算定方法（TPM）の決定）／168
- Q 60　移転価格調査への備え（企業の情報データベースの選定）／173
- Q 61　移転価格調査への備え（経済分析方法の検討）／174
- Q 62　移転価格調査への備え（別表17（4）の作成）／176
- Q 63　移転価格調査への備え（文書化制度における文書の作成）／179
- Q 64　国外関連者への寄付金／182
- Q 65　価格調整金／184
- Q 66　出向者に対する給与負担／187
- Q 67　中小企業への移転価格課税・寄付金課税／189
- Q 68　過少資本税制／191
- Q 69　過大支払利子税制／193
- Q 70　外国子会社配当等の益金不算入／195
- Q 71　外国法人の税率／198
- Q 72　外国法人の法人税（1）／200
- Q 73　外国法人の法人税（2）／202
- Q 74　米国LLCに係る税務上の取扱い／205
- Q 75　「クロスボーダーの三角合併」により外国親法人株式の交付を受ける場合の課税関係／207
- Q 76　海外子会社への資金援助を売上返品処理に仮装していた事例／211
- Q 77　海外子会社への広告宣伝費の負担金が交際費とされた事例／212
- Q 78　架空業務委託手数料を現地子会社への寄付金とされた事例／214

Q 79　受注謝礼金をコンサルタント料に仮装していた事例／216
Q 80　海外の兄弟会社への派遣人件費等が収入計上漏れと
　　　なっていた事例／218
Q 81　米国親会社に支払われたインセンティブ相当額が
　　　給与課税された事例／219
Q 82　古い情報の買取り費用が資金援助であるとして寄付金認定
　　　された事例／220
Q 83　海外子会社への機械の無償提供が寄付金とされた事例／222
Q 84　特許使用料の中に特許実施権が含まれていた事例／224
Q 85　架空のコンサルタント料が談合類似金とされた事例／225
Q 86　海外での長期工事案件の値増し金を引渡し時に
　　　計上していなかった事例／226
Q 87　海外の政府関係者への賄賂をコンサルタント料と
　　　していた事例／228
Q 88　役務提供が完了していないとして当期の調査費用計上を
　　　否認された事例／229

第3章　国際課税と税務調査〔源泉所得税編〕

Q 1　「総合主義」から「帰属主義」へ／232
Q 2　租税条約と復興特別所得税／234
Q 3　人的役務の提供契約／236
Q 4　不動産の賃借料／238
Q 5　日本の子会社から外国法人への配当／240
Q 6　ゴルフの賞金・賞品／242
Q 7　絵画・美術工芸品の賃貸料／244
Q 8　非居住者の判定(1)／246
Q 9　非居住者の判定(2)／248
Q 10　非居住者等からの国内の土地等の購入／250

- Q11 不動産の譲渡（1億円の判定）／252
- Q12 国内源泉所得（利子）／253
- Q13 来日芸能人に支払う報酬／254
- Q14 不動産所得（社宅として貸付）／255
- Q15 短期滞在とは／256
- Q16 役務提供（事例① ドイツ）／258
- Q17 役務提供（事例② 英国）／260
- Q18 外国留学中のアルバイト費用／262

第4章　国際課税と税務調査〔所得税編〕

- Q1 国際課税への取組み（所得税・相続税）／264
- Q2 富裕層対応／266
- Q3 富裕層、海外取引を行う個人への調査状況／268
- Q4 所得税の納税義務者／270
- Q5 所得課税における住所・居所／272
- Q6 居住者と非居住者の判定／275
- Q7 非居住者となる時期／276
- Q8 非永住者と永住者／278
- Q9 海外資産への課税の概要／279
- Q10 外国税額控除の改正／281
- Q11 外国税額控除の異動／284
- Q12 海外取引の円換算／286
- Q13 為替差損益の取扱い／288
- Q14 株式の譲渡／290
- Q15 海外不動産の譲渡（1）／293
- Q16 海外不動産の譲渡（2）／296
- Q17 海外で契約した生命保険料／298
- Q18 海外機関から受給する年金／299

- Q 19 海外で支払った医療費等／300
- Q 20 海外出向者の帰国後の確定申告／302
- Q 21 国外転出時課税／304
- Q 22 外国税額控除（米国で課された所得税の取扱い等）／306
- Q 23 海外資産（株式売買）／308
- Q 24 非居住者の課税関係／309
- Q 25 国内源泉所得／311
- Q 26 非居住者の納税地（譲渡所得）／313
- Q 27 外国税額控除（アジア諸国で課された所得税の取扱い等）／316
- Q 28 非居住者の国内株式の譲渡／319
- Q 29 非居住者の国内不動産の譲渡(1)／321
- Q 30 非居住者の国内不動産の譲渡(2)／324
- Q 31 非居住者の国内不動産の譲渡(3)／326
- Q 32 非居住者の不動産貸付／328
- Q 33 恒久的施設帰属所得を有する者の確定申告(1)／331
- Q 34 恒久的施設帰属所得を有する者の確定申告(2)／333
- Q 35 恒久的施設帰属所得の計算／334
- Q 36 恒久的施設を有しない非居住者の課税／336

第5章 国際課税と税務調査〔消費税編〕

- Q 1 消費税の課税対象／340
- Q 2 納税義務者／342
- Q 3 非居住者への役務提供／345
- Q 4 国内取引の判定方法／346
- Q 5 資産の譲渡等の範囲／350
- Q 6 仕入税額控除／352
- Q 7 輸出免税制度／356
- Q 8 国境を越えた電気通信役務の提供に係る内外判定／360

- Q9　事業者向け電気通信役務の提供／363
- Q10　消費者向け電気通信役務の提供／365
- Q11　消費税の課税事業者／367
- Q12　国内資産の国外事業者への譲渡と国外資産の国内事業者への譲渡／368
- Q13　国外事業者へのノウハウの提供／370
- Q14　海外プラント工事に対する人材派遣／371
- Q15　国外取引に係る国内仕入れの仕入税額控除／373
- Q16　国外事業者に支払う情報提供料／376
- Q17　海外支店への貨物の輸出／377
- Q18　非課税資産の輸出等を行った場合の仕入税額控除／379

第6章　国際課税と税務調査〔印紙税編〕

- Q1　印紙税の課税文書／382
- Q2　印紙税の納税義務の発生時期／384
- Q3　海外で作成する文書の課否／386

第7章　国際課税と税務調査〔資産税編〕

- Q1　相続税の納税義務者（非居住無制限納税義務者）／390
- Q2　贈与税の納税義務者（非居住無制限納税義務者）(1)／393
- Q3　贈与税の納税義務者（非居住無制限納税義務者）(2)／396
- Q4　相続税の納税義務者（制限納税義務者）／399
- Q5　贈与税の納税義務者（制限納税義務者）／402
- Q6　相続税の納税義務者（特定納税義務者）／405
- Q7　住所の判定／408
- Q8　住所についての裁判所の判断／411
- Q9　納税地（非居住無制限納税義務者、制限納税義務者、特定納税義務者）／413

- Q10　財産の所在／416
- Q11　外国税額控除（相続・贈与）／418
- Q12　相続税の債務控除等／420
- Q13　国外不動産の相続税評価／423
- Q14　国外株式の相続税評価／425
- Q15　外貨の相続税評価／428
- Q16　海外資産への税務調査／430
- Q17　諸外国の相続税制／434

第8章　国際課税と税務調査〔酒税編〕

- Q1　酒税の免税／438
- Q2　酒類販売の免許／440
- Q3　酒類の輸出／442
- Q4　免税店の種類／444

第9章　国際課税と税務調査〔査察編〕

- Q1　査察調査とは／448
- Q2　海外取引を利用した脱税事件／450
- Q3　消費税の受還付犯件／452
- Q4　査察調査の範囲／454
- Q5　海外にある証拠の収集方法（捜査共助）／456
- Q6　同時査察調査／458
- Q7　査察の国際化対応／459

第10章　国際課税と税務調査〔納税手続編〕

- Q1　海外赴任中の納税手続／464
- Q2　国外転出時課税の納税猶予／466
- Q3　国外転出時課税の納税猶予における担保提供／468

Q4　国外転出（贈与）時課税の納税猶予／470
Q5　国外転出（相続）時課税の納税猶予／472
Q6　相互協議中の納税猶予(1)／474
Q7　相互協議中の納税猶予(2)／477

執筆者プロフィール／481

凡　例

文中で使用する主な引用条文の略例は、次のとおりである。

【略　例】	【正式名称】
基準7(1)	会計上の変更及び誤謬の訂正に関する会計基準7(1)
措法8の5①一	租税特別措置法第8条の5第1項第一号
法法61の13①	法人税法第61条の13第1項
法令175②	法人税法施行令第175条第2項
法規60の2①	法人税法施行規則第60条の2第2項
所法25①	所得税法第25条第1項
法基通12－3－8	法人税基本通達12－3－8
通則法70②	国税通則法第70条第2項

第1章

国際的な課税強化と税務調査への影響

1 BEPS（税源浸食と利益移転）

Q BEPSの動きを踏まえた国際課税の最近の流れについて教えて下さい。

A 　**1　国際課税の世界的な潮流**

　経済のグローバル化に伴い、近年では特に多国籍企業が各国の税制上の優遇措置や租税条約などを巧みに利用した過度な節税対策を行い、国際的な批判を浴びています。スターバックスやグーグル、アマゾン、アップルなどの世界的に有名な企業による租税回避行為がマスコミで取り上げられたことはご存知の通りです。これらの企業による節税スキームは、国による税率の違いを利用し、税率の高い国から低い国へ所得を移転させることによって、グループ全体のグローバルな税負担を軽減しようとするものでした。こうした行為は法律違反とはいえないまでも、各国において財源が失われることへの危機感とともに、制度の趣旨に反する行動に対して社会的な不公平感が高まりました。

　このような状況を受け、OECD（経済協力開発機構）は平成24年6月よりBEPSプロジェクトを立ち上げました。BEPSとは、Base Erosion and Profit Shiftingの略語で、「税源浸食と利益移転」と訳されています。平成27年10月5日にOECD租税委員会からBEPSプロジェクトの最終報告書が公表され、G20財務大臣・中央銀行総裁会議にて採択されました。最終報告書は、以下の15の行動計画から構成されており、行動計画ごとに提言が盛り込まれています（図表1）。

　平成27年の税制改正で導入された「国外転出時課税制度」や「国境を越えた役務の提供に対する消費税の課税の見直し」はこの行動計画に対応したものです。

　一方で、海外の金融機関の口座を利用した脱税や租税回避に対処するため、海外の金融口座の情報を税務当局間で自動的に交換しようという動きが起こり、そのための国際基準が策定されました。これを受け、日

《図表1　BEPSプロジェクト最終報告の行動計画》

行動計画 1：電子商取引課税
行動計画 2：ハイブリッド・ミスマッチ取決めの効果の否認
行動計画 3：外国子会社合算税制の強化
行動計画 4：利子等の損金算入を通じた税源浸食の制限
行動計画 5：有害税制への対抗
行動計画 6：租税条約の濫用防止
行動計画 7：恒久的施設（PE）認定の人為的回避の防止
行動計画 8：移転価格税制（①無形資産）
行動計画 9：移転価格税制（②リスクと資本）
行動計画10：移転価格税制（③他の租税回避の可能性が高い取引）
行動計画11：BEPSの規模・経済的効果の分析方法の策定
行動計画12：タックスプランニングの報告義務
行動計画13：移転価格関連の文書化の再検討
行動計画14：相互協議の効果的実施
行動計画15：多数国間協定の開発

本でも国内法の整備が進められており、富裕層が保有する国外財産の把握にも力が注がれています。

　このように、近年の国際課税の世界的な潮流は、①国際的な租税回避の防止、②富裕層に対する課税強化—に向けられていることが分かります。

2　日本の海外取引調査の動向

　日本においても、経済のグローバル化が進展し、企業の海外進出も進んでいます。

　次頁の（図表2）は日本企業の海外進出の状況を示したものです。海外の現地法人企業数は、平成16年度の1万4,996社から平成25年度には2万3,927社と約1.6倍に増加しており、特に中国に対する進出件数が急増しています。

《図表2　現地法人企業数の地域別推移》

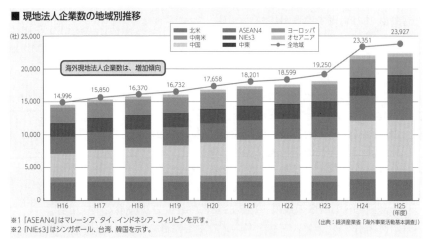

（出典）国税庁レポート2015

　こうした状況を受け、国税当局では各税目とも海外取引調査を強化しています。国税庁の記者発表資料を基に、海外関連事案の調査件数の推移を税目別にみると以下の通りであり、各税目において海外取引の調査件数は増加していることが分かります（図表3）。

《図表3　海外関連事案の調査件数の推移》

	平成25年度	平成26年度	対前年比
相続税	753件	847件	112.5%
所得税	2,717件	3,322件	122.3%
法人税	12,277件	12,957件	105.5%

　今後は、海外取引を行う中小企業や、多額の国外財産を保有する個人の富裕層に対する税務調査が強化されると見込まれますので、国際税務に対する対応が必須といえるでしょう。

2 相互協議

Q 同一の納税者の所得について、居住地国と源泉地国の双方の国で課税されることがあります。このような場合、居住地国は租税条約の規定に基づき、国外源泉所得に対する課税権を放棄する（国外所得免除方式）か、または居住地国において国外源泉所得も課税所得に含めて課税し、その算出税額から源泉地で納付した税額を控除する（外国税額控除方式）ことによって二重課税が回避されることになります。

しかし、租税条約の規定が抽象的であり、その規定の解釈が各国で異なること、またはその規定の具体的適用に各国で違いがあること等より、結果として租税条約の規定に適合しない課税が行われることが考えられます。そこで、国際的な二重課税が生じた場合の説明をお願いします。

A 国税庁では、移転価格課税等により国際的な二重課税が生じた場合、租税条約の規定に基づき外国税務当局との相互協議（納税者からの申立てまたは相手国税務当局からの申入れ）を実施してその解決（結果として納税者を救済）を図っています。

また、納税者の予測可能性を高め、移転価格税制の適正・円滑な執行を図る観点から、事前確認に係る相互協議を実施しています。国税庁のホームページに掲載された報道発表資料による相互協議の状況（平成26事務年度）は次の通りです。

1 発生件数

平成26事務年度は187件の相互協議事案が発生し、そのうち事前確認に係るものは149件でした。

相互協議事案の発生件数は平成25事務年度に比べ、若干減少し、事案全体の発生件数のうち、約80％を事前確認に係るものが占めています。

2 処理件数

平成26事務年度の処理件数は141件（前年比81％）となりました。
そのうち事前確認に係るものの処理件数は121件でした。

3 処理事案1件当たりに要した平均的な期間

平成26事務年度の処理事案1件当たりに要した平均的な期間は、22.4カ月でした（平成25事務年度22.6カ月）。そのうち事前確認に係るものの1件当たりの平均的な処理期間は、22.2カ月でした（平成25事務年度20.9カ月）。

4 繰越事案の地域別内訳

平成26事務年度の繰越事案の地域別内訳は、アジア・大洋州の事案が最も多く、次いで米州、欧州となっています。

なお、国別には、米国、中国、韓国、インド、英国の順となっています。

5 OECD非加盟国との相互協議の状況

平成26事務年度の相互協議事案全体の発生件数のうち約21％、繰越件数のうち約31％をCECD非加盟国が占めています。

OECD非加盟国との相互協議事案に限ってみると、平成26事務年度の処理事案1件当たりに要した平均的な期間は、30.6カ月でした（平成25事務年度40.0カ月）。そのうち事前確認に係るものの1件当たりの平均的な処理期間は、38.9カ月でした（平成25事務年度33.2カ月）。

6 相互協議の相手国・地域

図表は平成27年6月末時点で相互協議の申立てがなされている相手国・地域の一覧です。同時点で相互協議が申立てられているのは23カ国・地域となっています。

(参考) 1 **相互協議** 相互協議とは、納税者が租税条約の規定に適合しない課税を受け、または受けると認められる場合において、その条約に適合しない課税を排除するため、条約締結国の税務当局間で解決を図るための協議手続きです。日本においては、58の租税条約（適用対象国・地域は69カ国・地域）（平成27年6月末現在）において、相互協議に関する規定が置かれています。移転価格課税により国際的な二重課税が生じた場合、二国間の事前確認を納税者が求める場合等には、外国税務当局との相互協議を実施して問題の解決を図っています。

2 **事前確認** 納税者が税務当局に申し出た独立企業間価格の算定方法等について、税務当局がその合理性を検証し確認を行うことをいい、納税者が確認内容に基づき申告を行っている限り、移転価格課税は行われません。相互協議を伴う事前確認は、独立企業間価格の算定方法等について、その取引の当事者を所轄する税務当局間で相互協議を行い、移転価格課税の予測可能性を確保すると同時に二重課税リスクを回避することを目的とします。

《図表　相互協議の相手国・地域（平成27年6月末現在）》

	欧州	アジア・大洋州	米州
OECD加盟国	ベルギー	オーストラリア	カナダ
	フランス	ニュージーランド	アメリカ
	ドイツ	韓国	
	アイルランド		
	イタリア		
	ルクセンブルク		
	オランダ		
	スウェーデン		
	スイス		
	イギリス		
OECD非加盟国		中国	
		香港	
		インド	
		インドネシア	
		シンガポール	
		タイ	
		マレーシア	
		ベトナム	
	10カ国	11カ国	2カ国

（備考）平成27年6月末時点で、相互協議の申立てがなされている相手国・地域（計23カ国・地域）。ベトナムを除く上掲の相手国・地域について事前確認に係る相互協議の申立てがなされています。
（出典）国税庁　報道発表資料「平成26事務年度の「相互協議の状況」について」

3 租税条約

Q 日本と租税条約を取り交わしている国の間では、免税になる場合があるそうですが、租税条約にはどのような役割があるのですか。また、どの国とどのような租税条約を取り交わしているのでしょうか。

A

1 租税条約の意義と目的

租税条約とは、国際的二重課税の回避や、脱税および租税回避等への対応に関する国家間の取決めです。一般的には所得に関する条約を指し、日本では所得税、法人税、住民税をその対象としています。この他、相続税に関する条約（相続税条約）、租税に関する情報交換に関する条約（情報交換協定）、情報交換や徴収共助などの税務執行に関する多国間条約（税務行政執行共助条約）があります。

租税はそれぞれの国の内国法に基づいて課税対象などが決められていますが、国際取引の場合には、双方の国で居住者となったり、課税範囲が重複したりする場合があります。租税条約は、このように日本と異なる規定を置いている国との二重課税を防止するため、居住者の判定方法や所得の源泉地国を定め、両国の課税権の範囲等を調整しています。

また、脱税や租税回避への対応として、両国の税務当局間の相互協議や情報交換、徴収共助等の枠組みを定めています。

2 租税条約の主な内容

(1) 二重課税の回避

① 所得の種類に応じ、源泉地国における課税範囲を取り決めている。また、配当、利子、使用料等の投資所得については、税率の上限や源泉地国課税の減免を規定している。

② 源泉地国課税に対し、居住地国は二重課税排除の義務を負う。その排除方法については外国税額控除等によることを定めている。

③ 税務当局間の相互協議により、条約に適合しない課税の解消に努める。

(2) 脱税・租税回避への対応
　① 税務当局間における課税上必要な情報交換（銀行情報を含む）
　② 租税債権に関する徴収共助

3　租税条約ネットワーク

　財務省のホームページの「租税条約ネットワーク」によると、平成28年6月1日現在次の通りとなっています（詳細は第1章Q14を参照して下さい）。

　① 二重課税の回避、脱税および租税回避等への対応を主たる内容とする条約（いわゆる租税条約）：54条約、65カ国・地域
　② 租税に関する情報交換を主たる内容とする条約（いわゆる情報交換協定）：10条約、10カ国・地域
　③ 税務行政執行共助条約（締約国は日本を除いて全58カ国、うち日本と二国間条約を締結していない国は21カ国）

4 国際会議

 税務行政上の国際的課題について国際会議が行われていると聞きしましたが、どのような会議ですか。

 OECD税務長官会議、アジア税務長官会合、OECD租税委員会、日韓税務長官会合等が行われています。

1 OECD税務長官会議（FTA）

FTA（Forum on Tax Administration）は、税務行政の幅広い分野にわたって各国の知見・経験の共有やベストプラクティスの比較・検討を行う目的で、平成14年に設置されたOECD（経済協力開発機構）のフォーラムであり、加盟国および主要な非加盟国・地域の長官クラスが参加しています。

会議では、「税源浸食と利益移転」問題への対応を始めとする国際課税における多国間協議、納税者の自発的コンプライアンスの向上、今後のFTAの方向性等について意見交換が行われたとのことです。

2 アジア税務長官会合（SGATAR）

アジア税務長官会合（SGATAR：Study Group on Asian Tax Administration and Research）は、アジア太平洋地域の税務長官が、税務執行面における国際協力の促進を図るとともに、直面する共通の諸問題について意見交換を行うことを目的として、年1回開催される会合です。

各国の持ち回りにより開催されており、次の17カ国・地域が加盟しています。

　（加盟国）日本、オーストラリア、中国、カンボジア、香港、インドネシア、韓国、マカオ、マレーシア、モンゴル、ニュージーランド、パプアニューギニア、フィリピン、シンガポール、台湾、タイ、ベトナム

加盟国・地域の税務長官によるヘッドフォーラムでは、①継続して活動するタスクフォースの新設、②使命および戦略的目的の採択、③基礎的なガバナンス文書の構成、④SGATARグループの下部組織の機能お

よび評価に係る見直しの開始―等について合意されました。

　併せて、グローバル化と課税ベースの浸食が引き起こす税務行政の課題に対する取組み、多国籍企業を取り巻くリスクの把握とそれに対する取組み、管轄区域を越えた自動的情報交換の可能性および分析、税務行政の困難な問題等に対応するため、SGATAR加盟国において将来的に必要とされる能力水準の特定および構築について議論等が行われているとのことです。

3　OECD租税委員会

　OECD租税委員会は、モデル租税条約、移転価格ガイドライン等の整備や、各国税務当局の有する知見や経験を共有する場となっており、現在は、前述のBEPSへの対抗策に取り組んでいます。

4　日韓税務長官会合

　日韓税務長官会合は、日韓における税務行政の諸問題に関して両国の税務長官が直接に対話を行うことで、両国における税務行政の改善に資するとともに相互協力を発展させることを目的として開催されています。

5 国際課税への取組み

Q 国税庁における国際課税への取組みについて教えて下さい。

A 経済取引がグローバル化する中、クライアントも海外取引を行う企業が増加して来ているものと推察します。プロ税理士として、課税当局による国際課税への取組みを理解しておくことは資質の一つとして重要です。

国税庁レポート2014によれば、国際課税の取組みについて次のように公表されています。

「企業や個人による国境を越えた経済行動が複雑・多様化しています。このような変化に伴い、一方で、海外で受け取った収入を申告しない、利益を得ているにもかかわらず複雑な国際取引を利用してどの国にも税金を納めないと言った国際的な税逃れ（租税回避）や、他方で、同じ所得に対する国同士の見方が異なることで複数の国からその同じ所得に課税される二重課税などが大きな問題となっています。これらの問題に対応するため、国税庁は、調査体制の充実など内部での対応のみならず、外国の税務当局と情報や経験の共有を図り、協力関係を強めるといった外部と協力しての対応を行うとともに、二重課税を解消するための協議も行っています」。

1 調査体制の充実

国税庁では、国際課税を専担する国際税務専門官を増員するとともに、国際的租税回避事案に専門的に対応する部署を設置するなど、調査体制の充実・強化に取り組んできました。

なお、職員の研修機関である税務大学校において、国際課税に関する法規や租税条約、金融取引、語学などの研修を実施し、職員の国際課税に係る調査能力の向上を図るとともに、複雑な課税問題に対処するために、弁護士や金融の専門家を採用しています。

2 税源浸食と利益移転(BEPS)への取組み

近年、各国がリーマンショック後に財政状態を悪化させ、より多くの国民負担を求めている中で、グローバル企業が税制の隙間や抜け穴を利用した節税対策により税負担の軽減をしている問題が顕在化しています。

この問題に対応するために、OECD租税委員会は、平成24年6月より「税源浸食と利益移転」(BEPS)に関するプロジェクトを立ち上げ、平成25年7月19日に「BEPS行動計画」を公表しました。BEPS行動計画は、G20財務大臣・中央銀行総裁会議に提出され、日本をはじめとするG20諸国から全面的な支持を得ました。

この行動計画の実施に関して、OECD非加盟国のG20メンバー8カ国(中国、インド、ロシア、アルゼンチン、ブラジル、インドネシア、サウジアラビア、南アフリカ)がOECD加盟国と同様に意見を述べ、意思決定に参加し得る枠組みとして「OECD/G20　BEPSプロジェクト」が設けられたところです。

各国が、二重非課税を排除し、実際に企業の経済活動の行われている場所での課税を十分に可能とするため、OECDは、行動計画の各項目について、平成26年9月から平成27年12月の間に、新たに国際的な税制の調和を図る方策を勧告等することとされていますが、国税庁も執行当局としての立場から、この勧告等の策定に係る作業に積極的に参加しているところです。

3 租税条約などに基づく情報交換の実施

企業や個人が行う国際的な取引については、国内で入手できる情報だけでは事実関係を十分に解明できないことがあります。そのような場合には、二国間の租税条約などの規定に基づく情報交換を実施することにより、必要な情報を入手することが可能となります。

最近、租税条約などに基づく情報交換の枠組みの拡大・強化が図られ、現在、65の租税条約など(96カ国・地域)が発効し、年間数十万件の情報交換を行っています。また、一部の国との間では、調査担当者が相手国の担当者に直接会って、調査事案の詳細や解明すべきポイントなどについて説明・意見交換を行う情報交換ミーティングを開催することなど

により、情報交換の効果的・効率的な実施に努めています。

4　国外財産調書制度の創設

　国外財産の保有が増加傾向にある中で、国外財産に係る所得税や相続税の課税の適正化を図るため、納税者本人から国外財産の保有について申告を求める仕組みとして、国外財産調書制度が平成26年1月1日から施行されています。

　本制度の創設により、その年の12月31日において、価額の合計額が5,000万円を超える国外財産を有する人は、その国外財産の種類、数量、価額などを記載した調書を翌年の3月15日までに提出しなければならないこととされました。

(参考)【国外送金等調書】
　「国外への送金」および「国外からの送金を受領」した金額が100万円を超えるもの（平成21年4月より200万円超から100万円超に引き下げられている）について、金融機関から税務署に提出される法定の報告書（法定調書）。

第1章　国際的な課税強化と税務調査への影響

6　国際的租税回避への取組み

国税庁の国際的租税回避への取組みについて説明して下さい。

1　調査体制の充実

　　国際的租税回避は、金融や法律・税の専門家などが関与し、ペーパーカンパニーや組合、デリバティブ（金融派生商品）などを組み合わせた複雑な取引が使われるなど、その全体像の解明は困難なものとなっています。さらに最近では、このような問題が大企業だけでなく、中小企業や個人の富裕層にも広がっています。

　こうした中、国税庁では、専任担当の国際税務専門官の増員、弁護士や金融の専門家の採用など、調査体制の充実・強化に取り組んでおり、特に、国際的租税回避に対しては、東京、大阪、名古屋、関東信越国税局に設置された統括国税実査官や国際調査課等が中心となって、情報の収集や分析、調査の企画・立案や実態解明が行われています。

2　海外取引のある者や海外資産を保有する者への重点調査

　国境を越えた事業・投資活動の活発化に伴い、海外取引を行っている納税者や海外資産を保有している納税者を重点的に調査し、国外送金等調書や租税条約などに基づく情報交換制度を効果的に活用するなどして、深度ある調査に取り組んでいます。

3　移転価格税制への対応

　移転価格税制は、海外の関連企業との取引を通じた所得の海外移転を防止し、適正な国際課税の実現を図る観点から、昭和61年度税制改正で導入されたものです。

　企業活動の国際化の進展に伴い、移転価格税制の適用対象となる取引が増加するとともに、取引の内容も複雑化し、無形資産を伴う取引の重要性も高まっています。こうした変化に的確に対応し、納税者の予測可能性を高めていく必要があります。

そのため、移転価格税制に係る法令解釈通達や事務運営指針の改正など、制度の運用に関する執行方針や適用基準が公表され、明確化が図られています。平成25事務年度においても、移転価格税制の対象となる第三者介在取引の範囲について、具体的な取引が法令解釈通達で例示されました。

7 国税庁の国際業務担当部署

Q 国税庁において国際業務を行う部署について教えて下さい。

A 国税庁において国際業務を行う部署として、長官官房に「国際業務課」と「相互協議室」があります（図表）。

《図表　国税庁の国際業務担当部署》

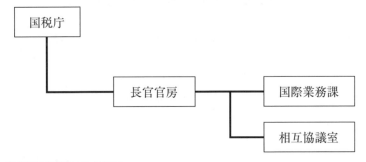

1　国際業務課の業務

　国際業務課では、外国の税務当局間の協力関係の促進や経験の共有を行うため、外国税務当局との租税条約等に基づく情報交換の実施、アジア税務長官会合、OECD税務長官会議、OECD租税委員会等の国際会議への参加、開発途上国への技術協力(注)などを行っています。各国際会議の概要についてはQ4を参照して下さい。

(注) 開発途上国への技術協力…国税庁では、開発途上国の税務行政の改善を支援する技術協力に取り組んでおり、国際協力機構（JICA）の技術協力の枠組み等の下、アジア諸国を中心に国税庁の職員をセミナー講師等として派遣したり、開発途上国の職員を日本に受け入れて研修を行ったりしている。

2　相互協議室の業務

　相互協議室では、移転価格課税等により国際的な二重課税が発生した場合に、租税条約の規定に基づき外国税務当局との相互協議を実施し、

二重課税の解決を図っています。

相互協議についてはＱ２を参照して下さい。

3　主要国・地域に長期海外出張者を派遣

国税庁では、海外の情報を適切に収集し、また各国税務当局との連携強化を図るため、昭和60年から、米国をはじめ日本と経済的つながりの大きい国・地域へ職員を長期間出張させています。

平成27年7月現在では、以下の17都市に派遣されており、派遣先国の税制・税務行政などに関する情報の収集、国税庁からの依頼に基づき現地企業の実態確認や情報収集を行うほか、相手国の税務当局との連携が必要となる事項につき、重要なパイプ役としての役割を果たしています。

《長期海外出張者の派遣都市》

　ワシントン、サンフランシスコ、オタワ、ロンドン、パリ、ベルリン、ソウル、北京、香港、上海、シンガポール、ジャカルタ、バンコク、マニラ、シドニー、ボン、クアラルンプール

8 国税局の国際調査体制(法人)

Q 国税局における大企業への国際調査体制について教えて下さい。

A 東京国税局の調査部国際部門は、調査第1部に帰属し、国際監理官を筆頭に国際調査課、国際情報第1課、国際情報第2課があり、調査部国際税務調査の支援、外国法人の調査、移転価格調査、移転価格に係る事前確認等の業務等を行っています。

1 国際調査課

国際調査課は、課長1名、課長補佐2名、総括主査1名、国際専門官11名、主査2名、連絡調整官兼係長1名、係長1名、調査官22名の編成で、調査部全体の海外取引調査のまとめ、国際調査関連事務の企画・運営、および海外各国の情報収集等を担当しており、調査第2部から4部までの海外取引調査を支援する海外取引支援チーム、調査部全体の国際事案の審理、相談を担当するサポートチームを擁し、その他各国との情報交換の窓口、海外子会社調査および情報交換会議のための海外出張の窓口、ダン・レポート、ブルンバーグ、ロイター等の情報収集の窓口を行っています。また、主任国際税務調査官、特別国税調査官、外国法人調査部門3部門を擁しています

(1) 国際調査課主任国際税務調査官

主任国際税務調査官とは、主任1班は、主任国税専門官1名、総括主査1名、国際専門官2名、国税調査官5名の構成で、外国法人の中でも金融法人を主体とした大規模法人の調査を実施しており、主任2班は、主任国際専門官1名、総括主査1名、国際専門官2名、国税調査官3名の構成で、調査第2部から4部までの海外取引調査の支援を実施しています。なお、調査1部の特別国税調査官の海外取引事案については、調査1部調査総括課付国際専門官が支援しています。

(2) 国際調査課の特別国税調査官

　特別国税調査官とは、特別国税調査官1名、総括主査1名、国際専門官1名、主査1名、調査官1名の構成で、外国法人のうち、グローバルな展開を図っている金融法人の調査を行っています。

(3) 外国法人調査部門

　外国法人調査第1部門は、統括国税調査官1名、総括主査1名、国際専門官1名、主査2名、調査官11名の構成で、外国法人全体の取りまとめ業務、小規模外国法人の実態解明等を行っています。

　外国法人調査第2部門は、統括国税調査官1名、総括主査1名、国際専門官1名、主査2名、調査官8名の編成で、外国法人調査第3部門は、統括国税調査官1名、総括主査1名、国際専門官1名、主査2名、調査官9名の編成で、外国法人のうち、銀行、証券、保険の金融関連法人をメーンとした調査を実施しており、2人1組で年間7～10件の調査を行っています。

2　国際情報第1課

　移転価格税制（TP）を取り扱う部署で、調査部全体のTP事案の窓口となって、事案がTPとして取り扱うか、簡易のTPとして寄付金として取り扱うか等の判断を行うとともに、TP事案の審理、相談を担当するサポートチームを擁しています。また、特別国税調査官、国際情報部門3部門を擁しています。

(1) 特別国税調査官

　国際情報第1課の特別国税調査官は、TP1班は、特別国税調査官1名、総括主査1名、国際専門官2名、調査官2名の編成で、TP2班は、特別国税調査官1名、総括主査1名、国際専門官1名、調査官1名の編成で、TP事案のうち複雑困難事案の調査を担当しており、調査期間も数年かかるような長期にわたる場合もあります。

(2) 国際情報部門

　国際情報第1課の国際情報部門とは、国際情報第1部門は、統括国税調査官1名、総括主査1名、国際専門官3名、調査官4名の編成で、国際情報第2部門は、統括国税調査官1名、総括主査1名、国際専門官

1名、主査1名、調査官3名の編成で、国際情報第3部門は、統括国税調査官1名、総括主査1名、国際専門官1名、主査1名、調査官2名の編成で、TP事案調査を行っています。

3　国際情報第2課

国際情報第2課は、課長1名、課長補佐1名、総括主査1名、国際専門官5名、主査1名、係長1名、調査官8名の編成で、移転価格事前確認（APA）業務の窓口となっており、APAの事前相談、取りまとめ、および主任国際情報審理官の実施するAPA事案の審査を行っています。

● **主任国際情報審理官**

国際情報第2課の主任国際情報審理官とは、主任国際情報審理官1名、国際情報審理官3名、国際専門官13名、調査官17名の編成で、複雑、大規模なAPA事案の審査事務を行っており、1件当たり、短いもので2～3カ月、長いものは3～4年の審査期間となっています。また、企業としては、TPで長期の調査を受けるより、APAによる当局からの了承（事前確認で確認され、事前確認の内容に適合した申告である場合、国外関連取引は独立企業間価格と取り扱われる）を受ける方が得策とのニーズから、APA業務は、拡大傾向にあります。

9 国税局の国際調査体制（個人）

国税局における個人への国際調査体制について教えて下さい。また、個人・法人の両方をカバーするポストはあるのでしょうか。

1　個人の海外取引

　個人の海外取引を担当しているのは、東京国税局を例にとると課税1部資料調査第3課と同第4課などになります。

　金融ビッグバン以降、国際的な資本移動の自由化等を背景に、個人投資家の海外投資等が活発化し、資産の海外移転や株式の国外取引等が容易に行われるようになりました。さらに、個人投資家が海外投資等を利用して、多額の損失を発生させることにより租税の負担軽減を図っている事例なども増加しています。

　このように、大規模法人のみならず、中小法人や個人投資家の国際課税に関する実態把握および情報収集等も急務となってきたため、国際化対応として課税1部資料調査第3課と第4課では次の事務を行っていると聞いています。

＜資料調査第3課＞
①　国際化に係る資料源開発
②　IT化に係る資料源開発
③　金融商品等の実態解明および運用益等の把握

＜資料調査第4課＞
(1)　国際的租税回避スキーム
①　オーダーメイド型スキームへの対応
②　商品型スキームへの対応
③　国際調査事案のための基礎的情報の収集、管理、分析
④　複数税目国際調査事案の選定に資する資料の収集および分析
(2)　外国人課税事務
①　外国人派遣社員勤務先法人情報の的確な管理

②　日本採用社員への国外払いの株式インセンティブ報酬に係る情報の収集
　③　消費税無申告者等（非居住者）の把握
　④　租税条約に基づく情報交換資料の積極的活用と情報提供

2　個人・法人の両方をカバー

　個人と法人の両方をカバーする海外取引担当として、国税局の課税部に統括国税実査官（国際担当）が配置されています。

　統括国税実査官（国際担当）は、国際的租税回避スキーム（海外取引を利用した課税逃れ商品や仕組み）の事例が増加傾向にあること、また、その解明に当たっては、①外国の租税法、租税条約、金融取引等の専門的知識が必要、②スキームに関わる法人・個人を通じた総合的な課税関係を分析・検討する必要—があることから、各事務の精通者として配置されています。

　具体的には次の事務を重点的に行うようです。

　〇国際統括国税実査官の仕事（情報分析・調査企画）
　　①　自動的情報交換資料の活用促進
　　②　税関との情報交換
　　③　「国際化」の情報共有化の推進
　　④　富裕層に係る資産保有情報の集約
　　⑤　国際課税知識の醸成

10 税務署の国際調査体制（法人）

Q 税務署における国際取引法人に対する調査体制について教えて下さい。

A 経済取引の国際化に伴い、税務署が所管する法人においても国境を跨ぐ取引を行う法人は増加しています。国際取引の税務調査では専門的な知識やノウハウが必要なことから、国際取引を専門に調査する部署の充実を図っています。

東京国税局の場合には、国際取引を担当する部署は次の通りとなっています（図表）。

《図表　東京国税局管内の税務署の国際調査担当部署》

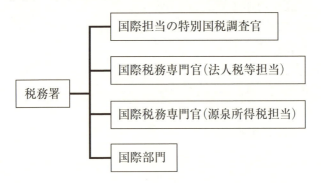

特別国税調査官（国際担当）は、国際取引の高度化、複雑化に対応するため、主に大規模かつ複雑な国際的租税回避スキームや移転価格上の問題が想定される海外取引法人の調査を実施しており、東京局管内では、麹町署、麻布署、渋谷署に配置されています。国税局の調査部等で移転価格調査等の国際取引調査を長年経験したエキスパートが配置されているようです。

国際税務専門官（法人税等担当）は、比較的規模の大きい税務署14署に配置されており、国外関連者を有する法人（移転価格税制、タックス

ヘイブン税制、過少資本税制、国外関連者に対する寄付金など、国際課税固有の非違が想定される法人)、国際的租税回避スキームが想定される法人、海外取引を利用した不正計算が想定される法人などを分担しています。国際税務専門官は、国際税務専門官が配置されていない税務署の国際事案の支援も行っています。

　国際税務専門官(源泉所得税担当)は、非居住者等に対する源泉課税等に問題があると認められる法人を中心に調査を行っており、東京国税局管内では、麹町署、京橋署、芝署など6署に配置されています。また、資本金1億円以上の国税局調査部の所管法人の源泉調査についても税務署の国際税務専門官が担当しています。

　国際部門は、海外取引を利用した不正計算が想定される法人等を分担しており京橋署、芝署、麻布署、渋谷署といった都内の中心署に設置されています。また国際部門では国際取引の研修を受講した若手職員も配置されており、国際課税に精通する職員を育成する役割も担っているようです。

11 税務署の国際調査体制（個人）

Q 税務署に個人向けの海外取引担当（国際税務専門官）が配置されているということですが、どのような目的で、どのような仕事をしているのでしょうか。

A 各国における税制のさまざまな差異や、租税条約の恩典規定等を利用して不当に税負担を逃れようとする国際的タックスシェルターの存在が、主として国際的に事業展開を図る大企業の中に従来から確認されていますが、急速な資本移動のグローバル化やIT革命による企業活動の可動性の高まり等により、その一層の増加が見込まれます。

国際税務専門官の仕事内容は以下の通りです。

1　国際税務専門官の仕事（所得）

資産運用の多様化、国際化に対応するため、国外送金等調書、国外財産調書、租税条約等に基づく情報交換資料その他の資料情報を積極的に活用し、海外取引・海外資産関連事案の的確な把握および積極的な調査を実施する。

2　国際税務専門官の仕事（資産）

国際化に対する取組については、納税者の資産運用の国際化に対応し、相続税等の適正課税を実現するため、次の点に配慮して取り組む。

(1)　**海外資産関連事案の的確な把握・調査**

国外送金等調書および国外財産調書等の署内資料やオンライン情報等の署外資料を活用して海外資産関連事案を的確に把握し、調査手法の開発や調査事例の集積の観点も含め、租税条約等に基づく情報交換制度なども活用しつつ、積極的に調査を実施する。

(2)　**海外取引・海外資産に係る資料情報の収集等**

・効果的、効率的に海外取引や海外資産の保有状況を把握するため、有効な資料源の開発に努める。

・自動的情報交換資料や、調査により把握された海外取引・海外資産

の保有に係る情報については、将来の相続税の適正課税を見据え、的確に国税総合管理（KSK）システムに入力し、蓄積する。
・非居住者に係る情報や自発的情報交換資料等については、譲渡所得等の適正課税につながるよう、的確に活用する。
・他部課（部門）において把握された情報も適切に蓄積されるよう、連携体制の構築に努める。

(3) **計画的な人材育成**

海外資産関連事案に対する調査能力の向上を図るため、各種研修のほか、局署調査担当者による局間短期併任を実施し、調査の中核となる職員の計画的な育成を図る。

12 税務当局の海外情報入手ツール

Q 近年、税務当局は様々なツールを活用して海外取引や国外財産に関する情報を入手し、調査事案の選定や税務調査に活用していると言われています。税務当局はどのようなツールを活用して海外取引や国外財産に関する情報を入手しているのでしょうか。

経済のグローバル化の進展により、企業や富裕層による国境を越えた取引や海外資産の保有・運用形態が複雑・多様化しています。

　こうした動きに対応するため税務当局は海外取引の税務調査を強化しており、海外取引調査を効率的に進めるため、海外取引や国外財産に関する情報を入手するツールを急速に整備しています。代表的なツールとしては、まず「租税条約等に基づく情報交換」（Q13参照）が挙げられます。情報交換とは外国の税務当局と租税に関する情報を互いに提供し合うことであり、国税当局は海外取引調査を効果的に進めるため、情報交換を積極的に活用しています。

　また、財産の国を跨がる移動や保有を網羅的に把握するため、法定調書制度が年々拡充されています。現在、国外財産の把握等に活用されている調書として、「国外送金等調書」（Q17参照）、「国外証券移管等調書（Q18参照）」および「国外財産調書」（Q20参照）が挙げられます。

　税務当局は、これらの情報と納税者から提出された確定申告書の内容と照らし合わせて申告漏れの有無をチェックし、問題があれば調査に移行する可能性が高まります（図表）。

第1章 国際的な課税強化と税務調査への影響

《図表　税務当局の海外情報入手ツール》

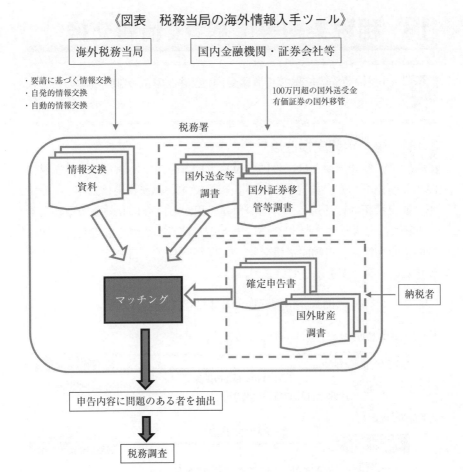

租税条約等に基づく情報交換

Q　「租税条約等に基づく情報交換」とはどのような制度なのでしょうか。

A
■ 情報交換とは

　情報交換とは、外国の税務当局との間で、調査に必要な税に関する情報をお互いに提供し合う仕組みです。税務当局は近年、この情報交換を積極的に活用し、外国の税務当局から調査に有効な情報の入手に努めています。この情報交換は大きく①要請に基づく情報交換、②自発的情報交換、③自動的情報交換、の3類型があり、下の（図表）は、それぞれのイメージを示しています。

《図表　情報交換の3類型のイメージ》

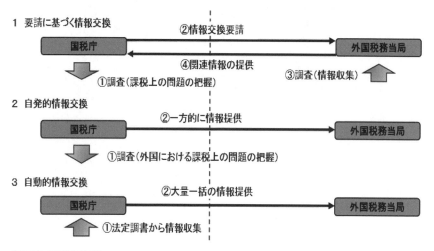

（出典）財務省資料

(1)　要請に基づく情報交換

　海外取引の調査等で、国内で入手できる情報だけでは事実関係を十分に解明できない場合、海外税務当局に調査に必要な情報の収集・提供を依頼し、海外当局の職員が、国税庁から要請された情報を収集し、国税庁に提供するものです。海外取引調査において、日本の調査官が海外の取引先に臨場して直接必要な書類等を入手することができないため、その代替手段として活用されています。

　では、この要請に基づく情報交換によってどのような情報が入手されているのでしょうか。一般的には調査に必要な情報であれば幅広く情報収集が可能と考えられています。具体的には、

・海外法人の決算書および申告書
・海外法人の登記情報
・契約書やインボイス等の書類
・海外の銀行預金口座情報
・海外法人における経理処理が分かる書類
・外国税務当局の調査官が、海外法人の取引担当者からヒアリングした内容

などの情報が入手されています。こうして入手された情報は、税務調査で活用されるほか、税務訴訟となった場合には国側の証拠として裁判所に提出されることもあります。

　近年、情報交換を効果的・効率的に行うため、国税庁や国税局・税務署の職員が相手当局担当者と直接面談し、調査事案の詳細や解明すべきポイントなどについて説明・意見交換を行う会合を実施しています。通常、租税条約等に基づく情報交換は、関係当局間での文書の送交付により行いますが、文書のやり取りのみでは外国税務当局の正確な理解を得ることが困難と見込まれる複雑な事案や、特に迅速な情報入手が必要な事案については、このような会合を開催しています。

(2)　自発的情報交換

　「自発的情報交換」は、国内での税務調査等の際に入手した情報で、外国の税務当局にとって脱税の摘発等に繋がる可能性がある等、有益と認

められる情報を把握した場合に、自発的に相手国に提供するものです。これは国際協力の観点から、あくまで自主的に行うものであるため、これまでは交換件数は低調でしたが、近年大幅に件数が伸びています。

(3) **自動的情報交換**

　法定調書から把握した非居住者への支払い（配当、不動産の使用料、無形資産の使用料、給与・報酬、キャピタルゲイン等）に関する情報を、支払国の税務当局から受領国の税務当局へ一括して送付するものです。自動的情報交換により提供された情報と確定申告書の申告内容とを照合することにより、国外資産から生ずる所得の申告漏れの把握が可能となります。

14 日本の租税条約ネットワーク

Q 日本では、どのような国と情報交換が行われているのでしょうか。

A 情報交換は、租税条約等に情報交換ができる旨の規定を置いている国との間で行うことができる制度です。この租税条約等には、二国間の租税条約のほか、情報交換を主たる内容とする情報交換協定、多国間の税務行政執行共助条約があり、これらを併せると、平成28年6月1日現在、96カ国・地域と情報交換が可能となっています（次頁の図表）。は日本の租税条約ネットワークであり、ここに記載されている国・地域との租税条約等のすべてに情報交換規定が設けられています。

注目すべき点は、オフショア金融センター（特に非居住者向けの金融サービスを促進する制度・仕組等を有する地域）を有する軽課税国・地域（いわゆる「タックスヘイブン」）の税務当局とも情報交換を行っている点です。かつては、顧客の秘密を守ることで知られていたタックスヘイブンですが、近年、タックスヘイブンが脱税やマネーロンダリングの温床になっているとの批判が高まったことから、各国と情報交換協定を締結して情報交換に応ずるようになってきています。

代表的なタックスヘイブンとしてはケイマン諸島、英領バージン諸島、バミューダなどがよく知られています。現在ではこうした国・地域とも情報交換ができるようになっているため、例えば、タックスヘイブンに設立した会社の財務情報や株主の情報などが日本に提供される可能性があります。

「タックスヘイブンに財産を置いておけば、税務署は分らないだろう」といった考えは、もはや通用しなくなってきています。

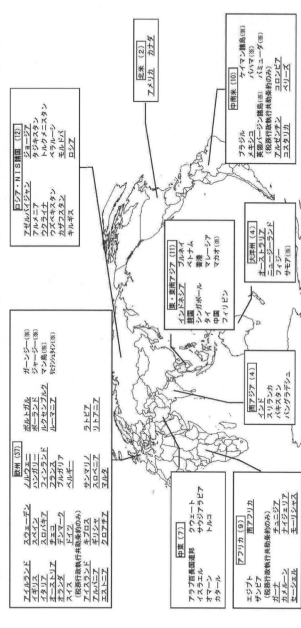

《図表 日本の租税条約ネットワーク》(65条約、96か国・地域/平成28年6月1日現在)

欧州 (37)
アイルランド／ノルウェー／ポルトガル
イギリス／スウェーデン／ポーランド
イタリア／スペイン／ルクセンブルク
オーストリア／ハンガリー／ルーマニア
オランダ／チェコ
スイス／デンマーク
(税務行政執行共助条約のみ)
アイスランド／フィンランド／サンマリノ／ラトビア
アルバニア／フランス／スロベニア／リトアニア
エストニア／ブルガリア／マルタ
クロアチア／ベルギー／キプロス
／ドイツ／ギリシャ

中東 (7)
アラブ首長国連邦／クウェート
イスラエル／サウジアラビア
オマーン／トルコ
カタール

アフリカ (9)
エジプト／南アフリカ
ザンビア
(税務行政執行共助条約のみ)
ガーナ／チュニジア
カメルーン／ナイジェリア
セーシェル／モーリシャス

ロシア・NIS諸国 (12)
アゼルバイジャン／ジョージア
アルメニア／タジキスタン
ウクライナ／トルクメニスタン
ウズベキスタン／ベラルーシ
カザフスタン／モルドバ
キルギス／ロシア

南アジア (4)
インド
スリランカ
パキスタン
バングラデシュ

東・東南アジア (11)
インドネシア／ブルネイ／ベトナム
韓国／香港／マカオ (※)
シンガポール／中国
タイ／フィリピン

大洋州 (4)
オーストラリア
ニュージーランド
フィジー
サモア (※)

(税務行政執行共助条約のみ)
ガーンジー (※)／ジャージー (※)
マン島 (※)
リヒテンシュタイン (※)

北米 (2)
アメリカ／カナダ

中南米 (10)
ブラジル／ケイマン諸島 (※)／パナマ
メキシコ／英領バージン諸島 (※)／バミューダ (※)
(税務行政執行共助条約のみ)
アルゼンチン／コロンビア
コスタリカ／ベリーズ

(注1) 多国間条約である税務行政執行共助条約、および、旧ソ連・旧チェコスロバキアとの条約の複数国への承継のため、条約数と国・地域数が一致しない。
(注2) 条約数、国・地域数の内訳は以下の通り
・二重課税の回避、脱税および租税回避等への対応を主たる内容とする条約(いわゆる租税条約):54条約、65カ国・地域
・租税に関する情報交換を主たる内容とする条約(いわゆる情報交換協定):10条約、10カ国・地域(図中、国名に(※)で表示)
・税務行政執行共助条約(締約国は日本を除いて全56カ国(図中、国名に下線)、うち日本と二国間条約を締結していない国は21カ国)
(出典)財務省ウェブサイト

15 海外銀行の顧客情報

Q 近年、伝統的に顧客の秘密保持を徹底してきたスイスのプライベートバンク等が、課税当局に顧客の取引情報を提供するようになったと聞きましたが、これにはどのような背景があったのですか。

A 日本の富裕層は、高利回りでの財産の運用や財産運用の多角化を求めて国外に投資しているといわれています。

スイスのプライベートバンクは富裕層の財産管理を行い、投資・運用や相続まで請け負っているといわれ、また、スイスの銀行は銀行法により伝統的に顧客の秘密保持を徹底してきた国で、世界中の富裕層の資産の管理や運用を請負ってきたといわれています。

そのため顧客の取引資料や情報を課税当局が入手するのは困難であったようです。

そんなスイスの銀行も、ここ数年、顧客の秘密保持に対する対応を変えざるを得ない状況になってきました。

2008年のリーマンショックやタックスヘイブンを利用した大型の脱税事件が欧米各国で発生している状況の中で、2009年1月、タックスヘイブンの問題に熱心に取り組んできたオバマ氏がアメリカの大統領に就任しました。

その年4月にロンドンで開催されたG20（金融・世界経済サミット）でタックスヘイブンの問題が取り上げられ、首脳宣言の中で「銀行機密の時代は終わった」と宣言しています。

このような状況の中でタックスヘイブンといわれた国々も顧客情報の開示等、情報交換に応じざるを得なくなってきたようです。

16 情報交換の活用事例

情報交換が活用された事例としてどのようなものがあるのでしょうか。

情報交換を活用した事例として、以下のケースが国税庁から公表されています。

1 「要請に基づく情報交換」の活用例

【ケース1】法人税調査において、内国法人が、A国法人からの輸入取引に関してA国個人Bに手数料を支払っていたが、その役務提供の事実が確認できないことから、A国の税務当局に対して、その個人Bに支払った手数料に係る事実関係の確認を要請した。

その結果、内国法人が手数料として支払った金員は、架空手数料であることが判明した。

【ケース2】相続税調査において、被相続人が保有するC国の金融機関の口座については、日本から多額の送金がありながら、相続人が申し立てる残高は極めて少額であったことから、C国の税務当局に対して、その口座残高について調査を依頼した。

その結果、相続開始日時点に申し立てた金額を超える残高を有していたことが判明したことから、当該残高を相続財産の申告漏れとして課税した。

2 外国税務当局から自発的に情報提供された例

【ケース3】外国税務当局から、以下の情報提供を受けたことから、調査を実施し課税した。
・日本の居住者が海外の法人に勤務していたときに受領した報酬等に係る情報
・日本の居住者が行った海外資産の譲渡に係る情報

日本の居住者は、原則としてすべての所得（全世界所得）に対して課税されるため、日本で稼いだ所得のみならず、海外で稼いだ所得も課税対象となります。よって、日本の居住者が海外企業から勤務の対価として受け取った報酬や、海外資産を譲渡したことによる利益は、日本で確定申告しなければなりません。海外で稼いだ所得は通常、日本の税務当局が把握するのは難しいことですが、外国当局からの自発的な情報提供によって申告漏れが明るみに出たというケースです。

> 【ケース4】E国法人Fが内国法人に対して支払った外注費に関し、その支払いが現金で行われるなどの理由により、内国法人において売上の計上漏れが想定される取引に係る情報を、E国の税務当局から受領した。

3　「自動的情報交換」の活用例

> 【ケース5】「自動的情報交換」により入手した海外金融機関からの受取利子に関する資料を基に
> ・日本の居住者の所得税調査において、申告状況を確認したところ、外国の銀行に預け入れた預金に係る利息が申告されていなかったことからこれを課税した。
> ・日本の居住者の相続税調査において、申告状況を確認したところ、国外に保有する財産が申告されていなかったことからこれを課税した。

　海外の金融機関で開設した預金の利子を日本の居住者が受け取った場合、総合課税の利子所得として給与所得などと合算して所得税の確定申告をしなければなりません。

　また、相続税においては、日本の居住者の場合、原則として国内財産のみならず国外財産も課税の対象となります。これらの事例はいずれも国外財産を適正に申告していなかったため、申告漏れを指摘されたものです。

17 国外送金等調書

「国外送金等調書」について教えて下さい。

国外送金等調書は、国外への送金または国外から送金を受領した金額が100万円を超えた場合に、金融機関が税務署に提出する法定調書をいいます。

国外送金等調書には、
① 送金者または受領者の氏名・名称、② 国外送金等年月日、③ 国外の銀行等の営業所（支店）の名称、④ 相手国、⑤ 本人口座の種類、口座番号、⑥ 国外送金等の金額、⑦ 送金原因
などが記入されるため、国税当局にとっては、海外取引に係る資金の流れや国外財産を把握するための重要な情報源となっています。

国税庁が発表した国外送金等調書の提出枚数の推移は以下の通りであり、年々増加傾向にあります（図表）。平成25年度（平成25年7月〜平成26年6月）には提出枚数が631万枚となり、制度が導入された平成10年度の約2.6倍に達しました。資金の国境を越えた移動がいかに盛んに行われているかが分かるかと思います。

《図表　国外送金等調書の提出枚数の推移》

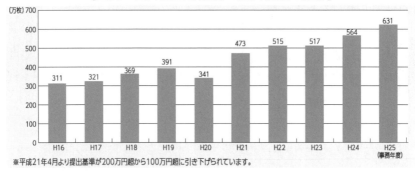

※平成21年4月より提出基準が200万円超から100万円超に引き下げられています。

（出典）国税庁レポート2015

18 国外証券移管等調書

Q 「国外証券移管等調書」について教えて下さい。

A 近年、株式や公社債などの有価証券のペーパーレス化が進み、クロスボーダーの金融取引も盛んに行われています。そのため、現金での資金移動のみならず、有価証券の国境を越えた移管を行うことにより、有価証券の運用や譲渡による所得を逃れる事例が散見されるようになりました。

こうした有価証券の移管は国外送金等調書の対象外となるため、平成26年度の税制改正によって、国境を越えて有価証券の証券口座間の移管を行った場合に調書の提出を義務付ける「国外証券移管等調書制度」が設けられました。

この調書は、国内の証券口座にある有価証券を国外の証券口座へ移管した場合、または国外の証券口座にある有価証券を国内の証券口座へ移管した場合に、その国内の証券会社等から税務署へ調書が提出されます。

この国外証券等移管調書には、

① 国外証券移管等をした顧客の氏名・住所
③ 国外証券移管等をした有価証券の種類、銘柄および数または額面金額
④ 国外証券移管等をした年月日
⑤ 相手国

などが記載されることとなっています。

この調書は、平成27年1月1日以後に行われる移管について適用されています。

19 金融口座情報の自動的交換制度

Q 近い将来、金融口座の情報が海外の税務当局間で自動的に交換されることになり、日本人が海外の金融機関に保有している預金口座の情報が日本の税務当局に把握される時代が来るという話を聞きました。この制度の概要について教えて下さい。

A 海外の金融機関を利用した国際的な脱税や租税回避に対応するため、OECDは平成26年に、非居住者に係る金融口座情報を税務当局間で自動的に交換するための国際基準である共通報告基準（CRS：Common Reporting Standard）を公表し、G20がこれを承認しました。

　この基準によれば、各国の税務当局は、①自国に所在する金融機関から非居住者が保有する金融口座の口座残高、利子・配当等の年間受取総額等の情報の報告を受け、②租税条約等の情報交換規定に基づき、その非居住者の居住地国の税務当局に対しその情報を提供します。

　この取組みが開始されれば、国税庁も外国税務当局から、日本の居住者がその外国の金融機関に保有する口座情報の提供を受けることになります。

　この基準に対応するため、日本では、平成27年度税制改正において、国内に所在する金融機関から口座保有者の氏名、口座残高、利子・配当等の年間受取総額等の情報を報告させる制度を導入しました。

　同制度は平成29年1月1日から施行され、平成30年4月30日までに国内に所在する金融機関から初回の報告、同年9月30日までに初回の情報交換がなされる予定です。

　この基準による自動的な情報交換のイメージは図表1および図表2に示した通りです。

　【日本→外国】については、日本ではA国居住者、B国居住者…の口座情報が日本の金融機関から国税庁に報告され、A国、B国…の税務当局に提供されます。

《図表1　共通報告基準による情報交換のイメージ　【日本→外国】》

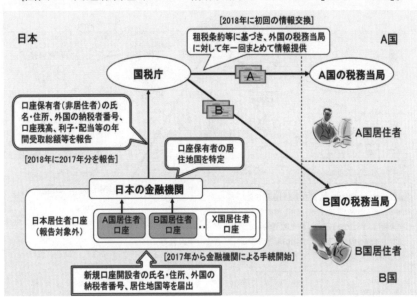

【外国→日本】については、その逆で、日本人甲のＡ国の金融機関の口座情報はＡ国税務当局を通じて国税庁に提供され、日本人乙のＢ国の金融機関の口座情報はＢ国税務当局を通じて国税庁に提供されるといった流れになります。これにより、日本人が海外の金融機関に保有している口座情報が国税当局に把握されることになるのです。

このように、金融口座情報については世界レベルでガラス張りにしていこうという動きになっていることが分かります。

《図表2　共通報告基準による情報交換のイメージ　【外国→日本】》

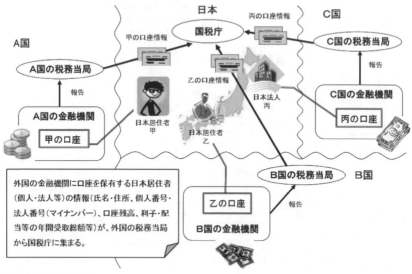

(出典) 財務省資料

20 国外財産調書

Q 国外財産調書を提出するようになったと聞きましたが、どのような目的で制定され、どのような人が対象となるのでしょうか。また、提出しなかったり記載を誤ったりした場合に罰則はありますか。

A

1 制度導入の背景

近年、経済のグローバル化により、国外財産の保有が増加傾向にある中で、国外財産に係る課税の適正化が喫緊の課題となりました。こうした状況を背景として、国外財産を保有する納税者本人が、その保有する国外財産について申告する仕組みとして国外財産調書制度が創設され、平成26年1月から施行されました。

2 制度の概要

この制度では、その年の12月31日において、その価額の合計額が5,000万円を超える国外財産を保有する居住者（非永住者を除く）は、翌年の3月15日までに国外財産の種類、数量および価額その他必要な事項を記載した「国外財産調書」を、所轄税務署長に提出しなければなりません。

ここで、「国外財産」とは、「国外にある財産をいう」とされており、「国外にある」かどうかの判定は、基本的には相続税法第10条の規定によることとされています。例えば、①「不動産または動産」はその不動産または動産の所在、②「預金、貯金または積金」は、その預金、貯金または積金の受入れをした営業所または事業所の所在、③「有価証券等」は、その有価証券を管理する口座が開設された金融商品取引業者等の営業所の所在、とされています。

3 特例措置および罰則

国外財産調書は、納税者が自主的に国外財産についての情報を記載し提出するものですから、適正な提出を促すためのインセンティブとして、過少申告加算税および無申告加算税（以下「過少申告加算税等」）の特例措置や罰則が設けられています。

(1) 過少申告加算税等の軽減措置

　　国外財産調書を提出期限内に提出した場合には、国外財産調書に記載がある国外財産に関して、所得税または相続税の申告漏れが生じたときであっても、その国外財産に係る過少申告加算税等が5％減額されます（国外送金等調書法6①）。

(2) 過少申告加算税等の加重措置

　　国外財産調書を提出期限内に提出しなかった場合または提出期限内に提出された国外財産調書に記載すべき国外財産の記載がない場合（記載が不十分と認められる場合を含む）に、その国外財産に関して、所得税の申告漏れが生じたときは、その国外財産に係る過少申告加算税等が5％加重されます（国外送金等調書法6②）。

　　なお、この「加重措置」は、相続税および死亡した者に係る所得税については適用されません。

(3) 罰　則

　　国外財産調書に偽りの記載をして提出した場合または、正当な理由がなく提出期限内に国外財産調書を提出しなかった場合、1年以下の懲役または50万円以下の罰金が科されます（国外送金等調書法10）。

　　なお、罰則は、平成27年1月1日以降に提出すべき調書から適用されています。

4　提出期限後に提出された国外財産調書の取扱い

　提出期限を過ぎて国外財産調書を提出した場合、上記3の特例措置がどうなるのか気になるところかと思います。

　この点については、提出期限後に国外財産調書を提出した場合であっても、その国外財産に関する所得税等または相続税について、調査があったことにより更正または決定があるべきことを予知してされたものでないときは、その国外財産調書は「提出期限内に提出されたもの」とみなして、上記の過少申告加算税等の特例を適用することとされています（国外送金等調書法6④）。

(参考) 1　国外財産調書の提出状況

平成25年分と26年分の国外財産調書の提出状況について、国税庁から発表されています。制度導入2年目となる平成26年分は、提出件数は前年比47％増の8,184件となり総財産額は3兆1,150億円で23％増となりました。

《国外財産調書の提出状況》

	平成25年分	平成26年分
総提出件数	5,539件	8,184件
総財産額	2兆5,142億円	3兆1,150億円

また、平成26年分について、財産の種類別の金額は次の通りであり、有価証券が最も多く、全体の54.1％を占めています。

《財産の種類別総額（平成26年度分）》

財産の種類	総額	構成比
有価証券	1兆6,845億円	54.1％
預貯金	5,401億円	17.3％
建物	2,841億円	9.1％
貸付金	1,164億円	3.7％
土地	1,068億円	3.4％
上記以外の財産	3,831億円	12.4％
合計	3兆1,150億円	100.0％

2　海外取引を行っている個人に対する所得税調査の状況

国税庁の記者発表によれば、平成26年度における海外取引を行っている者に対する実地調査の件数は、3,322件であり、平成25年度の2,717件を大きく上回りました。

また、1件当たりの申告漏れ所得金額は、1,944万円（平成25年度は1,698万円）で、実地調査全体の1件当たりの申告漏れ所得金額877万円（平成25年度は810万円）の約2.2倍となっており、海外取引に絡む申告漏れが目立っています。

こうした状況を受け、国税庁は、海外取引を行っている者や海外資産を保有している者などに対して、国外送金等調書、国外財産調書、租税条約等に基づく情報交換制度などを効果的に活用し積極的に調査等を実施するとの方針を示しています。

第2章

国際課税と税務調査
［法人税編］

海外取引法人への調査状況

法人の海外取引等に対する調査状況を教えて下さい。

国税庁のホームページに掲載された報道発表資料（平成26事務年度分）によれば次の通りです。

1 海外取引法人等に対する取組み（法人税）

- 企業等の事業、投資活動のグローバル化が進展する中で、海外取引を行っている法人の中には、海外の取引先からの売上を除外するなどの不正計算を行うものが見受けられます。このような海外取引法人等に対しては、租税条約等に基づく情報交換制度を積極的に活用するなど、深度ある調査に取り組んでいます。

- 平成26事務年度においては、海外取引法人等に対する実地調査を13,000件（前年対比105.5％）実施し、このうち、海外取引等に係る非違があったものを3,400件（同101.5％）、申告漏れ所得金額を2,206億円（同123.7％）把握しました。

《海外取引法人等に対する実地調査の状況》

項　目	25事務年度	26事務年度
実地調査件数	12,277件	12,957件
海外取引等に係る非違があった件数	3,379件	3,430件
うち不正計算があった件数	416件	418件
海外取引等に係る申告漏れ所得金額	1,783億円	2,206億円
うち不正所得金額	121億円	393億円
調査1件当たりの海外取引等に係る申告漏れ所得金額	1,452万円	1,702万円

（注）各計数には、次の3および4の計数が含まれています。

2 海外取引法人等に対する取組み（源泉所得税等）

- 経済の国際化に伴い、企業や個人による国境を越えた経済活動が複雑・多様化する中、国税庁では、非居住者や外国法人に対する支払い（非居住

者等所得）について、源泉所得税等の観点から、重点的かつ深度ある調査を実施しています。

- ⊙ こうした中で、外国法人に対する工業所有権の使用料の支払いについて、源泉徴収を行っていなかった事例などが見受けられました。
- ⊙ 平成26事務年度の調査においては、使用料や人的役務提供事業などについて源泉所得税等の課税漏れを1,500件（前年対比113.4％）把握し、41億円（同133.9％）を追徴課税しました。

《海外取引等に係る源泉所得税等の実地調査の状況》

項　目	25事務年度	26事務年度
非違があった件数	1,317件	1,493件
調査による追徴本税額	30億4,200万円	40億7,200万円

なお、海外取引等に係る源泉所得税等の非違（追徴本税額）の内訳は①使用料②人的役務提供事業③利子④配当⑤不動産譲渡⑥その他となっています。

3　外国子会社合算税制（タックス・ヘイブン対策税制）に係る実地調査の状況

項　目		25事務年度	26事務年度
		件数等	件数等
非違があった件数	1	66件	58件
申告漏れ所得金額	2	49億円	70億円

4　移転価格税制に係る実地調査の状況

項　目		25事務年度	26事務年度
		件数等	件数等
非違があった件数	1	170件	240件
申告漏れ所得金額	2	537億円	178億円

5　移転価格税制に係る事前確認の申出および処理の状況

項　目		25事務年度	26事務年度
		件　数	件　数
申　出　件　数	1	115件	121件
処　理　件　数	2	121件	100件
繰　越　件　数	3	321件	342件

② 海外取引への重点調査

Q 税務調査では、国内取引よりも海外取引を重点的にチェックするのでしょうか。また、調査対象はどのような取引ですか。

A ## 1 海外取引への重点調査

企業活動の国際化により、海外支店等の海外進出や、海外投資等の様々な海外取引が増大しています。取引の複雑化、多様化等が進む中、複雑な海外取引を隠れみのとした租税回避行為、不正計算が想定されることから、国内取引よりも海外取引を重点的に調査する方針となっています。

（複雑化・多様化の要因）
① 取引先、関係書類が国外にあるため反面調査や現物確認等が困難
② 取引関係書類が外国語であることから、内容を把握しにくい
③ 専門性の高い実務知識が必要
④ 外国独自の制度、慣習等の問題
⑤ 国際課税制度における、税制、条約、理論の理解の必要性

また、海外取引は単年度の調査では不審点の解明が出来ないことが多く、将来の調査の参考となる資料収集を行うことも目的となっています。

2 調査対象となる海外取引

調査の際、事業内容の聴取から、通常取引とは違う取引について、重点的に調査を実施します。例えば次のような取引です。

① 子会社の新設・廃止・清算、新しい取引の開始、多額の利益や損失の生じた事業
② 取引単価・取引量に大きな変動がある取引、継続取引であるのに利益率等が変動している取引、手数料が異常に高い取引
③ 取引先と異なる相手・国・口座へ決済、分割送金・相殺・現金決済、支払長期滞留・全額前払・期首・期末に多額の決済

3 大企業への国際調査

Q 資本金1億円以上の大企業に対する海外取引調査について、課税当局としての重点事項を教えて下さい。

A 国際課税の充実として、特に「海外取引調査の充実」、「移転価格調査の充実」、「外国法人に係る課税原則の見直しへの対応」等が挙げられていると聞いています。

国税局調査課の使命は、大法人の税務コンプライアンスの維持・向上に努めること、ひいては税務行政全体における適正・公平な課税の実現を図ることにあります。国際化やICT化の進展に伴い、連結法人の増加、国税通則法や消費税法等の改正など、調査課を取り巻く環境は大きく変化しています。こうした状況の下、その使命を引き続き果たしていくためには、事務運営の見直しを絶えず行いつつ、効率的で質の高い調査を一層推進していく必要があるとされています。また組織全体として、量・質ともに増大する事務に限られた人員で対処していかなければならないという課題を抱える中で、調査課の機能を最大限に発揮するため、事務量の適正配分や組織全体への貢献のほか、人材育成についても一層配意することとされています。

それでは、国際課税の充実に向けた当局の取組みを具体的に見ていきましょう。

1 海外取引調査の充実

海外取引調査については、企業の国際化の発展に的確に対応するため、アジア諸国の高い経済成長などグローバルな経済情勢の変化にも着目するとともに、海外取引調査担当者のさらなる活用を図ることなどにより、より一層の充実を図る。

調査の実施に当たっては、必要に応じて租税条約等に基づく情報交換を積極的・効果的に活用し、取引の実態解明を行い、適正な課税の確保に努める。国際的租税回避については、事案の発掘・組成を促進するた

め、引き続き統括国税実査官（国際担当）等課税部と連携していくとともに、その実態解明に当たっては、情報交換等のツールを効果的に活用し、情報の収集に努める。

2　移転価格調査の充実

移転価格調査については、一層適切に事務を実施するため、国際情報第1課など移転価格調査を担当する課（非設置局においては調査管理課）において、多角的な視点により的確な分析を行って調査事案を選定するとともに、必要に応じて継続管理法人の見直しを適切に行う。

また、移転価格調査と一般調査の区分の同意を納税者に確認する際には、納税者が検討に時間を要する場合や、納税者が調査区分に同意しない場合も想定し、同意確認の時期や調査着手の時期について一般調査部門と十分に事前調整を行う。

移転価格調査と一般調査を一つの調査として実施する場合については、移転価格調査担当部門と一般調査部門が緊密に連携し、的確な調査の実施に努める。事前確認については、引き続き、相互協議部署との緊密な連携や的確な論点の絞り込みにより審査の効率化を図り、適切な処理の促進に努める。

なお、国際的な事業再編に伴う無形資産取引については、情報の収集に努めるとともに、移転価格調査・事前確認の両面において、適正な課税の実現に取り組むこととする。

3　外国法人に係る課税原則の見直しへの対応

外国法人に係る帰属主義制度の導入に伴い、今後の内国法人も含めた国際課税に係る税務執行について適切に見直す必要があることから、外国法人課税等に係る事務運営上の課題の把握・検討に努めるとともに、適宜、必要な人材の育成を図る。

④ 中小企業への国際調査

Q 資本金1億円未満の法人に係る国際課税の重点事項について教えて下さい。

A 国際化・ICT化が進展するとともに、国税通則法や消費税法等の改正が行われるなど、税務行政を取り巻く環境は大きく変化しています。こうした状況の下、国税庁では、納税者の自発的な納税義務の履行を適正かつ円滑に実現するため、適正公平な税務行政の一層の推進を図ることとされています。

1 国際化への取組み

国際化に対する取組みとしては、(1)情報共有、(2)情報交換制度の活用、(3)国際取引連絡せんの作成、(4)国税局統括国税実査官（国際担当）による調査企画等、(5)税務署国際税務専門官の活用—が挙げられます。一つ一つ見ていきましょう。

(1) 情報共有

経済社会の国際化に対応していくためには、有効な資料情報の収集、調査手法の開発、調査事例の集積、専門家の育成等が不可欠です。

このため、国税局の統括国税実査官の国際担当（非設置局においては課税総括課。以下同じ）は、有効な資料情報の分析手法について、その手法が継承されるよう、局間・局内各事務系等の枠組みを超えた情報提供に積極的に取り組んでいます。

また、局署を通じて、国税庁WAN（ワイドエリアネットワーク）等により共有化された情報の利用を促進するとともに、各種会議や研修を通じて職員の調査能力等の向上に努めています。

(2) 情報交換制度の活用

調査に当たっては、局署国際税務専門官と連携・協調を図り、租税条約等に基づく情報交換制度を効果的に活用するなどして、適切かつ積極的に取り組んでいます。また、租税条約等締結相手国において課

税上有効と考えられる事実を把握した場合には、自発的な情報提供を行うこととされています。

(3) 国際取引連絡せんの作成

　国際的租税回避を図っていると想定される情報を把握した場合には、端緒情報であっても確実に「国際取引連絡せん」を作成します。

(4) 国税局統括国税実査官（国際担当）による調査企画等

　国際的租税回避が想定される事案等は、納税者と関係する個人・法人を一体的に捉えた上で把握に努め、調査等によりその実態を解明する必要があります。そのため国税局の統括国税実査官（国際担当）は、他の調査企画部署等と緊密に連携を図りつつ、国際取引連絡せん、国外送金等調書、国外財産調書等を適切に分析し、事案を企画・立案します。

　企画事案の引継ぎを受けた調査担当部署は、調査により確実に実態解明等を行い、その結果、制度上の整備を要する事項を把握した場合には、税制改正意見の申入れ事項として積極的に庁へ提案します。

(5) 税務署国際税務専門官の活用

　税務署の国際税務専門官については、その高度な調査能力を組織全体で活用できるよう、支援調査および独自調査事案のいずれにおいてもその基準を明確化し、真に対応が求められるものに事案を限定するとともに、国税局主管課においても適切な指導・監督に努めています。

2　海外取引事案への取組み

　併せて、法人課税部門（資本金1億円未満の法人税事務を担当する部署）では、海外取引事案に対して次のように取り組むこととされています。

① 海外取引法人等の調査選定や調査を適切に行うためには、未把握となっている海外取引法人等を確実に把握し、納税者管理の充実に努める必要がある。

② 海外取引事案については、署国際税務専門官にとどまらず、署一般部門等においても海外取引事案に係る調査事務量を確保した事務計画を策定し、法人課税部門全体で積極的に取り組む。

③ 法人課税部門全体として海外取引事案に対応できるよう、一般部門等職員に対して全体研修等の機会を利用して国際取引研修等を行い、引き続き法人課税部門全体の底上げを図る。
④ 海外取引事案の調査に当たって、署国際税務専門官は、専門性が高く、調査困難な事案について、独自事案として深度ある調査を実施するほか、支援事案においては、想定される非違を聴取した上で、事案担当者に対して準備調査や調査過程における着眼点の説明を的確に実施し、署一般部門職員の海外取引調査能力の向上につながるよう的確な調査支援を実施する。
⑤ 人材育成の観点から、国際取引調査実務研修を受講した職員に対するOJTを引き続き実施するとともに、その効果を高めるため、OJT受講者の所属する部門の署統括官等は、OJT受講者に対して、単独事案を指令することに配意する。

5 調査対象法人の選定

Q 近年、中小企業でも海外進出が進んでおり、税務署所管法人でも海外取引の税務調査が強化されていると言われています。どのような企業が狙われやすいのでしょうか。また、調査対象法人を選定するに当たって、どのような点に着目するのでしょうか。

　海外取引法人の調査事案を選定するに当たっては、以下のような観点から、課税上問題があると想定される法人を選定しています。

1 国外関連者を有する法人

近年では、中小企業に対しても移転価格課税や国外関連者に対する寄付金課税が行われています。それは、グループ会社間では取引価格を操作して利益を国外に移転したり、赤字の子会社を支援するために経済的利益を無償で供与したりといった行為が行われやすいためです。また、海外の関連会社を利用して簿外資金や受注工作資金を捻出するといった不正行為も散見されます。そのため、近年では国外関連者を有する法人を重点的に調査する傾向があります(注)。

2 国外送金等調書などの海外関連資料の多い法人

国外送金等調書は、国外への送金または国外から送金を受領した金額が100万円を超えた場合に金融機関が税務署に提出する法定調書であり、海外との資金の流れを把握する上で重要な資料といえます。例えば、次のような国外送受金を把握した場合には問題が想定されます。

(1) タックスヘイブン国に多額の送金がある場合

タックスヘイブン国を使った租税回避が行われていないか、検討します。また、持株割合を確認し、タックスヘイブン対策税制の適用の有無も検討します。

(2) 法人の代表者の個人口座に海外からの送金がある場合

法人の国外送受金のみならず、法人の代表者個人の国外送受金も併

せてチェックします。もし、代表者個人の預金口座へ海外企業から入金がある場合、法人の収入に計上すべきもの（例えば、海外取引に係るコミッション等）を個人口座へ入金させることにより、法人の収入から除外しているのではないか、という点が疑われます。

(3) 海外への送金目的が「使用料」など、源泉徴収が必要なものである場合

著作権、工業所有権の使用料や、機械等のリース料の支払いなどについては、源泉徴収が適切に行われているか、検討します。

3 勘定科目の内訳明細書の記載から問題があると認められる場合

(1) 外国企業に対する多額の買掛金や未払金が計上されている場合

外国企業に対する架空仕入れや架空のコミッションなどが疑われます。

(2) 国外関連者への貸付金や借入金がある場合で、受取利息または支払利息の額が適正と認められない場合

海外法人が国外関連者である場合、国外関連者に無利息または低い利率で貸し付けた場合や高い利率で国外関連者から金銭を借り入れた場合には、移転価格課税または寄付金課税の対象となる可能性があります。

(3) 海外法人からの借入金があり、利息を支払っているが、源泉所得税の納付が確認できない場合

非居住者や外国法人に借入金の利子を支払う場合、源泉徴収が必要となりますが、源泉徴収漏れとなっているケースが多く見られます。

(4) 非居住者や外国法人から土地を購入した旨の記載があるが、源泉所得税の納付が確認できない場合

非居住者や外国法人から日本国内にある土地等を購入した場合、源泉徴収が必要となりますが、源泉徴収漏れとなっているケースが多く見られます。

(5) **非居住者や外国法人に対して不動産の賃借料の支払いがあるが、源泉所得税の納付が確認できない場合**

非居住者や外国法人に対して日本国内にある土地や建物等の不動産の賃借料を支払う場合、源泉徴収が必要となりますが、源泉徴収漏れとなっているケースが多く見られます。

(注) 近年では、税務署においても国外関連者を有する法人を中心に調査をしており、国際課税固有の非違（移転価格税制、タックスヘイブン対策税制、過少資本税制、国外関連者に対する寄附金等）の把握に注力しています。

以下は、東京国税局管内の税務署において把握された国際課税固有の非違の状況です。

事務年度	移転価格税制		タックスヘイブン対策税制		過少資本税制		国外関連者に対する寄附金		過大支払利子税制	
	件数	申告漏れ金額（千円）	件数	申告漏れ金額（千円）	件数	申告漏れ金額（千円）	件数	申告漏れ金額（千円）	件数	申告漏れ金額（千円）
24	39	859,888	5	15,617	19	607,924	202	1,829,346	—	—
25	17	357,352	6	366,439	14	331,277	217	2,098,834	—	—
26	35	585,599	8	150,541	11	91,118	211	2,825,448	1	1,935

（出典）東京国税局　会議資料（情報公開請求により入手）

6 輸出取引の流れと調査ポイント

Q 貿易業における輸出取引の流れを、税務調査を踏まえて簡単に解説して下さい。

A オファーから代金回収までのおおまかな流れは次の通りとなります。税務上では、どの時点で売上計上するか、消費税（輸出免税）は大丈夫か、売上先によっては、移転価格税制が働くか等がポイントとなります。

1　オファーから契約締結

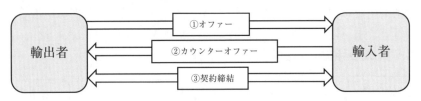

商談は、まずOffer（オファー）することから始まります。これに対して買い手（輸入者）はOfferの内容を検討し、通常はCounter Offer（カウンターオファー）（反対申込み）を行います。

実際のビジネスにおいては、このOfferとCounter Offerのやり取りを何回か行い、その後に承諾することになります。契約成立時には必ず契約書を作成しますが、通常、契約書は2通作成され、お互いにサインをした後、それぞれ保管することになっています。

2　通関手続、船積み手続の依頼

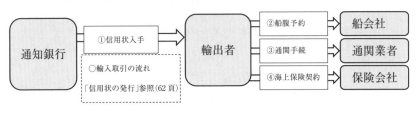

信用状での取引の場合は、輸出者には通知銀行から信用状が送付されます。輸出者は信用状の内容に基づき、船会社に船腹予約を行い、通関手続から船積みまでの一連の作業を専門業者であるフォワーダー（海貨業者・通関業者）に依頼します。

　更に、貿易条件によって（CIF条件などの場合）、保険会社に対して海上保険の申し込みを行い、保険証券を入手します。

3　通関手続、船積み手続

　通関業者は、輸出通関に必要な輸出申告書を作成し、税関に申告手続を行います。輸出の許可後、海貨業者は船積み手続を行います。

4　買取り手続、代金回収

　信用状取引の場合は、通関業者から書類を受け取り、取引銀行に買取り手続を行って代金を手に入れることになります。

5　輸出取引の調査ポイント

　売上げを検討する場合、次の項目の検討を要します。

① 　見本品、宣伝用品、アフター・サービス品、クレーム代替品等の形をとって売上げを除外してないか。原価や販管費の見本品等を検討。

② 　海外送金される売上げを個人預金に入金させて売上げの一部を除外する場合が多いため、国外送受金資料の確認、銀行調査においては代表者および親族名義の口座の有無について検討。

③ 　輸出相手国の変更、販売経路と物流が異なる取引等、国際的な租税回避も想定されるため、多角的な観点から検討。国によっては、

売掛金の一部が留保される場合もあるので、値引き、貸し倒れ等についても検討。
④ 船積みごとに一件書類がファイルされている船積書類綴りや、インボイス（送り状）、パッキングリスト（梱包明細書）との照合。
⑤ 海外取引先との交渉は、決済の終了に至るまで必要の都度、ファックス、電話、レター、メール等によって進められており、取引先、海外支店、現地子会社等の間で交渉された通信関係書類が不正発見の端緒となる場合もあるため、現物確認調査も必要。
⑥ 輸出取引において、外国の売上先から自国の関税を安くするため、本来の価格のインボイスのほかに、実際の価格より低い価格でインボイスを作成するよう依頼されることがあり、インボイスを利用して、本来の価格との差額を除外していないかの検討。この取引がアンダーバリュー取引(注)であり、売上先が関税率の高い途上国向けの取引が多い場合は特に注意。

(注) アンダーバリュー取引とは、実取引価格よりも安い価格で取引するもので、輸出の場合に実取引価格が100円のものを、80円の過少価格で輸出したように装って、差額の20円を取引先に依頼して、他の場所・相手先に送金させて資金をプールしたり、取引先にストックしたりする等、売上除外に利用される取引です。

7 輸入取引の流れと調査ポイント

 貿易業における輸入取引の流れを、税務調査を踏まえて簡単に解説して下さい。

 輸入取引の流れの信用調査、輸入交渉から輸入貨物の取引までの簡単な流れは次のようになります。

1 信用調査、輸入交渉、契約の締結

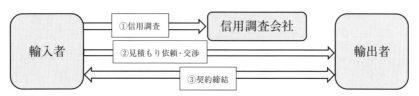

買い手（輸入者）は、新規の取引の場合は必要に応じて信用調査を実施してから交渉を始める。見積もりの依頼やさまざまな条件を検討し、輸入交渉を何回か行い、輸入契約を結ぶ。

2 信用状の発行

決済条件を信用状で契約した場合は、取引銀行に信用状の発行を依頼する。信用状の発行銀行は信用状を作成し、輸出者の通知銀行に送付する。

3 輸入通関手続、輸入貨物の取扱い

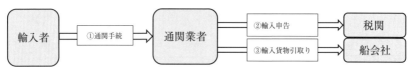

通関業者は、輸入申告書を作成し、税関に対して輸入申告手続きを行う。税関では、申告内容が審査され、関税・消費税の納付が確認されると税関より輸入許可書が交付される。

4　輸入取引の調査ポイント

　税務上、輸入取引については次の点から検討されることになります。

① 海外への支払いはその内容について、相手側の反面調査が難しいことから、代表者等からの聴取や、銀行調査で把握した事項を基に、インボイス金額以上の金額を第三国等へ送金していないか、原価に計上した支払手数料（コミッション）等に仮装経理や架空計上はないか等を検討。

② 輸入取引において本来の価格より高い価格で取引されたようにする取引をオーバーバリュー取引(注)といい、水増し仕入れに利用される。同様の取引との差益率の確認や買掛残高が増え続ける取引先などを検討。

③ 輸入代金の決済については送金簿を確認する。貿易取引と貿易外取引を別帳簿としている場合もある。また、アプリケーション綴りで代用していることも多い。

④ 海外送金については、使途不明金や交際費等の問題が多く見られることから注意。

⑤ 貿易手形については、貿易手形台帳を作成している場合があり、為替換算や金利計算および売上の計上時期を検討。

(注) オーバーバリュー取引とは、実取引価格よりも高い価格で取引するもので、輸入の場合に実取引価格が100円のものを、120円の過大価格で輸入したように装って、差額の20円を取引先に依頼して、他の場所・相手先に送金させて資金をプールしたり、取引先にストックしたりする等、仕入の水増しに利用される取引です。

8 貿易業への調査
（販売費、一般管理費、営業外損益、etc…）

貿易業による輸出入取引において販売費や営業外損益その他について留意点と税務調査対応の着眼点は何ですか。

1 販売費および一般管理費
① 海外広告費等の架空計上や、海外支店等の架空人件費がないかを、支払いの根拠となる契約書などの原始記録や、支払った費用に見合う成果物があるかの検討。
② 債務未確定費用の計上や関係会社間の費用負担は適正か、いずれも前年対比や構成比率等に注目し検討。

2 営業外損益
① 受取手数料等については、クレーム台帳、保険台帳、デス・デマ帳(注)を検討。
② デスパッチ・マネー(注)は早出料（船主が商社に支払う）であり、デマレージ(注)は滞船料（商社が船主に支払う）。
③ クレームや保険求償とともに、その確定の時期や海外での受取り・支払いに注意。

（注）Q10を参照されたい。

3 その他全般
① 子会社貸付金等の運用益やその帰属の確認。
② 外国有価証券の評価や換算レートの確認。
③ 海外に所有する固定資産の帰属や区分は適正か。
④ 海外親会社、子会社等、国外関連者との取引については、取引単価、料率、支払内容等、恣意的な取り決めがなされていないか、第三者との取引に比して、異なった取引形態となっていないか。

9 貿易業への調査
（支払手数料、コミッション、リベート）

Q 輸出入取引を業とする法人です。税務調査の際、支払手数料、コミッション、リベート等が調査対象になる場合が多いのですが、どのような観点から調査が行われるのですか。

A 支払手数料等、費用に関する調査のポイントは、①支払いは架空・水増しではないか、②損金性は認められるか、③計上時期は適正であるか──の３点です。

①については、支払った相手先の存在確認や、支払い対象となった役務提供の内容確認を行います。また、契約書、報告書等の記録、成果物、取引経緯、決済の状況等についての確認を行います。支払先の存在について、海外反面調査（租税条約に基づく情報交換、長期出張者による情報収集、調査官の海外派遣、ダン・レポート等民間情報機関からの情報収集）により確認する場合があります。

②、③については、その支払いが、実際に役務の提供を受けており、実際の相手先に支払っているとしても、謝礼金や資金援助等、交際費寄附金に該当するかどうか、役務の提供の時期・期間が適正であるかどうかについて確認を行います。

10 貿易用語（英語）

貿易取引の税務調査において関与税理士として押さえるべき主要用語につき、英語表記とともに簡単な説明をお願いします。

課税当局の調査担当者とクライアントの関与税理士とで税務調査等の事実を確認し合う場合には、共通した用語を理解して話を進めることも重要です。

主要な用語は次の通りです。

○Bill of Exchange（ビル オブ エクスチェンジ／為替手形）

輸出者が振出人となり、買主または銀行を名宛人として振り出す貿易決済に用いる手形。

○Bill of Lading（B/L）（ビル オブ レイディング／船荷証券）

船積みした貨物を代表する流通証券。船会社と荷主間の運送条件を決めた運送契約の存在を証明する証拠証券であるとともに貨物受領証でもある。通常、B/Lは貨物の運送について2、3通発行され、指定陸揚地で引換えに貨物の引渡しを請求することができる。

○Booking of Ship's Space（ブッキング オブ シップス スペース／船腹予約）

輸出者が船会社に船腹予約を行う。以前は電話やファックスで行っていたが、現在はネットでの予約も可能。

○Certificate of Origin（サーティフィケイト オブ オリジン／原産地証明書）

商品の産地国を証明する書類であり、輸出国にある輸入国の領事や輸出国の商工会議所等が発行する。

○Container Yard（CY）（コンテナ ヤード／コンテナ集積場）

コンテナの受け渡しや保管を行う場所。これに対してコンテナに満たない小口の貨物を集積し、コンテナに詰め込む場所をContainer Freight Station（コンテナ フレート ステーション／CFS）という。

○ Demurrage（デマレージ／滞船料）
　用船者と船主があらかじめ契約した停泊期間を延長するときに支払う割増金。これに対するのが早出料（despatch money／デスパッチ マネー）といい、滞船料の半額程度を船主から受領する。これらを記載した台帳をデス・デマ帳という。
○ Dock Receipt（ドック レシート／埠頭受領書）
　コンテナ船に船積みするときに用いる書類。海貨業者が作成し、船会社が指定するCY等に提出する。
○ Export Declaration（エクスポート デクラレーション／輸出申告書）
　貨物を輸出しようとするものが、税関の輸出許可を受けるために行う申告。
○ Full Container Load（フル コンテナ ロード／FCL）
　コンテナをひとつの単位としてとらえた大口貨物の輸送方法。これに対して荷主の貨物がコンテナに満たない小口貨物の輸送方法をLess than Container Load（レス ザン コンテナ ロード／LCL）という。
○ Forwader（フォワーダー／通関業者）
　通関業務を行う者であり乙仲業者ともいう。これに対し、商品を輸出する商社やメーカーはShipper（シッパー）と呼ばれ、貨物を輸送する船会社や航空会社はCarrier（キャリアー）と呼ばれている。
○ Invoice（インボイス／送り状）
　輸出者が作成する輸出商品の明細書。輸出する商品の単価、通貨、金額、数量、取引条件、決済条件等を記載した書類であり、輸出先法人に対する代金請求書、貨物の送り状でもある。
　通常、輸出者はInvoiceを2回作成する。まずは船積み・通関手続きを依頼するときに、通関業者に提出し、2回目は船積みが終了し、代金を回収する際に為替手形などと一緒に買取り銀行に提出する。
　なお、通関時には当事者間で代金の合意が行われていないことがあり、その場合には1回目のInvoiceは概算の価格であることが多い
○ Import Declaration（インポート デクラレーション／輸入申告書）
　貨物をしようとする者は、必要事項を税関に申告し、輸入の許可を受

けなければならない。そのために税関に提出する書類を輸入申告書といい、貨物の品名、数量、記号、申告価格、税率、関税額、原産地、積載船名、蔵置場所などを記載し、インボイス、パッキングリストなどを添付して提出する。

○letter of credit ／（レター オブ クレジット［通常「LC（エルシー）」と呼ぶ］／信用状）

　輸出者は、輸出先企業が作成依頼した発行銀行で作成した信用状を、通知銀行を経由して入手する。輸出者は、信用状の内容を確認（特に信用状の有効期限や船積み期限）し輸出の手続を行う。輸出完了後、信用状に記載されている書類、送り状、包装明細書、船荷証券、保険証券、為替手形、売買依頼書および原産地証明書（必要な場合のみ）を買取り銀行に提出して、代金を回収する。

○Packing List（パッキング リスト／包装明細書）

　荷為替取組み時には、特に要求のない限り必要はないが、税関が積荷を照合する場合に、商業送り状の補足書類として要求される。これには、注文番号、荷印、各梱包の箱番号、箱ごとの内容明細、正味重量、総重量、才数などを記載する。信用状に包装明細書の要求がない場合、買主へ送付する船積書類の写しの中には、必ず同封しなくてはならない。

○Shipping Instructions（シッピング インストラクションズ／船積依頼書）

　輸出者が海上貨物業者に対して、船積みの要領や船積み書類作成上の留意事項などについての指示を記載した書面。船積指図書ともいう。輸出者は、この船積依頼書に輸出申告に必要な書類を添付して、海上貨物業者に渡し、通関、船積みの代行を依頼する。

11　貿易用語（日本語）

 貿易用語につき、業態も踏まえたうえで関与税理士として知っていた方がプラスになると思われるものを簡単に説明して下さい。

 貿易の用語集には種々説明がされていますが、関与税理士として必要と認められるものに次のような用語があります。

○委託加工貿易

　委託加工貿易には、外国から加工の依頼を受け、加工するのに必要な原材料を輸入し、加工品を委託者に輸出する「順委託加工貿易」と、加工を外国にある企業に委託し、加工原材料を輸出して、生産された加工品を日本に輸入する「逆委託加工貿易」がある。

○一般取引条件

　貿易取引は海外の企業と取引するため、誤解や紛争が発生する危険性が相当程度にある。そのため取引関係の締結時に基本条件を取り決める。

○外国為替の予約

　外国為替取引を行う場合、顧客と銀行が一定の為替レートをあらかじめ決定した上で来るべき将来の期日に売買取引をする。外国為替の予約をすることで企業が輸出入を行う際、決済時に支払うべき金額、または受け取る金額を事前に確定できる。

○カット日

　輸出する貨物は船会社の指定するコンテナヤードに運ばれ、船積み手続きが行われるが、カット日とはそのコンテナヤード等への貨物の搬入締切日のこと。通常、コンテナヤードのカット日は本船入港日の前日、CFSのカット日は本船入港日の2日前になっている。

○検数人

　貨物を本船に積み込む場合、または本船から貨物を荷揚げする場合、荷主と船長に代わって、貨物の状態や個数を確認し、過不足や異常を確かめることを専門的に行う人。港湾運送事業法に基づく免許事業。

○信用状統一規格
　国際商業会議所（ICC）が制定した信用状に関する国際的な取引ルール。信用状の性格や形式、用語の解釈を統一することを目的として1933年に「荷為替手形信用状に関する統一規則および慣習」が制定された。

○世界貿易機関（WTO）
　自由貿易の促進を主目的として創設された国際機関。関税の低減や数量制限の原則禁止などを基本原則としている。現在の加盟国は150カ国を超えている。閣僚会議はWTOの最高意思決定機関であり、すべての加盟国の代表により構成される。

○荷　姿
　貨物の外装の梱包状態を表す。通常、商品は段ボール（Carton）、木箱（Case）、木枠（Crate）、パレット（Pallet）などに梱包された形で輸出入される。

○荷渡し指図書（デリバリーオーダー・D/O）
　輸入地の船会社が作成し、輸入貨物の引取りの際に使用する。

○インコタームズ
　国際取引の慣習として使用されている取引条件を国際商業会議所が制定した国際規則。FOB（本船渡し条件）：売り主は買い主が指定した船積み港で本船に商品を積み込み、それまでの費用は売り主が負担し、それ以降の費用やリスクは買い主が負担する。CIF（運賃保険料込み条件）：売り主は船積み港で本船に商品を積み込むまでの費用および仕向地までの海上運賃・保険料を負担する。船積み以降のリスクは買い主が負担する。

○ナックス（NACCS）
　輸出入・港湾関連情報処理システム。国際物流のさまざまな分野で、必要な情報を入力することにより、利用者の業務処理が迅速化、効率化されるシステム。以前は通関情報処理システムと呼ばれていたが、通関手続き以外に、港湾手続、食品衛生手続・動植物検疫手続など他省庁との業務拡大が行われた。

12 外貨建取引のポイント

Q 為替差損益の発生は企業に大きな影響を与えていると言われています。外貨建取引の税務調査上のチェックポイントを簡単に説明して下さい。

A
1 為替差損益による影響

日本の企業会計は、取引の記帳金額および財務諸表計上金額を「円」で表示する円会計を前提としており、外貨建ての取引を行った場合には、これを円表示の金額に換算する必要があります。また、法人の有する外貨建ての資産、負債等の換算については、その取引の記帳時の金額と決済時の金額との間に、外貨通貨と円の換算率の変動による為替差損益が生じることになります。この為替差損益の発生は、輸出入取引の拡大等に伴い、日本企業に多大な影響を与えていると言われています。

2 関係法令の整備

外貨建取引の換算等に対する税法上の取扱いは、平成12年度税制改正前については、法人税法施行令に外貨建債権債務の期末換算および為替予約差額の期間配分の規定があるのみで、外貨建取引の換算規定および外貨建債権債務以外の外貨建資産等の期末換算規定がない状態となっていました。

そこで平成12年度税制改正においては、外貨建取引の換算規定および外貨建有価証券など外貨建債権債務以外の外貨建資産等についても期末換算規定が設けられました。また、売買目的有価証券の期末評価が時価法により行われることとなったことに合わせて、売買目的有価証券については期末時換算することとされ、売買目的外有価証券のうち償還期限および償還金額の定めのあるものについては期末時換算の選択が認められることになりました。

さらに、平成13年度税制改正では、企業組織再編成に関する取扱いに

ついて整備されました。

このように、外貨建取引の期末換算等は、期末評価と整合性のあるものとすることを基本としつつ、企業会計における取扱いにも配慮したものとなっています。

3 外貨建取引のポイント

税法上の外貨建取引とは、外国通貨で支払いが行われる資産の販売および購入、役務の提供、金銭の貸付けおよび借入れ、剰余金の配当などの取引をいいます（法法61の8①）。すなわち、外貨建取引には、その取引の支払が外国通貨で行われていることとされている全ての取引が含まれます。従って、債権債務の金額が外国通貨で表示されている場合であっても、その支払いが本邦通貨により行われることとされているものは、ここでいう外貨建取引には該当しないことになります（法基通13の2－1－1）。

外貨建取引の換算方法は、先物外国為替契約等（外貨建取引によって取得等する資産または負債の金額の円換算額を確定させる契約のうち一定のものをいう）により、円換算額を確定させたものとそれ以外の取引との区分により定められています。

なお、「先物外国為替契約」とは、外貨建取引に伴って支払い、または受け取る外国通貨の金額の円換算額を確定させる先物外国為替取引に係る契約をいいます（法令122①、法規27の10①）。

具体的なポイントは次の通りです。

① 先物外国為替契約等により外貨建取引の円換算額を確定させ、その先物外国為替契約等の締結の日にその旨を帳簿書類に記載したときは、その確定している円換算額により換算する。

② 先物外国為替契約等以外の外貨建取引の換算は、その外貨建取引を行った時の売買相場により円換算するが、その売買相場は、原則として電信売相場と電信買相場の仲値となる。

③ 外貨建取引に関する前受金または前渡金があるときは、前受金または前渡金の帳簿価格をもって収益または費用の額とすることができる。

なお、次のポイントについても注意を要します。
・法人が、外貨建取引を取引発生時には外国通貨で記録し、各月末、事業年度終了の時等一定の時点において本邦通貨に換算するといういわゆる多通貨会計を採用している場合に、各月末等の規則性を有する1カ月以内の一定期間ごとの一定の時点に本邦通貨への換算を行い、その一定の時点をその外貨建取引の取引発生時であるものとして法人税基本通達13の2－1－2《外貨建取引及び発生時換算法の円換算》の取扱いを適用しているときは、この取扱いは認められることになります。この場合、円換算に係る為替相場については、その一定期間を基礎とした平均値を使うこともできます（法基通13の2－1－3）。
・資産の取得に要した法人税法第61条の9《外貨建資産等の換算額》に規定する外貨建債務をその事業年度終了の時の為替相場により円換算を行ったため為替差益が生じた場合であっても、その取得資産の価格を減額することはできません（法基通13の2－1－9）。

13 外貨建取引（規定整備の経緯）

Q 外貨建取引の換算等の規定は、どのような経緯を経て整備されてきたのでしょうか。税務調査を見すえて簡単に説明して下さい。

A 外貨建債権、債務の換算については、日本が長い期間にわたって、いわゆるIMF体制の下に固定相場制を維持してきたこと、昭和40年代の外国為替制度の変動、変更があまりにも著しかったこと等の事情もあり、当時、商法・会計・税法のいずれにおいてもあまりはっきりした取扱いが確定されているとはいい難い状況にありました。

会計の分野では、企業会計審議会の場において「企業会計上の個別問題に関する意見」として、第一および第三〜第六まで意見書が出されましたが、これもその時々の国際通貨調整措置を踏まえた当面の会計処理を示すものであって、一般的な原則としては確立したものに至っていませんでした。

税法においても、法人税法を全文改正して現在の法人税法を制定した際に、種々検討されたようですが、結論を得ず規定を創設するに至らなかったと聞いております。

税務上、外貨建債権、債務の問題は、法人税第22条第4項にいう「一般に公正妥当と認められる会計処理の基準に従って計算される」事項であるとし、具体的には、企業会計審議会の意見に従った会計処理であれば、原則的に税務上もこれを認めるというのが昭和50年改正までの取扱いであったといえます。

昭和46年以降、企業の実務としては経験を経てきたこと、法人税法上の期間損益の問題であるとはいえ、換算方法のいかんによっては、各事業年度の所得の金額に相当の影響を及ぼすものであることから、税務上の取扱いについて明確にしておくべき時期がきたものと判断され、昭和50年度の税制改正において、外貨建債権債務の換算に関する規定が、法

人税法施行令に設けられることとなったとのことです

　企業会計における外貨建取引等会計処理基準の改定を踏まえ、平成12年3月の税制改正により、従来、外貨建債権債務の期末換算及び為替予約差額の期間配分の取扱いがあるのみであった外貨建取引に関する邦貨換算の規定が改められ、邦貨換算に関する規定の整備が図られました。

　外貨建有価証券など外貨建債権債務以外の外貨建資産等に対する期末換算規定および外貨建取引の換算規定が新たに設けられたほか、売買目的有価証券の期末評価が時価法により行われることとなったことに合わせて、売買目的有価証券については期末時換算をすることとされました。

　企業会計において、外貨建満期保有目的債券が決算時の為替相場により換算されることとなったことから、売買目的外有価証券のうち償還期限および償還金額の定めのあるものについても期末時換算の選択が認められることとなりました。

　平成12年度の税制改正は、期末換算を期末評価と整合性のあるものとすることを基本としつつ、企業会計における取扱いにも配慮したものとなり、外貨建取引の換算等に関する昭和50年の制度創設以来15年ぶりの本格的な改正となったとのことです。

14 外貨建取引
（発生時換算法と期末時換算法）

Q 発生時換算法および期末時換算法による円換算のポイントを教えて下さい。併せて為替予約差額の取扱いについても説明して下さい。

A 発生時換算法とは、外貨建資産等の取得等の基因となった外貨建取引の金額の円換算に用いた外国為替の売買相場により換算した金額をもって期末の円換算額とする方法をいい、通常の場合、具体的に適用すべきレートは、電信売買相場の仲値が原則とされています（法法61の9①、法基通13の2－1－2）。

期末時換算法とは、期末時における外国為替の売買相場により換算した金額をもって期末時の円換算額とする方法をいい、通常の場合、具体的に適用すべき為替レートは、電信売買相場の仲値が原則とされています（法法61の9①、法基通13の2－2－5）。

また、内国法人が先物外国為替契約等により外貨建資産等の金額の円換算額を確定させている場合には、外貨建資産等を先物外国為替契約等の為替相場により円換算した金額と取引時の為替相場により換算した金額との差額（為替予約差額）は、決算日の属する事業年度までの各事業年度に配分し、益金の額または損金の額に算入することとなります（法法61の10①）。

ただし、短期外貨建資産等の為替予約差額については、期間配分せず、一括計上することもできることとされています（法法61の10③）。

なお、先物外国為替契約等とは、次の取引をいいます（図表）（法規27の11）。

《図表　先物外国為替契約の種類》

区　分	意　義
先物外国為替取引	先物外国為替取引（為替予約）の契約のうち外貨建資産等の決算に伴って授受する外国通貨の金額の円換算額を確定させるもの
通貨スワップ取引	契約時に授受する外貨元本額の円換算額と契約満了時に授受する外貨元本額の円換算額とが同額となっているもの（直先フラット型の通貨スワップ取引）
通貨スワップ取引	契約満了時に授受する外貨元本額の円換算額と契約期間満了日を実行日とする為替予約の予約レートにより外貨元本額を円換算額した金額とが同額となっているもの（為替予約型の通貨スワップ取引）

税務調査上のポイントは次の通りです。

① 発生時換算法および期末時換算法（ともに先物外国為替契約等により円換算額を確定させたものを除く）の為替相場は電信売買相場の仲値によることとされている。

② 売買目的有価証券以外の有価証券を期末時換算法により換算しても、換算損益を純資産直入とした場合には、換算差損益が損益に計上されないため、税務上は、発生時換算法を採ったことになる。

15 外貨建取引（外貨建資産）

Q 内国法人が外貨建取引を行った場合には、その外貨建取引を行った時の外国為替の売買相場によりその取引を円換算することとされていると聞いていますが、期末に有する外貨建資産等のチェックポイントを説明して下さい。

A 税務調査においては、法人が外貨建資産等についてどのような換算方法をとっているかがチェックポイントとなります。ポイントは次の通りです。

――［ポイント］――
1 外貨建資産等の換算方法は、発生時換算法と期末時換算法のいずれかになる。
2 外貨建債権債務および外貨預金は、短期と長期で法定換算方法が異なる。
3 期末時換算法による為替換算差額は益金の額または損金の額に算入し、翌事業年度において洗替え処理を行う。
4 為替相場が著しく変動した場合には、通貨の種類を同じくする外貨建資産等全てについて事業年度終了の時にその取得等の起因となった外貨建取引を行ったものとみなすことができる。

なお、期末に有する外貨建資産等は次の区分に応じ、それぞれ平成12年度税制改正後の次の方法により円換算することになります（図表）。

《図表　期末に有する外貨建資産等の円換算法》

外貨建資産等の区分		従前の取扱い	改正後
外貨建債権債務	短期外貨建債権債務	取得時換算法又は期末時換算法(※)	発生時換算法又は期末時換算法(※)
	上記以外のもの	取得時換算法	発生時換算法(※)又は期末時換算法

外貨建有価証券	売買目的有価証券		期末時換算法
	売買目的外有価証券	償還期限及び償還金額の定めのあるもの	取得時換算法	発生時換算法(※)又は期末時換算法
		上記以外のもの		発生時換算法
外貨預金	短期外貨預金		期末時換算法	発生時換算法又は期末時換算法(※)
	上記以外のもの		取得時換算法	発生時換算法(※)又は期末時換算法
外国通貨			期末時換算法	期末時換算法

(注) 1 換算方法の選定に関する届出がない場合には、(※)を付した方法により換算することになります。
 2 「発生時換算法」とは、外貨建資産等の取得等の基因となった外貨建取引の金額の円換算に用いた為替相場により換算した金額をもって期末の円換算額とする方法をいい、「期末時換算法」とは、期末における為替相場により換算した金額をもって期末の円換算額とする方法をいいます。
 3 「短期外貨建債権債務」とは、支払いまたは受取りの期日がその事業年度終了の日の翌日から1年を経過した日の前日までに到来するものをいい、「短期外貨預金」とは、満期日がその事業年度終了の日の翌日から1年を経過した日の前日までに到来するものをいいます。

 なお、期末時換算法により換算した金額と帳簿価格との差額は、洗替方式により益金の額または損金の額に算定することとなります。また、期末の換算方法を選択できる外貨建資産等の取得等の基因となる外貨建取引を行った場合には、その取引日の属する事業年度の確定申告書の提出期限(仮決算による中間申告書の提出期限)までに、よるべき期末換算の方法を書面により納税地の所轄税務署長に届け出ることとされていますので注意が必要です。

16 外貨建取引（外貨建て有価証券）

Q 外貨建有価証券の保有区分別の換算方法（企業会計と法人税法）について、税務調査におけるチェックポイントも踏まえて概要を説明して下さい。

A 外貨建有価証券の保有区分別の換算方法の概要は次の通りです。税務調査対応の一つとして企業会計と法人税法の違いを理解しておくことも重要です（図表）。

《図表　外貨建有価証券の保有区分別の換算方法の概要》

企業会計				法人税法			
有価証券の種類	貸借対照表価額	期末換算方法	換算差額の処理	有価証券の種類		貸借対照表価額	期末換算方法
売買目的有価証券	時価	期末時価換算法	損益計算書	売買目的有価証券		時価	期末時価換算法
満期保有目的債券	償却原価又は取得原価	期末時価換算法(注1)	損益計算書	売買目的外有価証券	償還期限及び償還金額の定めのあるもの	償却原価	発生時換算法(注2)又は期末時換算法
その他の有価証券（次を除く。）	時価又は取得原価(注3)	期末時価換算法	純資産の部(注4,注5)		償還期限及び金額の定めのないもの	取得原価	発生時換算法
子会社及び関連会社株式	取得原価(注3)	発生時換算法	—				

(注1) 当期償却額については、原則として期中平均相場で換算します。
(注2) 法定の換算方法。
(注3) 強制評価減の適用があります。
(注4) 全部資本直入法と部分資本直入法とがあります。
(注5) 債権については、外国通貨による時価を決算時の為替相場で換算した金額のうち、外国通貨による時価の変動に係る換算差額以外の部分を為替差損益として処理することも容認されています。

　また、事業年度終了の時において期末時換算法の適用対象となる外貨建資産等を有する場合には、その外貨建資産等を期末時換算法により換算した金額と帳簿価額との差額に相当する金額は、益金の額または損金の額に算入することとされています。

17 外貨建取引（先物外国為替契約）

Q 先物外国為替契約等により外貨建資産・負債の円換算額を確定させ、その先物外国為替契約等の締結の日にその旨を帳簿書類に記載したときは、その確定させた円換算額により換算することとなると聞いていますが、チェックポイントを簡単に説明して下さい。

A 先物外国為替契約等とは、先物外国為替取引契約および通貨スワップ取引のうち一定のものをいいます。

先物外国為替契約等により外貨建資産等の金額の円換算額を確定させた場合（その先物外国為替契約等の締結の日に、円換算額を確定させた旨および先物外国為替契約等の明細等を帳簿書類に記載した場合に限る）には、その外貨建資産等を先物外国為替契約等の為替相場により円換算するとともに、為替予約差額（その円換算額と取引時の為替相場により換算した金額との差額）は、外貨建資産等の決済日の属する事業年度までの各事業年度に配分し、益金の額または損金の額に算入します。

ただし、その外貨建資産等が短期外貨建資産等に該当する場合には、為替予約差額を一括計上することができます。

なお、「円換算額を確定させた旨および先物外国為替契約等の明細等を帳簿書類に記載した場合」とは、円換算額を確定させた旨および先物外国為替契約等の契約金額、締結日、履行日その他参考となるべき事項を外貨建資産等の取得等に関する帳簿書類に記載した場合または円換算額を確定させた旨および外貨建資産等の取得等の基因となる外貨建取引の種類、金額その他参考となるべき事項を先物外国為替契約等の締結等に関する帳簿書類に記載した場合をいいます。為替予約差額の一括計上を選択する場合は選択しようとする事業年度の確定申告書の提出期限（仮決算による中間申告書を提出する場合には、その中間申告書の提出期限）までに書面により納税地の所轄税務署長に届け出ることとされます。

18 デリバティブ取引とは

Q 「デリバティブ取引」とは何ですか。簡単に説明して下さい。

A デリバティブ取引とは、金利、通貨の価格、商品の価格その他の指標の数値としてあらかじめ当事者間で約定された数値と、将来の一定の時期における現実の指標の数値との差に基づいて算出される、金銭の授受を約する取引またはこれに類似する取引です。

一口に「デリバティブ取引」といってもさまざまな種類があり、次に掲げる取引がこれに該当します。

① 金利先渡取引
② 為替先渡取引
③ 直物為替先渡取引
④ 店頭金融先物取引
⑤ 商品デリバティブ取引
⑥ クレジットデリバティブ取引
⑦ スワップ取引
⑧ オプション取引
⑨ 選択権付債券売買
⑩ 有価証券先物取引
⑪ 有価証券指数等先物取引
⑫ 有価証券オプション取引
⑬ 外国市場証券先物取引
⑭ 有価証券先渡取引
⑮ 有価証券店頭指数等先渡取引
⑯ 有価証券店頭オプション取引
⑰ 有価証券店頭指数等スワップ取引
⑱ 金融先物取引等
⑲ 先物外国為替取引
⑳ ①から⑲に類似する取引

19 デリバティブ取引（期末未決済）

Q 期末未決済のデリバティブ取引については、決済したものとみなして所得計算を行うこととされていると銀行員から聞きました。税務調査対応も含めて説明して下さい。

A 期末において未決済となっているデリバディブ取引（外貨建資産等の金額の円換算額を確定させる先物外国為替契約等に基づくものおよび金利スワップ取引等のうち一定の要件を満たすものを除く）がある場合には、期末に決済をしたものとみなして算出した利益の額または損失の額に相当する金額を、洗替方式により益金の額または損金の額に算入することとされています。

デリバティブ取引により金銭以外の資産を取得した場合（繰延ヘッジ処理の適用を受ける場合を除く）には、取得の時に対価として支払った金額とその取得した資産の時価との差額は、その取得の日の属する事業年度の益金の額または損金の額に算入することとされています。この場合、その取得した資産は、時価で取得したものとされます。

「外貨建資産等の金額の円換算額を確定させる先物外国為替契約等」とは、先物外国為替取引（為替予約）の契約のうち外貨建資産等の決算に伴って授受する外国通貨の金額の円換算額を確定させるものまたは直先フラット型若しくは為替予約型の通貨スワップ取引の契約をいいます。

この場合の直先フラット型の通貨スワップ取引とは、通貨スワップ取引のうち契約時に授受する外貨元本額の円換算額と契約期間満了時に授受する外貨元本額の円換算額とが同額となっているものをいい、為替予約型の通貨スワップ取引とは、契約期間満了時に授受する外貨元本額の円換算額と契約期間満了日を実行日とする為替予約の予約レートにより外貨元本額を円換算した金額とが同額となっているものをいいます。

「金利スワップ取引等のうち一定の要件を満たすもの」とは、金利スワップ取引および金利キャップ取引等のうち次の要件を満たすものをい

います。

① 金利の変動に伴って生ずるおそれのある損失の額（以下「金利変動損失額」）を減少させるために行った取引であること。

② その取引を行った日において、ヘッジ対象資産等の種類、名称、金額、金利変動損失額を減少させようとする期間、金利変動損失を減少させるためにその取引を行った旨、その取引を事業年度終了の時において決済したものとみなさない旨その他参考となるべき事項をその取引に関する帳簿書類に記載したこと。

③ その取引の当事者がその取引の元本として定めた金額とヘッジ対象資産等の金額とがおおむね同額であること。

④ その取引を行う期間の終了の日とヘッジ対象資産等の償還等の期日がおおむね同一であること。

⑤ その取引の金利に相当する額の計算の基礎となる指標とヘッジ対象資産等から生ずる金利の計算の基礎となる指標とがおおむね一致していること。

⑥ その取引の金利に相当する額の受取りまたは支払いの期日とヘッジ対象資産等から生ずる金利の支払いまたは受取りの期日とがおおむね一致していること。

⑦ その取引の金利に相当する額がその取引を行う期間を通じて一定の金額または特定の指標を基準として計算されること。

20 デリバティブ取引（繰延ヘッジ処理）

Q デリバティブ取引における「繰延ヘッジ処理」を教えて下さい。

A 資産（売買目的有価証券を除く）もしくは負債の価格または受払いが予定される金銭の額の変動に伴って生ずるおそれのある損失の額を減少させるためにデリバティブ取引を行った場合（デリバティブ取引等を行った日に、ヘッジ目的で行った旨並びにヘッジ対象資産等およびデリバティブ取引等の明細等を帳簿書類に記載した場合に限る）において、事業年度終了の時までの間にヘッジ対象資産等について譲渡等がなく、かつ、ヘッジとして有効であると認められるときは、デリバティブ取引等の利益額または損失額のうちヘッジとして有効である部分の金額は、その事業年度の益金の額または損金の額に算入しないこととされました。

「デリバティブ取引等」とは、デリバティブ取引、有価証券の空売り、信用取引、発行日取引および期末時換算法により換算する外貨建資産等を取得・発生させる取引をいいます。

「ヘッジ対象資産等およびデリバティブ取引等の明細等」とは、ヘッジ対象資産等およびヘッジ手段であるデリバティブ取引等の種類、名称、金額、ヘッジ期間その他参考となるべき事項をいい、ここでの「帳簿書類」とは、ヘッジ対象である資産もしくは負債の取得もしくは発生に関する帳簿書類またはデリバティブ取引等の契約の締結等に関する帳簿書類をいいます。「ヘッジとして有効である」とは、有効性判定における有効性割合がおおむね100分の80から100分の125となっている場合をいいます。

「有効性判定」とは、デリバティブ取引等がヘッジとして有効であるか否かの判定をいい、期末時およびデリバティブ取引等の決済時に、デリバティブ取引等の利益額または損失額とヘッジ対象資産等の価格等の変

動額とを比較する方法により行うこととされています。また、「有効性割合」とは、有効性判定におけるデリバティブ取引等の利益額または損失額とヘッジ対象資産等の価格等の変動額との比率をいいます。ただし、金利の変動、外国為替相場の変動等の特定の事由（以下「特定事由」）によるヘッジ対象資産等の価格等の変動に伴って生ずるおそれのある損失のみを減少させる目的でデリバティブ取引等を行った場合において、デリバティブ取引等を行った日に、特定事由に関するヘッジである旨および特定事由を帳簿書類に記載したときは、その特定事由によるヘッジ対象資産等の価格等の変動額のみを対象として有効性判定および有効性割合の計算を行うこととされています。

「デリバティブ取引等の利益額または損失額のうちヘッジとして有効である部分の金額」とは、期末時またはデリバティブ取引等の決済時の有効性判定における有効性割合がおおむね100分の80から100分の125までとなっている場合には、その有効性判定におけるデリバティブ取引等の利益額または損失額に相当する金額をいいます。また、その有効性割合がおおむね100分の80から100分の125までの範囲内となっていない場合には、有効性割合がその範囲内であった直近の有効性判定におけるデリバティブ取引等の利益額または損失額をいいます。

なお、デリバティブ取引等を行った日に、有効性割合がおおむね100分の100から100分の125までとなった場合の100分の100からその有効性割合までの部分に相当する金額（以下「超過差額」）をその生じた日の属する事業年度の益金の額または損失の額に算入する旨を帳簿書類に記載した場合には、有効性判定におけるデリバティブ取引等の利益額または損失額からその超過差額を控除した後の金額がヘッジとして有効な部分の金額となります。

繰延ヘッジ目的のデリバティブ取引等で改正事業年度開始の時において未決済のものについては、改正事業年度開始の日に行われたものとみなして繰延ヘッジ処理の規定を適用することとされています（改正事業年度開始の日においてヘッジ対象資産等がある場合に限る）。

21 デリバティブ取引（時価ヘッジ処理）

Q デリバティブ取引における「時価ヘッジ処理」について説明してください。

A 売買目的外有価証券の価格の変動（期末時換算法により円換算を行う償還期限および償還金額の定めのある有価証券の価格の変動のうち為替相場の変動に基因するものを除く）により生ずるおそれのある損失の額を減少させるためにデリバティブ取引等を行った場合（デリバティブ取引等を行った日に、ヘッジ目的で行った旨およびヘッジ対象の売買目的外有価証券を時価評価する旨並びに売買目的外有価証券およびデリバティブ取引等の明細等を帳簿書類に記載した場合に限る）において、事業年度終了の時までの間にヘッジ対象である売買目的外有価証券の譲渡がなく、かつ、ヘッジとして有効であると認められるときは、その売買目的外有価証券の時価と帳簿価格との差額のうちデリバティブ取引等の利益額または損失額に対応する部分の金額は、損金の額または益金の額に算入することとされました。

「売買目的外有価証券およびデリバティブ取引等の明細等」とは、ヘッジ対象である売買目的外有価証券およびヘッジ手段であるデリバティブ取引等の種類、名称、金額、ヘッジ期間その他参考となるべき事項をいい、ここでの「帳簿書類」とは、売買目的外有価証券の取得に関する帳簿書類またはデリバティブ取引等の契約の締結等に関する帳簿書類をいいます。

「ヘッジとして有効である」とは、有効性判定における有効性割合がおおむね100分の80から100分の125までとなっている場合をいいます。この場合の有効性判定および有効性割合の計算は、期末時およびデリバティブ取引等の決済時に、デリバティブ取引等の利益額または損失額と売買目的外有価証券の価格の変動額とを比較して行うこととされています。

「売買目的外有価証券の時価と帳簿価格との差額のうちデリバティブ取引等の利益額または損失額に対応する部分の金額」とは、期末時またはデリバティブ取引等の決済時の有効性判定における有効性割合がおおむね100分の80から100分の125までとなっている場合には、その有効性判定における売買目的外有価証券の価格の変動額をいいます。また、その有効性割合がおおむね100分の80から100分の125までの範囲内となっていない場合には、有効性割合がその範囲内であった直近の有効性判定における売買目的外有価証券の価格の変動額をいいます。

　時価ヘッジ目的のデリバティブ取引等で改正事業年度開始の時において未決済のものについては、改正事業年度開始の日に行われたものとみなして時価ヘッジ処理の規定を適用することとされています（改正事業年度開始の日においてヘッジ対象である売買目的外有価証券がある場合に限る）。

22 海外渡航費（税務調査対応）

Q 法人の事業活動のグローバル化に伴って、取引、商談、技術指導、市場調査、業界視察等のために、法人の役員または使用人が海外へ出張するケースが一段と増加しつつあります。

こうした海外渡航に際して法人が支出する運賃、宿泊費、滞在費、渡航の支度金、出国手続に要する費用等のいわゆる「海外渡航費」について、否認されない税務調査対応を教えて下さい。

A

1　業務の遂行上必要と認められるか

海外渡航費に対する課税当局の税務調査は、基本的には国内出張の旅費の場合と同様です。つまり、業務の遂行上通常必要と認められる部分の実費弁償的なものかどうかがポイントとなります。結果として業務の遂行上通常必要と認められれば、法人の旅費として損金処理が認められます。従って、その海外渡航が法人の業務の遂行上必要なものであり、そのために法人が負担する金額が通常必要と認められる範囲内であれば、税務調査においても特に問題となることはありません。

2　「観光旅行」との区分

しかしながら、実際に海外へ出張することになりますと、その機会に観光旅行も行うという例が多数見受けられます。また、心情的にも観光も当然あり得ると思います。このような海外渡航費については、業務上必要な部分と業務上必要でない部分とに係る金額をどのように区分するかが重要な問題となります。

そこで税務調査における海外渡航費の次なるポイントは「観光旅行」の有無となります。

観光旅行部分が存する場合には、法人の業務上必要と認められない部分の金額となり、単純な旅費ではなく渡航者本人に対する給与になります。源泉所得税の課税対象としなければなりません。しかも、渡航者が役員である場合には臨時的な役員給与として損金算入されないことにな

ります。

　なお、参考までに同業者団体等が主催して実施する海外視察等の機会に併せて観光が行われる場合の海外渡航費については、業務従事割合を基準として算出される損金算入割合により計算されます。

3　税務上のチェックポイント

　海外渡航費に関してのチェックポイントはおおむね次の通りです。

① 海外渡航費が旅費として損金算入が認められるのは、「その海外渡航が法人の業務の遂行上必要なもの」であり、「そのために通常必要と認められる部分の金額」に限られる。

② 業務と観光とを併せて行った海外渡航の場合、その海外渡航費の業務と観光の区分に当たって、共通的に要した経費については業務を行った日数と観光を行った日数との比によってあん分する方法が一般的である。この場合、諸外国で休日とされている土曜、日曜に行った一般的な観光は観光を行った日数に含めなくてよいと考えられる。

③ 海外渡航費のうち、法人の業務の遂行上必要と認められない部分の金額および通常必要と認められる金額を超える金額は、渡航者に対する給与となるため、源泉所得税の課税対象とする必要がある。また、渡航者が役員である場合は臨時的な役員給与として損金不算入の処理を要する。

④ 法人の業務の遂行上必要な海外渡航については、渡航報告書、メモ、パンフレット等により旅行の具体的な内容と業務との関連を明らかにしておく必要がある。

【根拠規定】法人税基本通達9－7－6（Q22～28共通）

23 海外渡航費
（業務の遂行上必要かどうかの判断基準）

Q 法人の役員または使用人の海外渡航が、法人の業務の遂行上必要なものかどうかは、その旅行の目的、旅行先、旅行経路、旅行期間等を総合勘案して実質的に判断せざるを得ないと聞いています。税務調査で問題とされる具体例を説明して下さい。

税務調査においては、法人の業務に関連する次のような内容のものは、法人の業務の遂行上必要なものと考えられます。

① 工場、店舗等の視察、見学または訪問
② 展示会、見本市等への参加または見学
③ 市場、流通機構等の調査研究等
④ 国際会議への出席
⑤ 海外セミナーへの参加
⑥ 同業者団体または関係官公庁等の訪問、懇談

これらの内容をもつ海外渡航の費用は給与以外の損金とされますが、これらに関連して支出したものであっても、不当に多額な日当や個人的に負担すべき費用などは旅費ではなく、税務調査において給与認定されることはいうまでもありません。

なお、

イ．観光渡航の許可を受けて行う旅行
ロ．旅行業者等が行う団体旅行に応募してする旅行
ハ．同業者団体その他これに準ずる団体が主催して行う団体旅行

これらの旅行で、主として観光目的と認められるものは、税務調査において観光目的とみなされることから、原則として法人の業務の遂行上必要な海外渡航には該当しないものと認定されるので注意が必要です。

しかしながら、相手国の事情によっては観光渡航以外の目的ではビザが下りないこともあります。たとえ観光渡航のビザであっても、業務上

必要な海外渡航か否かはその旅行の内容等によって実質的に判断することになるので、課税当局によく説明する必要があります。

ただし実質的に判断する場合でも、次のような内容の海外渡航は業務の遂行上必要なものとは考えられませんので注意が必要です。

・自由行動時間での私的な外出
・観光に付随して行った簡易な見学、儀礼的な訪問
・ロータリークラブ等その他これに準ずる会議で、私的地位に基づいて出席したもの

次に、土曜、日曜を利用した観光について説明します。

日本においても日曜日は休日であり、土曜日も休日とする企業は少なくないようです。このことは渡航先であっても同様で、土曜、日曜は業務を遂行できない場合が多いようです。

この場合、業務の合間をみてたまたま土曜、日曜のみを利用して観光を行ったとしても、それは一般的なことですから、この部分の日数を区分して観光部分として取り扱う必要はないと考えられます。このような場合には、海外渡航のおおむね全期間が明らかに法人の業務の遂行上必要と認められる場合に該当し、海外渡航費の全額を旅費とすることが認められると思われますので課税当局への説明が大事です。

しかしながら当然のことですが、土曜、日曜の観光のために特別に多額の費用を支出したような場合には、その特別に支出した費用は観光部分に係る費用と認定されることになります。

【根拠規定】 法人税基本通達9－7－7、9－7－10（海外渡航費の取扱いについて（法令解釈通達））

24 海外渡航費
（業務と観光を併せて行った場合）

Q 法人の役員または使用人が、海外渡航の旅行期間において、法人の業務の遂行上必要と認められる旅行（業務）と、必要と認められない旅行（観光）とを併せて行った場合には、それに要した海外渡航費を業務に係る部分と観光に係る部分とに合理的に区分して、観光に係る部分は渡航者に対する給与として処理しておく必要があることは理解できますが、具体的にはどのように区分すれば税務上問題とされないのでしょうか。

　業務と観光を併せて行った海外渡航費の区分の方法としては、基本的には次のようにするのが税務処理上妥当であろうと思われます。

① 旅行期間に固有のもの（渡航先での交通費、日当、宿泊料等）
　…それぞれの旅行内容に応じて区分する。
② 旅行期間に共通的なもの（往復の航空運賃、支度金等）
　…それぞれの旅行期間の比によってあん分する。

なお、法人の役員または使用人の海外渡航の直接の目的が、海外での特定の取引先との商談、契約の締結等法人の業務の遂行のためであり、たまたまその海外渡航の機会に併せて観光も行う場合があります。

これらの費用を全て法人が負担した場合には、その渡航目的からみて、往復の運賃（その取引先の所在地等その業務を遂行する場所までのものに限る）は、業務と観光にあん分することなく全額法人の業務の遂行上必要な旅費として取り扱われますので、税務調査時によく課税当局の調査担当者に説明をする必要があります。

従って、このような海外渡航費については、渡航の目的地までの往復の運賃を控除した残額について業務部分と観光部分とに区分し、観光部分に係る費用を渡航者に対する給与と処理しておく必要があります。

次のポイントとして、その海外渡航が、旅行期間のおおむね全期間を通じて明らかに法人の業務の遂行上必要と認められる場合には、不当に多額でない限り渡航費用の全額を旅費として経理することが認められています。しかし、これとは逆に、渡航先での見学や訪問が簡易または儀礼的なものである場合には、旅行全部が業務外とされますので注意を要します。

　このような取扱いから考えて、業務または観光のいずれかの日数割合が非常に少ない場合には、その海外渡航の主たる目的に従って、海外渡航費の全部を業務上必要なもの、または業務上必要でないものとして経理し、税務調査対応をしておくことが重要と考えます。

　併せて、観光目的と認められる海外渡航であっても、そのうち旅行先で別行動をとり現地の取引先と商談をした等明らかに業務に直接関連があると認められる部分の旅行については、そのために直接要した費用が旅費として認められますので、その旨を課税当局の調査担当者に説明することが大事です。

【根拠規定】法人税基本通達9－7－9

25 海外渡航費（同業者団体の視察旅行）(1)

同業者団体等が主催する海外視察等の海外渡航費について、税務調査上のチェックポイントについて説明をお願いします。

同業者団体等が主催する海外視察等における海外渡航費に関する税務調査上のチェックポイントは次の通りです。

1 業務関連性等の判定

海外渡航費に係る損金算入額の算定に当たっては、次に掲げる事項を具体的に説明する書類その他参考となる資料に基づき、その法人の海外視察等の動機、参加者の役職、業務関連性等を考慮して判定する。

　イ　団体旅行の主催者、その名称、旅行目的、旅行日程、参加費用の額等その旅行の内容（主催者作成パンフレット、旅行日程表、研修報告書等）

　ロ　参加者の氏名、役職、住所（参加者名簿等）

2 損金算入額の計算（課税上弊害がある場合は不適用）

同業者団体等が行う視察等のための海外渡航については、課税上弊害のない限り、その旅行に通常要する費用（その旅行費用の総額のうちその旅行に通常必要であると認められる費用。以下同様）の額に、旅行日程の区分による業務従事割合を基礎とした損金の割合（以下「損金算入割合」）を乗じて計算した金額を旅費として損金の額に算入する[注]。

ただし、次に掲げる場合には、それぞれ次による。

　イ　その団体旅行に係る損金算入割合が90％以上となる場合
　　　…その旅行に通常要する費用の額の全額を旅費として損金の額に算入する。

　ロ　その団体旅行に係る損金算入割合が10％以下となる場合
　　　…その旅行に通常要する費用の額の全額を旅費として損金の額に算入しない。

(注) 海外渡航の参加者である使用人に対する給与と認められる費用は、給与として損金の額に算入する。

ハ　その海外渡航が業務遂行上直接必要であると認められる場合(「業務従事割合」が50％以上の場合に限る)
　　…その旅行に通常要する費用の額を「往復の交通費の額（業務を遂行する場所までのものに限る。以下同様)」と「その他の費用の額」とに区分し、「その他の費用の額」に損金算入割合を乗じて計算した金額と「往復の交通費の額」との合計額を旅費として損金の額に算入する。

ニ　参加者のうち別行動をとった者等個別事情のある者がいる場合
　　…その者については、個別事情をしんしゃくして業務従事割合の算定を行う。

【根拠規定】海外渡航費の取扱いについて（法令解釈通達）

第2章　国際課税と税務調査［法人税編］

海外渡航費（同業者団体の視察旅行）(2)

Q 甲社が参加した同業者団体の海外渡航の日程および行動が次の通りであった場合、損金に算入される海外渡航費について説明して下さい。

年月日	曜	滞在地	具体的行動内容		判定区分			
			午　前	午　後	業務	観光	その他	旅行日
×.9.1	月	ホンコン	成田発 →					1.0
×.9.2	火	ホンコン	乙社訪問	乙社のA工場視察	1.0			
×.9.3	水	ホンコン	乙社のB工場視察	乙社関係者との質疑応答	1.0			
×.9.4	木	ホンコン	丙社訪問	丙社のC工場視察	1.0			
×.9.5	金	ホンコン	丙社関係者との質疑応答	市内観光	0.5	0.5		
×.9.6	土	ホンコン	自由行動	自由行動			1.0	
×.9.7	日	ホンコン	自由行動	自由行動			1.0	
×.9.8	月	機　中	帰国準備 →	成田着			0.25	0.75
合　　計					3.5	0.5	2.25	1.75

 まず、次のように業務従事割合を計算します。

$$\frac{視察等の業務に従事したと認められる日数（3.5日）}{視察等の業務に従事したと認められる日数（3.5日）＋観光を行ったと認められる日数（0.5日）} = 87.5\%$$

　業務従事割合が87.5％で、10％未満の端数を四捨五入した損金算入割合は90％となりますので、旅行に通常要する費用の金額を旅費として損金の額に算入することができます。

【根拠規定】海外渡航費の取扱いについて（法令解釈通達）

27 海外渡航費（家族の同伴）

Q せっかくの海外渡航ということで、渡航者がその配偶者や親族を同伴し、その費用についても法人が負担している例もあるようですが、税務処理上問題はありませんか。

A ご質問のケースでは、渡航者の渡航が法人の業務の遂行上必要なものであっても、同伴者については業務上必要といえないことは明らかです。税務調査においては、同伴者に係る費用は渡航者に対する給与となります。

ただし、法人の業務の遂行上必要な海外渡航について、次のような事情がある場合のように、明らかにその海外渡航の目的を達成するために必要な同伴と認められるときは、その同伴者に係る費用は通常必要と認められる限り旅費として取り扱われますので課税当局の調査担当者にしっかり説明することが大切です。

① 渡航者が常時補佐を必要とする身体障害者であるため補佐人を同伴する場合
② 国際会議への出席等のために配偶者を同伴する必要がある場合
③ その旅行の目的を遂行するため外国語に堪能な者または高度の専門知識を有する者を必要とするような場合に、適任者が法人の使用人のうちにいないためその渡航者の親族または臨時に委嘱した者を同伴する場合

なお、具体的なアドバイスとして次の点を留意して下さい。
(1) 渡航者が使用人兼務役員である場合、法人の業務上必要と認められない部分の金額は使用人部分の給与とはならないので、損金算入の余地はない。
(2) 海外渡航の内容が観光ではなくても、役員の趣味や私的地位に基づくものであり、法人の業務の遂行上必要がないと認められる場合には、渡航者に対する給与扱いとなる。

(3) 海外渡航のビザが業務渡航であることをもって業務の遂行上必要な海外渡航となるわけではないので、あくまで旅行内容によって判断することが必要である。

(4) 従業員等のレクリエーションのために行う海外慰安旅行の費用を負担した場合には、その旅行の企画立案、主催者、旅行の目的・規模・行程、従業員等の参加割合などを総合的に勘案して判断をする。なお、次のいずれの要件も満たしている場合には、原則としてその従業員等に対する給与として課税しなくて差し支えない。

　イ．その旅行に要する期間が4泊5日（目的地が海外の場合には、目的地における滞在日数による）以内のものであること。

　ロ．その旅行に参加する従業員等の数が全従業員等（工場、支店等で行う場合には、その工場、支店等の従業員等）の50％以上であること。

　（注）上記の2つの要件を満たしている場合であっても、いわゆる豪華旅行や使用者負担額が多額なものなどは課税される。

【根拠規定】法人税基本通達9－7－8

28 海外渡航費の計算

Q 海外渡航費の税務について税務調査で指摘を受けないよう、より分かりやすく具体的な説明をお願いします。

A フローチャートにすると以下のようになります（図表1）。このフローチャートによる判定の結果、損金算入額以外の金額（その旅費の額のうち通常必要と認められる部分を超える部分の金額を含む）は、使用人または役員の給与となります。

《図表1　海外渡航費の税務》

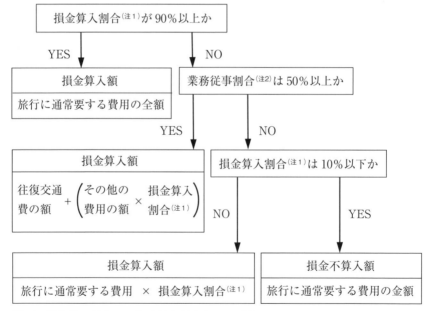

(注1) 損金算入割合は、業務従事割合を10％単位で区分し、10％未満の端数を四捨五入したもの。

(注2) 業務従事割合は、旅行日程を①視察等の業務に従事したと認められる日数、②観光を行ったと認められる日数、③旅行日および④その他に区分し、次の算式により計算した割合（端数処理は不要）。

$$業務従事割合 = \frac{視察等の業務に従事したと認められる日数（①）}{視察等の業務に従事したと認められる日数（①） + 観光を行ったと認められる日数（②）}$$

なお、業務従事割合の計算の基礎となる日数の区分は、おおむね次の通りです。

1　日数区分の単位

昼間の通常の業務時間（おおむね8時間）を1.0日とし、その行動状況に応じて、おおむね0.25日単位とします。ただし、夜間において業務に従事している場合には、これに係る日数を「①視察等の業務に従事したと認められる日数」に加算します。

2　視察等の日数

次に掲げるような視察等でその参加法人の業種業態、事業内容、事業計画等からみて法人の業務上必要と認められるものに係る日数とします。

イ　工場、店舗等の視察、見学又は訪問
ロ　展示会、見本市等への参加又は見学
ハ　市場、流通機構等の調査研究等
ニ　国際会議への出席
ホ　海外セミナーへの参加
ヘ　同業者団体又は関係官公庁等の訪問、懇談

3　観光の日数

イ　自由行動時間での私的な外出
ロ　観光に付随して行った簡易な見学、儀礼的な訪問
ハ　ロータリークラブ等その他これに準ずる会議で、私的地位に基づいて出席したもの

4　旅行日の日数

目的地までの往復および移動に要した日数としますが、現地における移動日等の日数でその内容からみて「視察等の日数」または「観光の日数」に含めることが相当と認められる日数（観光の日数に含まれる日数で、土曜日または日曜日等の休日に当たる日を除く）は、それぞれの日数に含めます。

5 その他の日数

イ 土曜日または日曜日等の休日の日数（4の旅行日の日数を除く）

　ただし、これらの日のうち業務に従事したと認められる日数は「視察等の日数」に含め、その旅行の日程からみて旅行のほとんどが観光と認められ、かつ、これらの日の前後の行動状況から一連の観光を行っていると認められるような場合には「観光の日数」に含めます。

ロ　イ以外の日数のうち「視察等」、「観光」および「旅行日」に区分されない休養、帰国準備等その他の部分の日数

　なお、業務従事割合と損金の額に算入する金額などを整理すると次のようになります（図表2）。

《図表2　業務従事割合による損金算入額の計算》

業務従事割合 （四捨五入後）	「旅行に通常要する費用」のうち 旅費として損金の額に算入する金額		使用人又は役員に対する給与
	往復の交通費の額	その他の費用の額	
85％以上	全　　額		なし
85％未満～ 50％以上	全　　額	その他の 費用の額 × 損金算入割合	その他の 費用の額 × $\left(1 - \dfrac{損金算入割合}{}\right)$
50％未満～ 15％以上	旅行に通常要する費用×損金算入割合		旅行に通常要する費用 × $\left(1 - \dfrac{損金算入割合}{}\right)$
15％未満	な　　し		旅行に通常要する費用の全額

【根拠規定】 海外渡航費の取扱いについて（法令解釈通達）

29 海外投資等損失準備金

Q 海外投資等損失準備金の積立てが法人税法上認められる場合があると聞きました。概要の説明をお願いします。

A 資源開発事業等に係る海外投資等損失準備金の制度は、青色申告書を提出する一定の内国法人が特定法人の特定株式等を取得し、その事業年度終了の日まで引き続き保有している場合に、その特定株式等の価格の低落または貸倒れによる損失に備えるため、その特定株式等の取得価格に一定の積立率を乗じて計算した金額を準備金として積み立てたときは、その積み立てた金額を損金の額に算入するというものです（措法55）。

同制度のポイントは大きく分けて3つあります。

〈ポイント1〉
① 海外投資等損失準備金の積立てをすることができる法人は、青色申告書を提出する内国法人（特殊投資法人以外の資源開発投資法人を除く）に限られている。
② 海外投資等損失準備金の積立ては、昭和48年4月1日から平成28年3月31日までの期間内の日を含む事業年度において認められる。ただし、解散の日を含む事業年度および清算中の事業年度における積立ては認められない。
③ 海外投資等損失準備金の積立ては、損金経理あるいは適用を受けようとする事業年度の決算の確定の日までに剰余金の処分により積立金として積み立てる方法によって行う。
④ 海外投資等損失準備金の積立額を損金の額に算入するためには、確定申告書等にその損金算入に関する記載を行い、かつ、その積立額の計算に関する明細書（申告書別表12（1））の添付、その他特定法人に関する経済産業大臣の認定に係る認定書の写しを添付しなければならない。

〈ポイント2〉
① 海外投資等損失準備金の積立限度額の計算の基礎となる特定株式等の取得価格は、その特定株式等の取得に際して現実に負担した金額である。
② 特殊投資法人が積立てを行う際の積立限度額の計算の基礎となる取得価格は、その特殊投資法人の資本金額に相当する金額だけ圧縮される。
③ 海外投資等損失準備金の積立ては、各特定法人別に積み立てることが要件とされている。

〈ポイント3〉
① 海外投資等損失準備金は、積立事業年度別にその残額および取崩しの状況を補助簿等において明確に経理しなければならない。
② 海外投資等損失準備金を積み立てている内国法人が、特定法人の株式等の全部または一部を有しないこととなった場合には、その海外投資等損失準備金の全部または一部を取り崩して益金の額に算入しなければならない。

30 外国の地方公共団体が課す罰金

Q 外国の地方公共団体が課す罰金について、損金算入が可能かどうかご指導下さい。具体的な事実関係は次の通りです。甲社は、海外支店でかねてから取引上のトラブルを抱えていたところ、この度、現地にて罰金を支払うことで、収束することになりました。この罰金は、外国の地方公共団体が裁判手続（刑事訴訟手続）を経て課すものですが、損金の額に算入することができますか。

A 損金の額に算入することはできません。税務調査において必ず指摘されますので注意が必要です。

　内国法人が納付する外国またはその地方公共団体が課する罰金または科料に相当するものについては、国内の罰金および科料と同様、損金の額に算入しないこととされています（法法55④一）。

　ここで、外国またはその地方公共団体が課する罰金または科料に相当するものとは、裁判手続（刑事訴訟手続）を経て外国または外国の地方公共団体により課されるものをいいます（法基通9－5－9）。

　従って、甲社が現地で支払うこととなった罰金は、外国の地方公共団体により裁判手続（刑事訴訟手続）を経て課されたものとのことですから、損金の額に算入することはできません。

　なお、米国に代表されるいわゆる司法取引により支払われたものも、裁判手続（刑事訴訟手続）を経て課された罰金または科料に相当するものに該当することとされています（法基通9－5－9）。

【関係法令通達】 法人税法第55条第4項第一号、法人税基本通達9－5－9

31 タックスヘイブン対策税制

Q タックスヘイブン国に子会社を設けた場合、タックスヘイブン対策税制の対象になるという話を聞きました。このタックスヘイブン対策税制とはどのような制度ですか。

A タックスヘイブン（tax haven）とは、「租税回避地」の意味で、一般的には、税負担のない国または税負担が著しく低い国や地域を指しています。代表的なタックスヘイブンとしては、ケイマン諸島、バミューダ、英領バージン諸島、マン島、リヒテンシュタイン、マカオ、香港、シンガポール等が挙げられます。

日本の内国法人等が、税負担の著しく低い国や地域に外国子会社等を設立し、その外国子会社等を通じて国際取引を行うことによって、直接国際取引した場合より税負担を不当に軽減・回避し、結果として日本での課税を免れるといった事態が生じ得ます。

タックスヘイブン対策税制は、このような租税回避行為に対処するため、一定の税負担の水準（20％）未満の外国子会社等の所得に相当する金額について、内国法人等の所得とみなし、それを合算して課税するものです。「外国子会社合算税制」とも言われています。

【タックスヘイブン対策税制の仕組み】

日本企業がA国企業に資金を貸し付ける取引を考えます（図表1）。日本企業がA国企業に資金を貸し付け、利息を受け取った場合、その受取利息は日本で課税の対象となります。これに対し、日本企業がタックスヘイブン国に子会社（実体はペーパーカンパニー）を設立し、日本企業が子会社に出資した資本金を元手に、その子会社からA国企業に貸付けを行った場合、子会社がA国企業から受け取る利息には少ない税金しかかかりません。結果的に、グループ全体の税負担は低くなり、日本で納めるべき税金が流出したことになります。このような租税回避行為を防止するために昭和53年にタックスヘイブン対策税制が創設されました。

ただし、正常な海外投資活動を阻害しないため、所在地国等において独立企業として実体を備え、かつ、それぞれの業態に応じ、その地において事業活動を行うことに十分な経済合理性があると認められる海外子会社等については、合算課税の適用除外とされています。

《図表1　タックスヘイブン対策税制の仕組み》

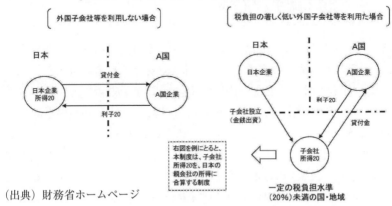

（出典）財務省ホームページ

《図表2　タックスヘイブン対策税制の全体像》

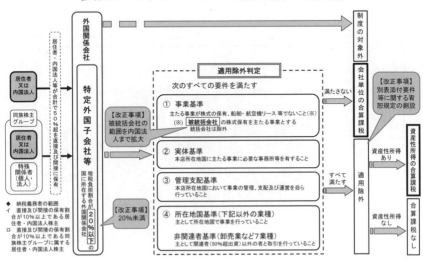

（出典）財務省ホームページ

32 外国関係会社と特定外国子会社との関係

Q 「外国関係会社」と「特定外国子会社等」との関係を、税務調査をふまえて説明して下さい。

A 「外国関係会社」とは、外国法人で、その発行済株式または出資（その外国法人の有する自己の株式等を除く）の総数または総額のうちに、日本の居住者および内国法人並びに特殊関係非居住者が有する、直接および間接保有の株式等の数の合計数または合計額の占める割合（株式等保有割合）が50％を超えるものをいいます。

「特定外国子会社等」とは、内国法人に係る外国関係会社のうち、①法人の所得に対して課される税が存在しない国または地域に本店または主たる事務所を有する外国関係会社、②その各事業年度の所得に対する租税負担割合（トリガー税率）が20％未満である外国関係会社をいいます（措法66の6①・②、措令39の14①）。

外国法人

外国関係会社
居住者および内国法人並びに特殊関係非居住者が株式等の50％超を直接及び間接に保有するもの

特定外国子会社等
その内国法人等が株式等の10％以上を直接および間接に保有するもののうち、租税負担割合（トリガー税率）が20％未満である国等に所在するもの

税務調査においては、次のポイントから適否が検討されます。
① 直接および間接の外国関係会社株式等の保有割合が10％以上である場合等の内国法人は、特定外国子会社等の貸借対照表、損益計算書、税に関する申告書の写し、株主名簿等を確定申告書に添付する必要があります（措法66の6⑥、措規22の11②）。
② 内国法人が外国信託（投資信託および投資法人に関する法律第2条第24項に規定する外国投資信託のうち特定投資信託に類するもの）の受益権を直接または間接に保有する場合には、その外国信託の受託者は、その外国信託の信託資産等および固有資産等ごとにそれぞれ別の者とみなされて、タックスヘイブン対策税制の適用を受けます（措法66の6⑧）。
③ 特殊関係内国法人である内国法人の株主（甲）が、組織再編成等により、軽課税国に所在する外国法人を通じてその特殊関係内国法人の株式等の80％以上を間接保有することとなった場合には、その外国法人の所得のうち、甲の有する株式等に対応する部分として計算した金額は、甲の所得に合算して課税されます（いわゆるコーポレート・インバージョン対策合算税制。措法66の9の2～66の9の5）。

33 タックスヘイブン対策税制の対象

Q 当社は海外に子会社を有していますが、その子会社がタックスヘイブン対策税制の適用対象になるかどうかは、どのように判定するのでしょうか。

A 海外の子会社が合算課税の対象となるかどうかは、次の順序で判断します。

1 海外の子会社が外国関係会社に該当すること

外国関係会社とは、居住者、内国法人および特殊関係非居住者(注)によって発行済株式等（自己株式等を除く）の50％超を直接・間接に保有されている外国法人をいいます（図表1、2）。すなわち、日本からの投資が50％を超えている外国法人が外国関係会社に該当します。

(注) 特殊関係非居住者とは、居住者の親族や使用人、内国法人の役員など、居住者や内国法人と特殊の関係にある非居住者をいいます。

《図表1　外国関係会社の判断基準》

（日本）　　　　　　　　　　（A国）

内国法人X社 ──30％──→ 外国関係会社　日本からの出資は30％＋15％＋20％＋15％＞50％であるため外国関係会社に該当。

居住者 ──15％──→
居住者 ──20％──→
内国法人Y社
Y社の役員（特殊関係非居住者）──15％──→
（B国）

《図表2　直接保有割合と間接保有割合》

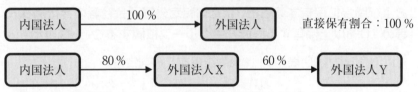

内国法人の外国法人Yに対する持株割合（間接保有割合）：80％×60％＝48％

2　外国関係会社が特定外国子会社等に該当すること

　特定外国子会社等とは、外国関係会社のうち、次のいずれかに該当するものをいいます（図表3）。

　イ　法人の所得に対して課される税が存在しない国または地域に本店または主たる事務所を有する外国関係会社

　ロ　法人の各事業年度の所得に対して課される租税の額がその所得の金額の20％未満（「トリガー税率」といいます）である外国関係会社

　法人の各事業年度の所得に対して課される租税の額がその所得の金額の20％未満かどうかについては、次の算式に基づいて判定します。

《図表3　20％未満かどうかの判定式》

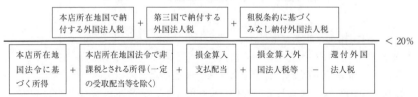

　その国の法定の法人税率が20％以上であったとしても、現地の優遇税制等の適用を受けた場合などは、上記算式で計算すると20％を下回ることもあり得ます。従って、事業年度によって合算対象になったり、ならなくなったりすることがあるため、外国関係会社の事業年度ごとに毎期確認することが必要となります。

3 内国法人が特定外国子会社等の発行済株式等の10%以上を直接および間接に保有すること、または特定外国子会社等の発行済株式等の10%以上保有する同族株主グループに属すること（図表4）

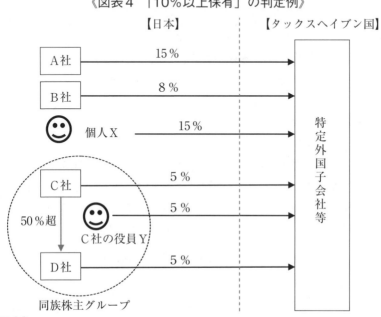

《図表4 「10%以上保有」の判定例》

《判定》
　A社　　：単独で10%以上保有している → 適用あり
　B社　　：10%以上保有していない → 適用なし
　個人X：単独で10%以上保有している → 適用あり
　C社、D社、役員Y：それぞれ単独では10%以上保有していないが、同族
　　　　　　　　　株主グループで10%以上保有している
　　　　　　　→ 適用あり

　これらのすべての条件を満たしている場合には、内国法人は、特定外国子会社等に留保された所得金額のうち、内国法人の持株割合に対応する金額を内国法人の所得とみなして、日本で合算課税されることになります。なお、タックスヘイブン対策税制は個人に対しても適用されます。個人の所得に合算する場合の所得区分は「雑所得」となります。

34 合算課税の対象となる所得金額

Q タックスヘイブン対策税制に基づく合算課税の対象となる所得金額はどのように計算するのでしょうか。また、合算する時期はどうなるのでしょうか。

A

1 合算課税の対象となる所得金額

特定外国子会社等の課税対象金額の計算は、特定外国子会社等の決算に基づく所得金額について、法人税法等による所得金額の計算に準ずる一定の基準により計算した金額（基準所得金額）を基礎として、欠損の金額および法人所得税の額に関する調整を加えて計算した金額（適用対象金額）に、特定外国子会社等の各事業年度終了の時における内国法人の有する株式等の占める割合を乗じて計算します（措法66の6①・②二、措令39の15）。

合算課税の対象となる所得金額の算定プロセスは以下の通りです（図表1）。

《図表1　タックスヘイブン対策税制における課税対象金額の計算方法》

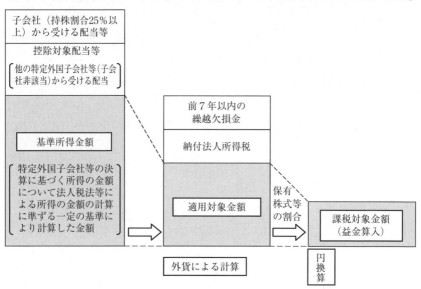

基準所得金額は、①日本の税法に準拠して調整する方法、②本店所在地国の法令に準拠して調整する方法——のいずれかを選択して継続適用することとなり、この調整方法を変更する場合には、あらかじめ納税地の所轄税務署長の承認を受けなければなりません（措令39の15①・②・⑨）。

　なお、特定外国子会社等の所得が欠損の場合には、その欠損の所得を日本の親会社の所得と通算することはできません。また、特定外国子会社等が2以上ある場合、その特定子会社の中に欠損金額が生じたものがあるときであっても、他の特定外国子会社等の所得の金額と通算はできません（措通66の6－11）。

2　所得を合算する時期

　合算課税の対象となる所得は、特定外国子会社等の事業年度の終了の日から2カ月を経過する日を含む内国法人の事業年度の所得に合算します（図表2）。

《図表2　所得を合算する時期》

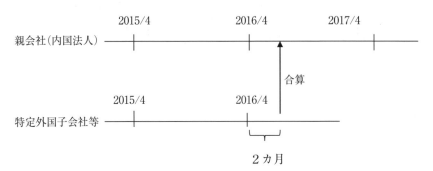

35 タックスヘイブン対策税制の適用除外

Q タックスヘイブン国に子会社を設立したとしても、一定の基準を満たせば合算課税の対象とならないとのことですが、具体的にどのような基準を満たせばよいのでしょうか。

A
1 適用除外の要件

タックスヘイブン対策税制は、日本の内国法人等が、日本よりも著しく税負担の低い国・地域に子会社を設立して国際取引を行うことによって、結果的に日本での課税を免れるような租税回避行為に対処するためのものですが、その一方で、正常な海外投資活動を阻害しないようにするため、所在地国において独立企業としての実体を備え、かつ、それぞれの業態に応じ、その地において事業活動を行うことに十分な経済合理性があると認められるものとして一定の要件（適用除外基準）を満たす外国子会社等は適用除外とされています。具体的には、下記の(1)から(4)の基準のすべてを満たす場合には、外国子会社合算課税は適用しないこととされています（措法66の6③、措令39の17、措通66の6－15～18）。

(1) **事業基準**

特定外国子会社等の営む主たる事業が、以下のものでないこと。
・株式等または債券の保有
・工業所有権または著作権等の提供
・船舶または航空機の貸付け

これらの業務は、その性格からして日本においても十分行い得るものであるため、タックスヘイブン国で事業を行うことの経済合理性が見いだせないためです（ただし、主たる事業が株式等の保有であったとしても、「統括会社」の要件に該当する場合には、事業基準を満たすこととされています）。事業の判定は、原則として総務省による日本標準産業分類を基準とします（措通66の6－17）。また、その特定外国子会社等が2以

上の事業を営んでいる場合、そのいずれが主たる事業であるかは、収入金額または所得金額の状況、使用人の数、固定施設の状況など総合的に勘案して判定を行います（措通66の6－8）。

この主たる事業の判定は各事業年度ごとに行いますので、事業活動の状況が変化した場合には、主たる事業が変わってしまう場合があるので、注意が必要です。

(2) **実体基準**

特定外国子会社等がその本店所在地国において、その主たる事業を行うに必要と認められる事務所・店舗・工場等の固定施設を有していること。固定施設は、特定外国子会社等が自ら所有している必要はなく、賃借している場合であっても実体基準を満たすとされています。

(3) **管理支配基準**

特定外国子会社等が本店所在地国において、その事業の管理、支配および運営を自ら行っていること。すなわち、子会社が独立企業として活動しているかどうかを判断する基準。

措置法通達66の6－16では、この「管理支配基準」の判定について、その特定外国子会社等の株主総会および取締役会の開催、役員としての職務執行、会計帳簿の作成および保管等が行われている場所並びにその他の状況を勘案の上、判定する旨が定められています。また、この場合の留意事項として、例えば、その特定外国子会社等の株主総会の開催が本店所在地国等以外の場所で行われていること、その特定外国子会社等が、現地における事業計画の策定等に当たり、その内国法人と協議し、その意見を求めていること等の事実があるとしても、そのことだけでは、その特定外国子会社等が管理支配基準を満たさないことにはならないとされています。

(4) **非関連者基準または所在地国基準**

特定外国子会社等が営む主たる事業により、非関連者基準または所在地国基準のいずれかが適用される。

　イ　非関連者基準

特定外国子会社等の主たる事業が卸売業、銀行業、信託業、金融商

品取引業、保険業、水運業または航空運送業である場合、その法人の収入金額もしくは仕入金額の50％超が関連者以外の者との間で行われていること。

　これらの業種は、その事業の性質上、国際的に展開されるのが通常なので、その国で事業活動を行うことの経済合理性を、非関連者との間で一定以上の取引を行っているかどうかにより判定しようとするものです。

　なお平成22年の税制改正により、卸売業を主たる事業とする統括会社（「物流統括会社」という）が特定外国子会社等に該当する場合、当該統括会社と取引をする被統括会社を関連者から除いて非関連者基準の判定を行うこととされています。

ロ　所在地国基準

　特定外国子会社等の営む主たる事業が「非関連者基準」に掲げる事業以外である場合、その主たる事業を本店所在地国で行っていること。具体的には次の場合をいいます。

・不動産業…主として本店所在地国内の不動産の売買、貸付け等を行っている場合
・物品賃貸業…主として本店所在地国内において使用される物品の貸付けを行っている場合
・その他の事業（製造業、小売業、建設業等）…主として本店所在地国において事業を行っている場合

これらの業種は地域密着性が強いため、本店所在地国で事業活動が行われているかどうかという点から、その地に設立することの経済合理性を判定しようとするものです。

　なお、これらの適用除外基準を満たした場合でも、一定の株式の配当やキャピタルゲイン等の所得（「資産性所得」といいます）については、合算課税の対象とされます（Q 36参照）。

　適用除外規定を受けるためには、確定申告書に適用除外に該当する旨を記載した書面（別表17（3））を添付し、かつ、その適用があることを明らかにする書類その他の資料を保存している場合に限り適用されます。

なお、適用除外基準の適用がある旨を記載した書面の添付がない確定申告書の提出があり、またはその適用がある旨を明らかにする資料等を保存していない場合においても、税務署長がその添付または保存がなかったことにつきやむを得ない事情があると認めるときは、その書面および資料等の提出があった場合に限り、適用除外基準を適用することができることとされます（措法66の6⑦、措令39の17の2㉒・㉓、措規22の11④）。

2　税務調査対応のポイント

税務調査対応を考慮すると、適用除外となるポイントは次の通りです。

(1) 適用除外とされるためには、①事業基準、②実体基準、③管理支配基準、④非関連者基準または所在地国基準——の4つの基準の全てを満たす必要がある。

(2) 株式保有を主たる事業とする場合であっても、事業基準を満たす場合がある。

(3) 統括会社の主たる事業が卸売業の場合には、非関連者基準の判定に当たって、被統括会社との取引は関連者取引から除かれる。

(4) 非関連者基準または所在地国基準における特定外国子会社等の営む事業がいずれの事業に該当するかは、原則として日本標準産業分類（総務省）の分類を基準として判定する（措通66の6-17）。

(5) 適用除外の規定（特定外国子会社等が統括会社に該当することにより適用除外となる場合を含む）は、確定申告書に適用除外に該当する旨を記載した書面（申告書別表17（3））（統括会社に係る特例を受ける場合には、申告書別表17（3）付表2、統括会社に該当する特定外国子会社等に係る一定の事項を記載した書類を含む）を添付し、かつ、その適用があることを明らかにする書類その他の資料（統括会社に係る特例を受ける場合には契約に係る書類の写しを含む）を保存している場合に限り、適用される（措法66の6⑦、措令39の17の2㉒・㉓、措規22の11④）。

36 資産性所得の合算課税

特定外国子会社等が適用除外基準を満たした場合、合算課税の対象となる所得はないと考えてよいでしょうか。

特定外国子会社等が適用除外基準を満たした場合には、合算課税の対象とはなりません。

しかし、一定の「資産性所得」については、その持分に応じて計算した金額（「部分課税対象金額」という）が合算課税の対象となります（措法66の6④）。

1 資産性所得の合算課税

特定外国子会社等が適用除外基準を満たした場合には、その子会社の所得は合算課税の対象とはなりません。そこで、適用除外基準を満たした特定外国子会社等に利子や配当等の資産運用による所得を帰属させることにより日本の課税を免れるといった租税回避行為が散見されるようになりました。こうした租税回避行為を防止するため、平成22年度税制改正により、適用除外基準を満たした特定外国子会社等であっても、一定の資産性所得を有する場合には、合算課税されるという措置が講じられました。

合算課税の対象となる資産性所得（「特定所得」という）は、以下の7種類です。特定所得の金額は、以下の①から⑦の区分ごとに、それぞれ収入の合計額から譲渡原価や費用の額を控除した残額となります。

① 保有割合10％未満の株式等から生ずる配当収入
② 保有割合10％未満の株式等の譲渡益
③ 債券の利子収入
④ 債券の償還差益
⑤ 債券の譲渡益
⑥ 著作権や工業所有権等の使用料収入
⑦ 船舶または航空機の貸付けによる収入

これらの金額は、それぞれ「プラス」の金額をいいますので、費用の額を控除した結果、マイナスとなるものがあった場合には、それはゼロとして扱うこととなり、マイナスの金額を他の特定所得の金額（プラスの金額）と通算することはできません。（措通66の6－18の2）

| 部分課税対象金額 | ＝ | 各「特定所得」の合計金額
（部分適用対象金額） | × | 持分割合 |

部分適用対象金額の計算例

```
                （対価の額）（費用の額）
・債券譲渡（上記⑤）   400  －  600  ＝ ▲200 →0として扱う
・使用料　（上記⑥）   600  －  300  ＝  300
・株式譲渡（上記②）   500  －  500  ＝    0
　部分適用対象金額                      300
```

2　資産性所得の合算課税の適用除外

　資産性所得は少額のものまでは課税しないという趣旨から、特定外国子会社等が保有する資産性所得が次のいずれかの条件に該当すれば合算課税の対象になりません。

1. 各事業年度における部分適用対象金額に係る収入金額が1,000万円以下
2. 各事業年度の所得金額のうち、部分適用対象金額の金額の占める割合が5％以下

37 統括会社の適用除外

Q 特定外国子会社等が統括会社の場合には、適用除外基準が緩和されるとのことですが、どのような内容なのでしょうか。

A

1 統括会社の適用除外

最近の日本企業のグローバル化を背景に、アジアやヨーロッパ等の地域ごとの海外拠点を統合する統括会社（いわゆる「ミニ本社」）を設立する動きが本格化しています。こうした統括会社の活用は、グループ企業の商流の一本化や間接部門（経理・人事・システム・事業管理等）の合理化を通じて、グループ企業全体の収益向上を目的とするものですから、このような統括会社を租税回避目的で設立されたものと捉えるべきではなく、その地において事業活動を行うことに十分な経済合理性があるものと評価することが適当といえます。そこで、統括業務を行う一定の統括会社については、適用除外基準のうち、事業基準と非関連者基準に例外を設け、合算課税の対象から外すこととしています。

【事業基準の例外】

株式等の保有業は、事業基準を満たさず、合算課税の対象となりますが、被統括会社の株式等の保有を行う統括会社（事業持株会社）については、例外として事業基準を満たすこととされています（措法66の6③）。

【非関連者基準の例外】

卸売業を主たる事業とする統括会社（物流統括会社）については、その被統括会社を関連者の範囲から除外して、各事業年度の収入金額または仕入金額の50％超が非関連者との取引から成るかどうかを判定することとされています（措令39の17⑩）。

2 統括会社および被統括会社

統括会社および被統括会社は、それぞれ次のものをいいます（措令39の17①〜⑥）。

(1) 統括会社

統括会社とは、次の要件をすべて満たす特定外国子会社等をいいます。
① 一の内国法人によって、発行済株式等の100％を直接または間接に保有されていること。
② 複数の被統括会社（外国法人である二以上の被統括会社を含む場合に限る）に対して統括業務を行っていること。
③ 特定外国子会社等の本店所在地国に統括業務を行うために必要な固定施設およびその統括業務に従事する者（役員を除く）を有していること。
④ 主たる事業が株式等の保有であり、事業年度終了時において、その特定外国子会社等が保有する被統括会社の株式等の帳簿価額の合計がその特定外国子会社等が保有する株式等の帳簿価額の合計額の50％を超える場合で、かつ、次の（イ）または（ロ）の割合のいずれかが50％を超えていること。

（イ）

$$\frac{外国法人である被統括会社の株式等の帳簿価額の合計額}{その統括会社の有するすべての被統括会社の株式等の帳簿価額の合計額}$$

（ロ）

$$\frac{外国法人である被統括会社に対して行う統括業務に係る対価の額の合計額}{その統括会社のすべての被統括会社に対して行う統括業務に係る対価の額の合計額}$$

なお、ここでいう「統括業務」とは、特定外国子会社等が被統括会社との間における契約に基づき行う業務のうち、被統括会社の事業の方針の決定または調整に係るもの（その事業の遂行上欠くことのできないものに限る）であって、その特定外国子会社等が二以上の被統括会社に係る業務を一括して行うことによりこれらの被統括会社の収益性の向上に資することとなると認められるものをいいます（措令39の17①）。

(2) 被統括会社

被統括会社とは次の要件をすべて満たす法人をいいます（図表）。
① 統括会社である特定外国子会社等によって、発行済株式等および議決権の総数の25％以上（内国法人が被統括会社の場合は50％以

上）を保有されていること。
② 本店所在地国に事業を行うに必要と認められるその事業に従事する者を有すること。
③ 統括会社である特定外国子会社等および内国法人等により、発行済株式等または議決権の50％超を保有されていること。

《図表　統括会社・被統括会社のイメージ》

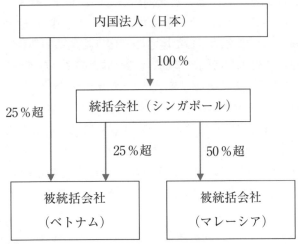

3　判定時期
統括会社および被統括会社に該当するかどうかの判定は、特定外国子会社等の各事業年度終了の時の現況によるものとされています（措令39の17⑬）。

4　適用除外を受けるための手続
統括会社の規定の適用を受ける場合には、確定申告書にこれらの規定がある旨を記載した書面（別表17（3）付表二）を添付し、統括業務の基となる契約に係る書類の写し（契約書、覚書の写し）等を保存する必要があります。

38 テレビ会議システム等を活用した場合の管理支配基準

Q 当社では、シンガポールに100％出資の子会社を有しています。予算削減の観点から今後、株主総会の開催に当たっては、テレビ会議システムを導入することを検討していますが、管理支配基準を満たさなくなるのではないかとの懸念がありました。昨今、経済産業省よりテレビ会議システムを活用した場合の管理支配基準の判定についての情報が公表されたとの話を聞きました。これはどのような内容でしょうか。

A 昨今、経済産業省は、「外国子会社合算税制の適用除外基準である管理支配基準の判定（株主総会等のテレビ会議システム等の活用について）」を公表しました。これは、経済産業省が国税庁に照会したもので、国税庁の回答によれば、管理支配基準の判定において、株主総会および取締役会の開催に当たりテレビ会議システム等の情報通信機器を利用した場合においても一定の場合には管理支配基準を満たすとのことです。以下は、経済産業省が公表したものです。

外国子会社合算税制の適用除外基準である管理支配基準の判定
（株主総会等のテレビ会議システム等の活用について）

【照会の要旨】
　内国法人である当社が100％出資するA社はS国に本店を有し、当社製品を近隣諸国に販売する法人ですが、S国はいわゆる軽課税国であるため、A社は租税特別措置法第66条の6第1項に規定する特定外国子会社等（以下「特定外国子会社等」といいます。）に該当します。
　A社の現地における概況は次のとおりです。
① 　A社には4名の役員（W、X、Y及びZ）が就任していますが、そのうちW及びXは日本国内に居住し、当社とA社の役員を兼任する一方、Y及びZはS国に居住し、営業担当者に対する指揮監督等、それぞれA社のみの役員としての業務を行っています。
② 　A社には10名の従業員が存在し、Y及びZの指揮監督下においてA社の営業業務等に従事しており、その職位に応じて、得意先との価格交渉等に対して一定の裁量権を有しています。
③ 　A社の会計帳簿の作成及び保管等は、A社の本店事務室内において行われて

います。当社の法人税申告に当たり、A社は、外国子会社合算税制の適用除外基準のうち管理支配基準については、従来から、以下の点を勘案し、当該基準を満たすものと判定していました。
・S国においてY及びZが役員としての職務を執行していること
・S国において会計帳簿の作成及び保管等を行っていること
・A社の株主総会及び取締役会の開催に当たっては、株主及び取締役の全員がA社に招集されており、A社本店内の会議室において開催されていること

ところで、A社では、今年以降の株主総会の開催に当たり、出張旅費等のコスト削減等の観点からテレビ会議システムを導入し、議長であるYはA社内において、また、当社から議決権行使の権限を委任されたWは当社内において、テレビ会議システムを利用して同総会に参加することとしました。また、今年以降の取締役会についても、A社は株主総会と同様にテレビ会議システムを利用し、議長であるY及びZはA社内において、W及びXは当社内において会議に参加することとしました。なお、開催案内の送付や議事録の作成等、株主総会及び取締役会に関連する業務は全てA社が実施しました。

この場合、我が国の外国子会社合算税制の適用上、当社の特定外国子会社等に該当するA社は適用除外要件のうち、管理支配基準を満たすと考えてよろしいでしょうか。

【回答の要旨】
　標題のことについては、ご照会に係る事実関係を前提とする限り、貴見のとおりで差し支えありません。

【理由】
　内国法人に係る特定外国子会社等がその本店又は主たる事務所の所在する国又は地域において、事業の管理、支配及び運営を自ら行っていること（管理支配基準）の判定は、当該特定外国子会社等の①株主総会及び取締役会の開催、②役員としての職務執行、③会計帳簿の作成及び保管等が行われている場所、④その他の状況を総合勘案して行うこととされています（措通66の6－16）。

　ご照会の趣旨は、従前A社は①から④までを総合勘案した結果、管理支配基準を満たしていたところ、このうち、①の株主総会及び取締役会の開催に当たりテレビ会議システム等の情報通信機器を利用した場合に管理支配基準を満たさなくなってしまうのかという点にあるかと思われます。

　この点、ご照会の事実関係によれば、A社の株主総会及び取締役会の開催場所については、次の理由により、たとえ株主や役員がテレビ会議システム等の情報通信機器を利用して出席したとしても、株主総会及び取締役会自体はS国で開催されたものと同様と認められますので、その開催場所が本店所在地国等である場合と同様に取り扱って、管理支配基準の判定を行って差し支えありません。
　イ　開催案内の送付や議事録の作成等、株主総会及び取締役会に関連する業務はすべてA社が行っていること
　ロ　役員として職務執行を行う等A社における一定の権限を有しているYが株主総会及び取締役会において議長を務めていること
　ハ　株主総会の場合には議長であるYがA社内において出席していること
　ニ　取締役会においては、議長であるY及びZがA社内において出席していること

39 移転価格税制とは

Q 移転価格税制の基本的な仕組みを教えて下さい。

A
1 移転価格税制の目的

　企業が海外の関連企業（国外関連者）と取引を行う場合に、その取引価格を通常の第三者間取引における価格と異なる金額に設定することにより、所得を海外に移転することが可能となります。例えば、税率の高い国にある親会社が税率の低い国にある子会社に製品を販売する場合、販売価格を安く設定することにより企業グループ全体としての税負担を低く抑えることが可能となります。

　もし、取引が特殊関係のない第三者間で行われた場合には、双方が利益を最大化するような価格を設定しようとするはずですが、グループ会社間では、グループ全体の税負担を低くするため取引価格を操作しようとするインセンティブが働きます。

　移転価格税制は、このような海外の関連企業（国外関連者）との間の取引価格の操作を通じた所得の海外移転を防止するため、海外の関連企業との取引が、適正な取引価格（独立企業間価格）で行われたものとみなして所得を計算し、課税する制度です。

　独立企業間価格（ALP：Arm's Length Price）とは、問題となっている国外関連取引と同様の状況のもとで、独立した第三者間で行われた場合に成立すると認められる価格をいいます。

2 移転価格税制の仕組み

　次頁の図表1を基礎に移転価格税制の基本的な仕組みを説明します。関連者間取引では、親会社が100で仕入れた商品を海外子会社に110で販売し、海外子会社はそれを現地で150で販売していますので、日本の利益は10（＝110－100）、国外の利益は40（＝150－110）となります。ではこの取引が第三者間で行われていたとすればどうなるでしょうか。

第三者間取引では、日本企業が100で仕入れた商品を海外の第三者に120で販売し、第三者はそれを150にしていますので、日本の利益は20（＝120－100）、国外の利益は30（＝150－120）となります（図表1）。

《図表1　移転価格税制の仕組み》

○関連者間取引
（国内）　　　　　　　　　　　　　（国外）

仕入金額（100円）　　対象法人　　　（移転価格）売上金額（110円）　　関連者　　売上金額（150円）
第三者　　　　　　　　10円（利益）　　　　　　　　　　　　　　　　　　　40円（利益）

110円（売上金額）－100円（仕入金額）＝10円

○第三者間取引

仕入金額（100円）　　比較対象法人　（独立企業間価格）売上金額（120円）　　第三者　　売上金額（150円）
第三者　　　　　　　　20円（利益）　　　　　　　　　　　　　　　　　　　30円（利益）

120円（売上金額）－100円（仕入金額）＝20円

（出典）財務省資料

両取引を比較すると次のようになります（図表2）。

《図表2　関連者間取引と第三者取引の比較》

販売価格	日本の利益	国外の利益	合計
関連者間取引（販売価格110）	10	40	50
第三者間取引（販売価格120）	20	30	50

　関連者間取引では、第三者間取引と比べて日本の利益が10だけ少なくなっています。すなわち、海外子会社に対して独立企業間価格120より低い110で売却することにより、本来、日本で生ずべき20の利益のうち、10の利益が海外子会社に移転していたことになります。

　この場合、日本の税務当局は移転価格税制を適用し、海外子会社への販売価格110を独立企業間価格である120で行われたとみなし、海外に移転した所得10を課税します。

(参考)　二重課税の発生について
　このケースで、移転価格税制の適用により日本の親会社の所得が10だけ増額された場合、海外子会社ではこの10はすでに課税所得に含まれているため、この所得10は二重課税の状態にあります。この二重課税を解消するための手段としては、
　① 　国内法に基づく救済手段を利用する方法
　② 　相互協議を利用する方法（租税条約が締結されている場合）
があります。二重課税の排除についてはQ44参照。

3　移転価格税制の対象となる取引
　移転価格税制の対象となる取引は、棚卸資産取引、役務提供取引、無形資産取引、資金の貸借取引など、対価性のあるすべての取引に及びます。

4　移転価格税制の留意点
(1)　移転価格税制は、国外関連者との取引を通じて、日本の所得が海外に移転している場合に適用されますので、納税者に租税回避の意図があったか否かは本税制の適用に影響しません。
(2)　移転価格税制は、国家の税収の確保を目的とする制度なので、日本の所得が減少している場合（国外関連者から受け取る対価が独立企業間価格に満たない場合または、国外関連者に支払う対価が独立企業間価格を超えている場合）に適用されます。逆に、日本の課税所得が増加している場合には適用されません。

40 移転価格税制の対象となる国外関連者

 移転価格税制の対象となる国外関連者の範囲を教えて下さい。

 移転価格税制は、法人と国外関連者との間で行われる取引(国外関連取引)に適用されます。国外関連者とは、次のような特殊な関係にある外国法人をいいます。

1 親子関係

一方の法人が他方の法人の発行済株式等の50%以上の株式等を直接または間接に保有する関係をいいます。

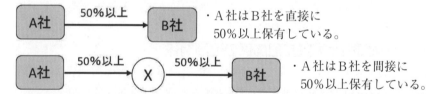

注意すべきは50%超ではなく、「50%以上」となっている点です。例えば、海外企業と50%ずつ出資する合弁会社との取引であっても移転価格課税を受ける可能性はあります。

2 兄弟関係

二つの法人が同一の者によってそれぞれ発行済株式等の50%以上の株式等を直接または間接に保有される関係をいいます。

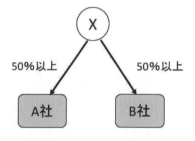

・A社とB社はXによって50%以上を直接に保有されている。

この場合Xは個人でも構いませんので、例えば日本企業のオーナーが、海外にも100％出資の子会社を設立したケースなどが該当します。これは、大企業にはあまり見られませんが、中小企業ではよくあるケースです。

3　実質支配関係

　次に掲げるような事実があることにより、一方の法人が他方の法人の事業の方針の全部または一部について実質的に決定できる関係をいいます。

　　a．他方の法人の役員の2分の1以上または代表権を有する役員が、一方の法人の役員もしくは使用人を兼務しているか、またはかつて一方の法人の役員もしくは使用人であった者であること（役員関係）
　　b．他方の法人がその事業活動の相当部分を一方の法人との取引に依存していること（取引依存関係）
　　c．他方の法人がその事業活動に必要とされる資金の相当部分を一方の法人からの借入れにより、または一方の法人の保証を受けて調達していること（資金関係）

4　持株関係と実質支配関係の連鎖関係

　例えば、次のA社とB社は、持株関係または実質支配関係によって連鎖しているので、B社はA社の国外関連者となります。

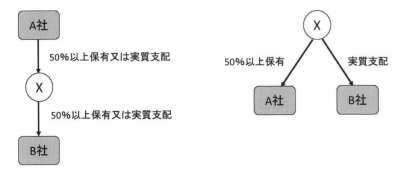

41 国外関連者に関する明細書

Q 国外関連者と取引を行っている場合、確定申告書に添付する別表等はあるのでしょうか。

A 法人が国外関連者との間で取引を行った場合には、別表17（4）「国外関連者に関する明細書」を確定申告書に添付しなければなりません。

別表17（4）は、移転価格についての「情報申告」であり、法人税の税額の計算には直接関係しませんが、移転価格上の問題があるかどうかを判断する上で重要な情報が記載されます。（別表17（4）の株式については、179頁参照）

「国外関連者に関する明細書」には、以下の事項を記載します。
① 国外関連者に該当する事情
② 国外関連者の資本金の額または出資金の額、従業員の数、国外関連者の営む主たる事業の内容
③ 国外関連者の営業収益、営業費用、営業利益、税引前当期利益および利益剰余金の額
④ 法人が、国外関連者から支払いを受ける対価の額の取引種類別の総額またはその国外関連者に支払う対価の額の取引種類別の総額
⑤ 独立企業間価格の算定方法
⑥ 独立企業間価格の算定の方法について確認の有無

また、移転価格の事務運営指針では、国外関連取引を行う法人等が、その確定申告書に別表17（4）を添付していない場合または別表の記載内容が十分でない場合には、その別表の提出を督促し、またはその記載の内容について補正を求めるとともに、その国外関連取引の内容について一層的確な把握に努めることとされています（移転価格事務運営要領2－3）。

㊷ 独立企業間価格の算定

 独立企業間価格の算定方法について教えて下さい。

 日本の独立企業間価格の算定方法は、OECD移転価格ガイドライン(注)において国際的に認められた方法に沿った次の方法によることとされています（措法66の4②、措令39の12）。

【基本三法】
○独立価格比準法／○再販売価格基準法／○原価基準法

【その他の方法】
○取引単位営業利益法／○利益分割法（・比較利益分割法／・寄与度利益分割法／・残余利益分割法）

　以前は、基本三法を優先して適用し、基本三法が適用できない場合に限りその他の方法が適用できるとされていましたが、平成23年の税制改正でこうした適用優先順位はなくなり、現在は個々の事業の状況に応じて最も適切な方法を選定する仕組み（最適方法のルール）が採用されています。

(注) OECD移転価格ガイドラインとは、OECDの租税委員会が策定した移転価格税制に関する国際的な指針であり、正式名称は「Transfer Pricing Guidelines for Multinational Enterprises and Tax Administrations（多国籍企業と税務当局のための移転価格算定に関する指針）」といいます。当ガイドラインは各国に対し強制適用されるものではありませんが、OECDは各加盟国が国内での移転価格税制の執行において本ガイドラインに準拠することを奨励しています。

43 事前確認制度

Q 当社では、近年、海外子会社との取引規模が拡大しており、移転価格への対応を検討しています。移転価格課税リスクを回避する方法として「事前確認制度」があるということですが、これはどのような制度でしょうか。

A

1 事前確認制度（APA：Advance Pricing Agreement）の概要

事前確認制度とは、国外関連者との取引価格の算定方法等についてあらかじめ税務当局に対して確認を求めるものであり、課税当局が確認した内容に従って申告を行っている限り、移転価格課税を回避することが可能となります。会社にとっては、予測可能性や法的安定性を確保することができるため、近年、その利用が増加しています（図表1）。

《図表1 事前確認の申出件数および処理件数の推移》

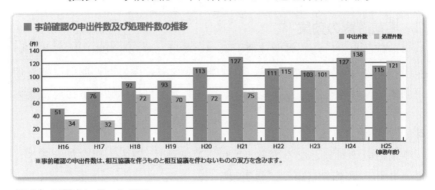

（出典）国税庁レポート2015

2 事前確認制度の種類

事前確認には、①相互協議を伴う事前確認（バイラテラルAPA）と、②日本の課税当局のみによる事前確認（ユニラテラルAPA）があります。

バイラテラルAPAの場合は、独立企業間価格の算定方法等の妥当性

について相手国の税務当局と相互協議を行い、相互協議で合意された水準で申告を行っていれば、日本のみならず、相手国の税務当局からも移転価格課税を受けることはありません。よって移転価格課税リスクを完全に排除できます。そのため、近年ではバイラテラルAPAを求めるケースが増加しています。

ただし、相互協議を伴う分、処理時間がかかり、事務手続きも煩雑になるというデメリットもあります。また、租税条約を締結している国との間の取引のみが対象となります。

ユニラテラルAPAの場合は、日本の税務当局との間のみでの確認であり、確認された水準で申告する限り、日本の税務当局から移転価格課税を受けることはありませんが、相手国の税務当局から移転価格課税を受けるリスクは残ります。

ただし、国内の審査のみで処理が完了するため、処理時間はバイラテラルAPAより短くなります。

ユニラテラルAPAは、相手国と租税条約を結んでいない場合、相手国で移転価格税制がない場合、制度があっても移転価格課税の実績がない場合などにおいて、利用価値が高いと考えられます。

3　事前確認の効果

事前確認を受けた国外関連取引については、確認された内容に基づいて申告を行っている場合には、事前確認を受けた国外関連取引は独立企業間価格で行われたものとして取り扱われます（移転価格事務運営要領5－16）。

4　事前確認の対象期間

事前確認の対象となる事業年度は、原則として3～5事業年度とされています。（移転価格事務運営要領5－7）

5　事前確認の流れ

バイラテラルAPAの流れはおおむね次のようになります（図表2）。

《図表2　事前確認の流れ》

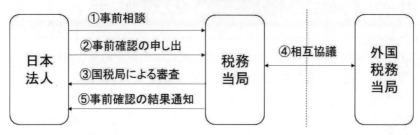

　国税局では事前確認についての事前相談を行っています（東京国税局では国際情報第二課で事前相談を担当しています）。事前確認の申し出を行った場合、国税局の審査を受ける必要があります。

　事前確認の審査では、国税局に審査に必要な資料を提出する必要があり、また国税局の審査担当者が本社や工場、研究所などに臨場してヒアリングをすることもあります。このように事前確認には時間とコストがかかりますので、事前確認の申し出をすべきかどうか迷った場合には、事前相談を行い、その上で事前確認を行うべきか、どの取引について事前確認を受けるべきかを判断するとよいでしょう。

44 移転価格課税への対処法

移転価格調査が行われ、税務当局による更正処分を受けた場合、どのような対応方法があるのでしょうか。

税務当局から移転価格課税を受けた場合、企業グループ全体としては同一の所得に対して二重に課税されるという二重課税が発生します。この二重課税を解消するためには、①相互協議を申し立てる方法と②国内法上の救済手段（再調査の請求、審査請求、訴訟）により課税処分の取消しを求める方法があり、いずれを選択するかは納税者判断となります。実務上は相互協議を優先するケースが多いといえます。

1 相互協議の申立て

相互協議とは、移転価格課税等により生じた国際的な二重課税を排除するため、納税者が租税条約に基づく相互協議を申立てた場合に、日本の税務当局が相手国の税務当局と行う協議をいいます。相互協議において合意に達した場合には、相手国の税務当局は、相手国の企業の所得を減額して税金を還付します。これを対応的調整といい、これにより二重課税が解消します。ただし、相互協議では合意に達する義務までは課されていないため、相互協議で必ず合意するという保証はありません。

2 国内法上の救済手段

税務署長に対する再調査の請求や国税不服審判所に対する審査請求、司法上の手続（訴訟）により課税処分の取り消しを求める方法です。これらの手段を通じて課税処分が全部取消しされれば、二重課税は解消します。

国内法上の救済手段を採るには、一定期間内に申請しなければならないため、相互協議を優先する場合であっても、必ず国内法上の救済手続を採っておく必要があります。相互協議が合意して納税者がその合意に同意すれば、国内法上の救済手段を取り下げ、相互協議が合意に至らなかった場合は、国内法上の救済手続に移行することになります。

45 資料収集と推定課税

Q 移転価格税制においては国外資料を入手する必要性が高いと推察されます。税務調査対応も踏まえ概要を説明して下さい。

1　資料収集に関する規定

移転価格税制においては、国外資料入手の必要性が高いため、資料の収集に関して、「国外関連者との取引状況についての申告書添付書類規定」、「国外資料入手についての規定」、および「推定規定」が定められています。

(1) 国外関連者との取引状況についての申告書添付書類規定（報告義務）

法人が各事業年度において国外関連者との間で取引を行った場合には、その国外関連者の名称、本店または主たる事務所の所在地、国外関連者に該当する事情、主たる事業、国外関連者の直近の事業年度の営業内容および国外関連者との取引（第三者介在取引を含む）の状況等の一定の事項を記載した「国外関連者に関する明細書」（法人税申告書別表17(4)）を確定申告書に添付することとされています（措法66の4⑮、措規22の10②）。

(2) 国外資料入手についての規定（入手努力義務）

移転価格税制の適正、円滑な運用のため、国外関連者の有する資料の入手が極めて重要となる場合があることなどから、税務当局は法人に対し、その国外関連者が保存する帳簿書類またはその写しの提示または提出を求めることができ、また、提示または提出を求められた法人は、国外関連者の有する書類等の資料を入手するよう努めなければならないこととされています（措法66の4⑦）。

なお、提示または提出を求められる資料としては、例えば、国外関連者の財務諸表等、プライス・リスト、非関連者との実際の取引に関する資料、原価計算資料等が考えられます。

(3) 推定規定（推定による課税）

　税務当局の調査担当者が、法人の国外関連取引に係る独立企業間価格を算定するために必要な書類(注)またはその写しの提示または提出を求めた場合において、その法人がこれらを遅滞なく提示または提出しないときには、税務当局は、同種の事業を営む法人で、事業規模その他の事業の内容が類似するもののその事業に係る売上総利益率またはこれに準ずる割合を基礎とした再販売価格基準法もしくは原価基準法またはこれらと同等の方法（これらの方法を用いることが出来ない場合は、利益分割法、取引単位営業利益法など通常の独立企業間価格の算定において用いられる方法と同等の方法）を用いて算定した金額を、独立企業間価格と推定して更正または決定することができることとされています。（措法66の4⑥、措令39の12⑪・⑫）

(注) 次の区分に基づく書類とされています（措規22の10①）
　　イ　国外関連取引の内容を記載した書類
　　ロ　国外関連取引に係る独立企業間価格を算定するための書類

　資料に関する実務上のポイントは次の通りです。
① 　法人が国外関連者との間で取引を行った場合には、取引の状況を記載した明細書を確定申告書に添付する。
② 　国外関連者の有する独立企業間価格を算定するために必要な資料を入手しておく必要がある。

2　比較対象企業に対する質問検査権

　税務当局は資料収集に関して、比較対象法人に対する質問検査権を有しています。概要は次の通りです。
　移転価格税制は、大量かつ頻繁に行われている関係会社間の取引価格の妥当性を問題とする税制だけに、それを精査するためには、どうしても類似の事業を営む者から、第三者との取引価格や利益率等に関する情報収集が必要になります。
　そこで、税務当局は、法人が独立企業間価格を算定するために必要と認められる帳簿書類またはその写しを遅滞なく提示または提出しなかった場合において、独立企業間価格を算定するために必要があるときは、

その必要と認められる範囲内において、その法人の国外関連者との取引に係る事業と同種の事業を営む者（比較対象企業）に質問し、その事業に関する帳簿書類を検査し、またはその帳簿書類（その写しを含む）の提示若しくは提出を求めることができます（措法66の4⑧）。

46 移転価格の文書化

Q 移転価格の文書化が最近、話題になっています。文書化していない場合には、税務調査で不利に扱われることがあるのでしょうか。また、どのような文書を準備しなければならないのでしょうか。

A

1　移転価格の文書化と推定課税

　移転価格調査が行われた場合、調査担当者から「独立企業間価格を算定するために必要な書類」の提示を求められます。その場合、それらの書類を遅滞して提出しなかった場合には、税務当局は「推定課税」という手法により課税を行うことが認められています。推定課税とは、同業種法人の売上総利益率等に基づいて算定した金額を独立企業間価格と推定して課税する方法です。推定課税が行われた場合には、納税者は自己の取引価格が独立企業間価格であることを立証しない限り、当局の算定した価格が独立企業間価格とみなされてしまいます。

　この推定課税を回避するには、独立企業間価格の算定に必要と認められる書類を事前に作成し、税務当局から提出を求められた場合に速やかに提示できるよう準備しておくことが必要となります。すなわち、移転価格の文書化を行い、国外関連取引に係る価格の正当性を示すことによって、推定課税を受けるリスクを軽減することが可能となります。

2　作成すべき文書

　「独立企業間価格を算定するために必要な書類」は、次頁の（図表）のとおり「国外関連取引の内容を記載した書類」と「独立企業間価格を算定するための書類」の2種類に分かれています。

　移転価格調査件数が近年、増加傾向にあることから、中堅・中小企業においても今後は文書化を検討する必要があるでしょう。実務上は、費用対効果、国外関連取引の規模、移転価格課税を受けるリスク、移転価格課税を受けた場合の課税見込み額などを勘案して、重要性のある高い取引について、文書を作成するのが現実的といえます。

《図表　独立企業間価格を算定するために必要と認められる書類（措規22の10①）》

国外関連取引の内容を記載した書類	イ	国外関連取引に係る資産の明細および役務の内容を記載した書類
	ロ	国外関連取引において法人および国外関連者が果たす機能、負担するリスク（為替相場の変動、市場金利の変動、経済事情の変化その他の要因によるその国外関連取引に係る利益または損失の増加または減少の生ずるおそれ）に係る事項を記載した書類
	ハ	法人または国外関連者が国外関連取引において使用した無形資産の内容を記載した書類
	ニ	国外関連取引に係る契約書または契約の内容を記載した書類
	ホ	法人が、国外関連取引において国外関連者から支払いを受ける対価の額または国外関連者に支払う対価の額の設定の方法およびその設定に係る交渉の内容を記載した書類
	ヘ	法人および国外関連者の国外関連取引に係る損益の明細を記載した書類
	ト	国外関連取引に係る資産の販売、資産の購入、役務の提供その他の取引について行われた市場に関する分析その他市場に関する事項を記載した書類
	チ	法人および国外関連者の事業の方針を記載した書類
	リ	国外関連取引と密接に関連する他の取引の有無およびその内容を記載した書類
独立企業間価格を算定するための書類	イ	法人が選定した独立企業間価格の算定方法およびその選定の理由を記載した書類その他法人が独立企業間価格を算定するに当たり作成した書類
	ロ	法人が採用した国外関連取引に係る比較対象取引の選定に係る事項および比較対象取引等の明細を記載した書類
	ハ	法人が利益分割法を選定した場合における法人および国外関連者に帰属するものとして計算した金額を算出するための書類
	ニ	法人が複数の国外関連取引を一つの取引として独立企業間価格の算定を行った場合のその理由および各取引の内容を記載した書類
	ホ	比較対象取引等について差異調整を行った場合のその理由および差異調整等の方法を記載した書類

47 移転価格調査の対象となる企業

Q 近年の移転価格調査のターゲットとされる企業の傾向について教えてください。大企業に対して多額の移転価格課税がなされたという新聞報道を目にすることはあるのですが、税務署所管の中小企業に対しても移転価格税制が適用されることはあるのでしょうか。

A 近年、移転価格の調査件数は増加傾向にあり、移転価格調査の対象となる企業も、中堅・中小企業へとシフトしています。税務署所管法人であっても移転価格の調査を受ける可能性があります。

1 近年の移転価格調査の状況

図表のグラフは、平成14年以降の移転価格調査により申告漏れのあった件数と、申告漏れ所得金額の推移を示したものです。このグラフから明らかなように申告漏れ所得金額は平成17年をピークに減少傾向を辿り、一方で申告漏れ件数は増加傾向にあります。調査1件当たりの申告漏れ金額（＝申告漏れ所得金額／申告漏れ件数）を算出すると、平成24年度は4億4,000万円、25年度は3億2,000万円、26年度は7,000万円と減少しており、事案の小型化が顕著となっています。

これは、国税局所管の大企業のみならず、税務署所管の中堅・中小企業にまで移転価格調査の波が押し寄せてきていることを意味しています。比較的規模の大きい税務署には、海外事案を担当する「国際税務専門官」が配置されています。近年、国税局で移転価格調査を経験した者が人事交流で税務署の国際税務専門官に配属されており、税務署においても移転価格調査が可能となってきています。また、国際税務専門官が配置されていない中小規模の税務署においては、必要に応じて近隣署の国際税務専門官が調査の支援を行うこともあります。

経済のグローバル化に対応するため、国際課税を担当する調査担当者は増員しており、今後も中堅・中小企業への調査件数は増加傾向が続くと思われます。

《図表　移転価格税制に係る調査の状況》

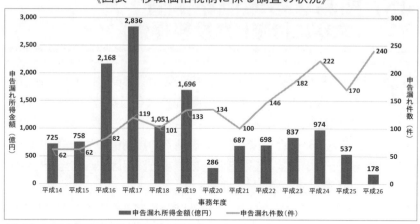

（出典）国税庁報道発表資料を基に作成

2　税務署における移転価格調査の特徴

　国税局調査部の移転価格調査部門が行う移転価格調査は、移転価格にターゲットを絞って行われるもので、調査期間は2年前後に及ぶのが通常です。調査の対象も棚卸取引における販売価格や無形資産取引の対価であるロイヤリティ料率の適否など、検討に時間を要するものが多いと思われます。

　一方、税務署で行う移転価格調査は、一般の法人税調査と同時に行われ、調査日数にも制約があることから、調査の中心は海外子会社への技術支援等を行った場合の対価の回収の適否や、海外子会社へ資金提供した場合の貸付金利の適否など、比較的短期間で終了する調査（簡易な移転価格調査）が中心となっています。また、対価の回収漏れがあった場合に、海外子会社に経済的利益を供与したものとみなして『国外関連者に対する寄付金』として課税される事案も増加しています。

　移転価格調査は、通常の海外取引の調査とは異なる切り口での調査が展開されるため、提出を求められる書類などもこれまでの調査とは違ったものになります。そのため、国外関連者を有する中堅・中小企業にとっては、今後は移転価格課税のリスクも視野に入れた対応策が必要になると思われます。

48 簡易な移転価格調査
（本業に付随した役務提供）

Q 当社は機械部品の製造販売会社ですが、アジアに100％出資の製造子会社を設け、海外での販売拡大を目指しています。現時点では、まだ現地工場の技術水準が高くないために、日本の親会社から技術スタッフを海外子会社に派遣し、現地での技術指導や監督といった役務提供を行っています。技術指導等に要する費用はすべて当社で負担していますが、税務上、問題がありますか。

A

1 本業に付随した役務提供の取扱い

　日本の製造業においては、海外に製造子会社を設立し、現地に製造拠点を設ける企業が増加しています。このような製造拠点の設置にあたっては、親会社である日本法人から技術スタッフ等が派遣され、現地で技術指導や監督といった役務提供を行うケースがよく見られます。

　このような本来の業務（製造業や販売業など）に付随した役務提供を行う場合、海外子会社から、その役務提供の対価を回収する必要があります。この回収すべき対価の額については、『当該役務提供に要した総原価の額』でよいものとされています（移転価格事務運営要領2－10（1））。

　総原価の額の算定に当たっては、原則として、その役務提供に関連する直接費のみならず、合理的な配賦基準によって計算された担当部門および補助部門の一般管理費等間接費まで含むこととされており、具体的には以下の費用の合計額となります。

- ・出張に係る旅費・交通費
- ・滞在費
- ・出張者の出張期間に対応する給与、賞与、退職給付費用
- ・その他出張に直接要した費用等の直接費
- ・合理的な基準で配賦される間接費（担当部門及び補助部門の一般管理費等）

ご相談のケースでは、技術指導等に要する費用をすべて親会社が負担し、海外子会社から対価を回収していないということですので、本来回収すべき対価について移転価格課税または国外関連者への寄付金として課税される可能性があります。
　なお、本来の業務に付随した役務提供に該当するかどうかは、原則として、その役務提供の目的等により判断しますが、次に掲げる場合には、総原価の額を独立企業間価格とすることはできず、一定のマークアップをする必要があります。
　イ　役務提供に要した費用が、法人または国外関連者のその役務提供を行った事業年度の原価または費用の額の相当部分を占める場合
　ロ　役務提供の際に無形資産を使用する場合等、その役務提供の対価の額を役務提供の総原価とすることが相当ではないと認められる場合

2　実務上の留意点

　親会社の社員が海外子会社に出張した場合、実務上はまず、海外子会社から対価を回収すべき役務提供に当たるかどうかを検討する必要があります。例えば、親会社が自社製品の製造を子会社に委託したケースを考えると、子会社での生産体制や製品の品質をチェックすることは、製造を委託した親会社として当然行うべき業務といえます。こうした目的で海外子会社に出張したのであれば、それは親会社独自の業務を遂行するための出張といえるため、親会社が経費を負担すべきでしょう。
　それに対して、海外子会社の現地スタッフへの技術指導や教育のための出張であれば、海外子会社から対価を回収する必要があります。なぜならば、仮に第三者にそうした技術指導等を依頼したならば当然対価を支払うでしょうから、この役務提供は対価性を有するといえるからです。親会社の社員が海外子会社へ出張する場合、社内的には出張稟議書や出張報告書などを作成することが多いと思われます。
　税務調査では、それらの書類の記載内容がチェックされるため、出張目的（親会社独自の業務のための出張か、子会社のための出張か）等が明確に分かるように記載する必要があります。

49 簡易な移転価格調査
（企業グループ内役務提供）

Q 当社は海外に複数の100％子会社を有しています。事務処理の効率化の観点から、海外子会社の財務管理や会計業務、予算管理などは親会社で一括して行っています。当社では、これらの業務は親会社として当然行うべき業務と考えているため、海外子会社には対価を請求していません。この場合、税務上の問題はありますか。

A

1 企業グループ内役務提供とは

　企業グループ内部では、経営・財務管理、会計業務、予算管理などを相互に提供し合うことがあります。こうした役務提供を企業グループ内役務提供（IGS：Intra Group Service）と呼びます。

　国外関連者に対して、企業グループ内役務提供の活動を行う場合に、それらの活動が、国外関連者にとって「経済的または商業的価値を有する」ものであるときは、適正な対価を回収する必要があります。

　もし、これらの役務提供を無償で行っている場合には、移転価格課税または国外関連者への寄付金として課税される可能性があります。

　国外関連者に対して行う経営・財務・業務・事務管理上の活動が「経済的または商業的価値」を有するかどうかは、①その国外関連者と同様の状況にある非関連者が他の非関連者からこれと同じ活動を受けた場合に対価を支払うかどうか、または②その法人がその活動を行わなかったとした場合に国外関連者自らがこれと同じ活動を行う必要があると認められるかどうか、により判断されます（移転価格事務運営要領2－9(1)）。

　なお、経営・財務・業務・事務管理上の活動として、次のような活動が挙げられます。①企画または調整、②予算の作成または管理、③会計、税務または法務、④債権の管理または回収、⑤情報通信システムの運用、保守または管理、⑥キャッシュフローまたは支払い能力の管理、⑦資金の運用または調達、⑧利子率または外国為替レートに係るリスク管理、

⑨製造、購買、物流またはマーケティングに係る支援、⑩従業員の雇用、配置または教育、⑪従業員の給与、保険等に関する事務、⑫広告宣伝（⑨に掲げるマーケティングに係る支援を除く）

2　役務提供に該当しない活動

　法人が国外関連者に対し行う活動が、次に掲げる活動に該当する場合、その活動は国外関連者にとって経済的または商業的価値を有するものではないとされています（移転価格事務運営要領2－9（3））。

① 法人が国外関連者に対し、非関連者がその国外関連者に行う役務の提供またはその国外関連者が自らのために行う活動と重複する活動を行う場合（ただし、その重複が一時的であると認められる場合、または当該重複する活動が事業判断の誤りに係るリスクを減少させるために手続上重複して行われるチェック等であると認められる場合を除く）

② 国外関連者に対し株主としての地位を有する法人が、専ら自らのために行う株主としての法令上の権利の行使または義務の履行に係る活動（株主活動）で、例えば次に掲げるもの

イ　親会社が実施する株主総会の開催や株式の発行など、親会社が遵守すべき法令に基づいて行う活動

ロ　親会社が金融商品取引法に基づく有価証券報告書等を作成するための活動

50 簡易な移転価格調査（金利）

Q 当社は自動車部品の製造業です。今後、海外に100％出資の子会社を設立し、必要な資金を貸し付ける予定です。貸付金利を設定するに当たり、移転価格税制の観点からどのような点に留意する必要があるでしょうか。

A 1 移転価格税制の適用について

　日本法人が海外子会社を設立した場合、設立した当初は海外子会社の信用力が乏しいため現地での資金調達が困難な場合が多く、日本の親会社が必要資金の貸付けを行うケースがよく見られます。

　本件における資金の貸付先は100％出資の子会社ですから「国外関連者」に該当し、資金貸付けの対価である金利について移転価格税制の適用を受けます。

　国外関連者との間で金銭消費貸借取引を行う場合には、第三者間で通常収受する金利（独立企業間価格）により取引を行う必要があります。国外関連者に無利息または低い利率で貸し付けた場合、または高い利率で国外関連者から金銭を借り入れた場合には、独立企業間価格との差額について移転価格課税を受ける可能性が高いといえます。

　なお、実務上は、海外子会社に対して経済的利益を供与したものとみなして「国外関連者に対する寄付金」として課税される場合もあります。

2　独立企業間価格（金利）の算定方法

　親会社、海外子会社ともに金銭の貸付けを業として行っていない場合、独立企業間価格（金利）は、次頁に示した①→②→③→④の順番で検討することとなります（移転価格事務運営要領2－7）。イメージについては（図表）を参照して下さい。

① 実際の取引金利による方法

貸手である日本法人が第三者に同様の条件（通貨・貸借時期・貸借期間等）で貸し付けている取引（図表①イの取引）または借手である国外関連者が第三者から同様の条件で借り入れている取引（図表①ロの取引）等があれば、その取引で付された利率

①に該当する取引がない場合

② 借手の銀行調達金利による方法

借手である国外関連者が、銀行等から同様の条件で借り入れた場合に付されるであろう利率

②の情報が入手できない場合

③ 貸手の銀行調達金利による方法

貸手である日本法人が、銀行等から同様の条件で借り入れた場合に付されるであろう利率

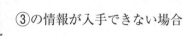
③の情報が入手できない場合

④ 国債等の運用利率による方法

貸付資金を国債等で運用した場合に得られるであろう利率

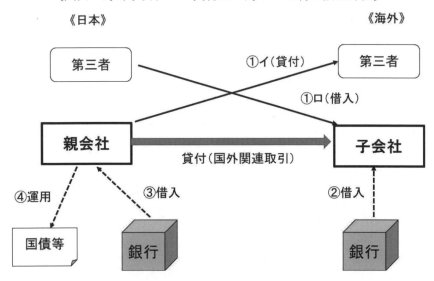

　なお、②や③の取引を使用する場合に用いられる「銀行等から同様の条件で借り入れた場合に付されるであろう利率」は、通常、LIBOR[注1]やスワップレート[注2]などの調達時の市場金利に、スプレッド[注3]を加算して算定します。

　一般的には、貸付期間が短期（1年未満）の場合にはLIBOR[注1]等を用い、長期（1年以上）の場合にはスワップレートを用います。

(注1) LIBOR（London Interbank Offered Rate）とは、ロンドン市場での銀行間で行われる短期の貸付金利。通貨別（USD、EUR、JPYなど）や期間別に表示され、短期金利の指標として用いられます。

(注2) 金利スワップにおけるスワップレートとは、国際金融市場において示された、短期金利と交換可能な長期金利の水準を示すものです。

(注3) スプレッドとは、金融機関等が得るべき利益に相当する金利であり、金融機関等の事務経費に相当する部分や借手の信用リスクに相当する部分を含んでいます。

51 海外子会社への貸付金

Q 日本法人P社は精密機械部品の製造業であり、海外に製造子会社S社を設立しました。P社は、S社の設備投資資金について、1年前に期間10年、利率2％（固定金利）、ユーロ建てによりS社に貸付けを行いました。2％の利率は、貸付け当時の円の固定金利相場をもとに設定しました。この2％の利率について移転価格上の問題はありますか。

貸付け当時の状況は次の通りです。
- 貸付日における期間10年のユーロに係るスワップレート：5％
- P社がS社への貸付けと同様の条件で取引銀行から借り入れた場合のスプレッド：0.5％
- P社およびS社とも、実際に行われている第三者との金銭貸借取引はない。
- S社はこれまでに銀行等からの借入れ実績はなく、S社が銀行等から同様の借入れをした場合に付されるであろう利率に関する情報は入手できる状況にはない。

A

1 移転価格上の問題の有無

金利水準は通貨によって異なるので、外貨建てで貸し付けている場合は、円の金利水準ではなく、その外貨の金利水準を基準にする必要があります。

本件の場合は、ユーロ建ての貸付けですので、日本円の固定金利相場を用いることは妥当ではなく、独立企業間の利率を設定したことにはなりません。従って、2％の利率は移転価格上、問題がある可能性があります。

2 独立企業間価格（金利）の算定

では、本件での独立企業間の金利水準はどうなるでしょうか。親会社、海外子会社ともに金銭の貸付けを業として行っていない場合、独立企業間の金利は、Q50の① → ② → ③ → ④の順番で検討することとなりま

す。

　①の適用ですが、Ｐ社およびＳ社とも、実際に行われている第三者との金銭貸借取引はないため、①は適用できません。

　②については、Ｓ社が同様の条件で銀行等から借り入れた場合に付されるであろう利率に関する情報が得られないため、適用できません。

　③については、Ｐ社の取引銀行からＰ社に係るスプレッド情報が得られていることから、これを基に③の方法を適用して、独立企業間の利率を算定することができます。本件の場合、Ｐ社とＳ社との間の金銭貸借取引に係る独立企業間の利率は、スワップレート5％＋スプレッド0.5％＝5.5％となります。

52 業績不振の子会社への無利息貸付け

Q 当社では海外子会社に対して貸付金を有していますが、最近、海外子会社が業績不振に陥ったため、貸付金の金利を免除することを検討しています。この場合、移転価格上問題はありますか。

A 移転価格税制では、業績不振の海外子会社に対する貸付けであっても、その貸付金利が独立企業間の利率に満たない場合には、原則としてその貸付けは独立企業間価格で行われたものとみなして所得金額を計算することとなります。

ただし、法人税基本通達9－4－2（子会社等を再建する場合の無利息貸付け等）の適用がある金銭の貸付けについては、移転価格税制においても適正な取引として扱うこととされています（移転価格事務運営要領2－6（1））。従って、業績不振の海外子会社の倒産を防止するために、やむを得ず利息を取らない場合等で、合理的な再建計画に基づいているなど相当な理由があるときは、その取引は適正な取引として、移転価格税制を適用しないこととされています。

> 9－4－2（子会社等を再建する場合の無利息貸付け等）
> 法人がその子会社等に対して金銭の無償若しくは通常の利率よりも低い利率での貸付け又は債権放棄等（以下9－4－2において「無利息貸付け等」という。）をした場合において、その無利息貸付け等が例えば業績不振の子会社等の倒産を防止するためにやむを得ず行われるもので合理的な再建計画に基づくものである等その無利息貸付け等をしたことについて相当な理由があると認められるときは、その無利息貸付け等により供与する経済的利益の額は、寄附金の額に該当しないものとする。
> （注）合理的な再建計画かどうかについては、支援額の合理性、支援者による再建管理の有無、支援者の範囲の相当性及び支援割合の合理性等について、個々の事例に応じ、総合的に判断するのであるが、例えば、利害の対立する複数の支援者の合意により策定されたものと認められる再建計画は、原則として、合理的なものと取り扱う。

53 移転価格税制の用語解説
（事前確認・事前相談）

Q 移転価格税制に関する事前確認の申し出および事前相談について知っておくべき専門用語を簡単に説明して下さい。

A 課税当局の調査担当者と意見交換等を行うに当たって、専門用語を理解しておくことは重要です。移転価格税制に関する事前確認の申し出および事前相談における主要な用語は次の通りです。

○国外関連者

外国法人で、法人との間に、持株関係、実質的支配関係またはそれらが連鎖する関係の「特殊の関係」のあるものをいいます。

持株関係とは、(1)いわゆる「親子関係」として、二つの法人のいずれか一方が他方の法人の発行済株式等の50％以上の株式等を直接または間接に保有する関係をいい、また、(2)いわゆる「兄弟関係」として、二つの法人が同一の者によってそれぞれの発行済株式等の50％以上の株式等を直接または間接に保有される関係をいいます。

実質的支配関係とは、例えば、他方の法人の役員の2分の1以上または代表権を有する社員が、一方の法人の役員もしくは使用人を兼務している等の事実により、二つの法人のいずれか一方の法人が他方の法人の事業の方針の全部または一部につき実質的に決定できる関係をいいます。

持株関係と実質的支配関係とが連鎖する関係とは、法人と外国法人との間が、持株関係または実質的支配関係の一方または双方で連鎖している関係をいいます。

○国外関連取引

法人が、その国外関連者との間で行う棚卸資産等の資産の販売、資産の購入、役務の提供その他の取引をいいます。

○相互協議

二重課税の排除を含め、租税条約の規定に適合しない課税を回避する

ため、日本の税務当局が租税条約に基づき、相手国の税務当局と行う協議をいいます。

○独立企業間価格

国外関連者との取引が、その取引と同様の状況の下で非関連者間において行われた場合に成立すると認められる価格をいいます。

○独立企業間価格の算定方法

租税特別措置法第66条の4では、いわゆる「基本三法」として、独立価格比準法、再販売価格基準法および原価基準法が規定されています。また、これらの方法を用いることができない場合の方法として、基本三法に準ずる方法並びに政令で定める方法として、利益分割法および取引単位営業利益法が規定されています。

○検証対象法人

国外関連者との取引において、独立企業間価格の算定方法を適用する場合における一方または双方の法人である取引当事者をいいます。

○比較対象法人

法人が国外関連者との間で行う取引（国外関連取引）が独立企業間価格で行われているかどうかは、その取引と同様の状況下において非関連者間（または法人と非関連者間）で行われる同種または類似の棚卸資産等に係る取引（比較対象取引）との比較によって判断されます。この比較対象取引を行う法人を比較対象法人といいます。

○差異調整

検証対象法人が行う取引と比較対象法人が行う取引との間に、双方の法人が果たす機能等に差異があり、その差異が利益率等に実質的な影響を与える場合に行う調整をいいます。

○利益分割要因

独立企業間価格の算定方法として利益分割法を用いる場合には、法人と国外関連者双方の営業利益の合計額（分割対象利益）を一定の割合により分割しますが、この割合の基となるものを利益分割要因といいます。

○利益率等の範囲

不確定要素を含む将来の事業年度を対象とする事前確認は、移転価格

課税に関する予測可能性を確保する観点から、特定の水準（ポイント）ではなく、利益率等による一定の範囲（レンジ）を用いて確認することが多くなっています。

○補償調整

　確認対象取引の実績値が事前確認の内容と異なる場合に、事前確認の内容に合致するよう移転価格を調整することをいいます。

○重要な前提条件

　事前確認を行い、かつ、事前確認を継続する上で前提となる重要な事業上または経済上の諸条件をいいます。例えば、事業内容や事業組織に大きな変更がないこと、事業を規制する法令等に大きな改正がないこと、事業を取り巻く経済条件（為替レートなど）に大きな変化がないこと等が挙げられます。

54 移転価格課税調査への備え

Q 移転価格課税調査に備えて、会社における業務上の注意点などを教えて下さい。

A 現在BEPS（Base Erosion & Profit Shifting：税源浸食と利益移転）に関し、OECDで議論が行われています。このことを踏まえた上で、移転価格課税調査に備えるために、次の9つの点がポイントとなります。

このポイントの内容をよく理解して、会社の経理、海外営業、法務、人事等の業務を行うようにしてください。

1．OECDのBEPSの議論（TP部分）を検討
2．事業内容の分析
3．日本の会社と海外の関連会社の「切出しPL」の作成と検討（一番重要な作業）
4．機能・リスク・無形資産の分析
5．TPM（移転価格算定方法）の決定
6．企業の情報データベースの選定
7．経済分析方法の検討
8．別表17（4）の作成（176頁参照）
9．文書化制度における文書の作成（一番重要な作成文書）

55 移転価格調査への備え
（BEPSの議論の検討）

  移転価格課税調査への備えとして知っておくべき、OECDにおけるBEPSの議論について教えて下さい。

  近年多国籍企業が各国の税制の違いや租税条約の抜け穴を利用して、所得を軽課税国等に移転し、グローバルに租税負担を免れているというBEPS（税源浸食と利益移転）の問題が生じています。これは、米国アップル社などの、オランダやアイルランドのような軽課税国を介在させたいわゆる国際的租税回避が、「行き過ぎた節税政策」、「濫用的タックスプランニング」としてOECDで問題となったことから始まっています。OECDは2013年7月、BEPSへの対抗措置を策定するための15項目の「BEPS行動計画」（BEPS Action Plan）を公表し、2015年9月のOECD租税委員会で15項目すべてにわたる最終報告書が承認されました。

その中で、移転価格課税に関するものは、以下の4つの行動計画です。

・行動計画8：無形資産取引に関する移転価格ルール
　➡無形資産の定義を広範囲にする。法的所有権者でなくとも、無形資産の開発等に重要な機能を果たしている企業は、適切な対価の受領が期待できる。その他、discount cash flow法の拡充、無形資産の移転時において評価困難な無形資産（Hard-To-Value-Intangible）に所得相応性基準の採用の勧告、費用分担取決め（Cost Contribution Arrangement）に関するガイダンスのアップデートも行っている。

・行動計画9：リスクと資本に係る移転価格ルール
　➡多国籍企業グループ内でリスクを移転したり、過度に資本を配分したりすることによるBEPSを防止するため、単に資金だけを提供して実体のない関連会社（いわゆるCash Box）に対しては、リスクに相応するプレミアムリターンを配分しないことを勧告している。また、リスクを引き受ける場合には財務能力を有することが必要である。単なる

契約上のリスク配分による利益の移転を防止する。

なお、関連者間取引において、商業合理性（基礎的経済的属性）のない例外的な取引が行われている場合、税務当局はALP原則の適用において関連者間取引そのものの否認（non-recognition）を行うことができることについての適用要件を明確化している。

・行動計画10：他の租税回避の可能性の高い取引に係る移転価格ルール

➡多国企業のグローバルなバリューチェーン分析を行い、適切な利益配分を行っていくために、TNMMの適用を明確化する議論が行われている。また、クロスボーダーのコモディティ取引に関するBEPSへの対応として、CUPが適切であることを明確化している。

・行動計画13：多国籍企業の企業情報の文書化

➡関連者間取引におけるALP価格を算定するための詳細な情報を提供するローカルファイルを作成し、ALP原則の順守状況を確認し、TP課税を行うために使用することを認めている。

また、多国籍企業グループにおける重大な移転価格リスクの存在の有無を評価するため、多国籍企業グループの組織、財務、事業概要、無形資産の保有等の多国籍企業グループの活動の全体像に対する定性的情報を提供するマスターファイルを作成する。

更に、各国ごとの所得、納税額の配分等、多国籍企業グループの活動の全体像に関する定量的情報を提供する国別報告書を作成する。

この国別報告書は、グループの所得配分に使用される。また、自動的情報交換により、各国の税務当局が情報共有する仕組みを勧告している。

56 移転価格調査への備え（事業内容の分析）

移転価格課税調査への備えとして必要な「事業内容の分析」とはどのようなものですか。具体的に教えて下さい。

日頃から、調査官の目線になって、事業内容に関する情報整理および分析をしておくことが肝要です。なお、移転価格課税調査におけるチェックポイントは以下の通りです。

1 企業グループの概要と国外関連者の範囲
- 企業グループの資本関係・資金関係・人的関係と会社概要を把握する。
- 国外関連者になった経緯を確認する。つまり、日本親会社が保有している製造・販売ノウハウなどの無形資産が国外関連者に移転・貸与されている可能性があり、この場合、その無形資産に関連して移転価格税制上の取扱いを確認する必要が生じる。
- 日本の親会社が買収した国外関連者の場合は、買収前後で、事業内容、取引形態を変更しているか確認する必要がある（例：買収前は非関連取引、買収後は関連取引）。

2 企業グループの業績の概要
- 日本親会社および国外関連者の業績
- 連結ベースの業績、セグメント別の業績

3 日本親会社と国外関連者の事業概要（事業内容と市場分析）
- 日本親会社および国外関連社の製品・商品・サービスの種類、取引形態（取引フロー）、取引段階（小売りまたは卸売り、一次問屋または二次問屋等の別）、取引規模、取引時期等の情報
- 日本親会社および国外関連者の属する産業、業界、業種、市場規模、市場構造、市場占有率、市場の景況分析、競合他社との比較分析、政府の政策（法令、行政指導、金利規制、使用料等の支払いに対す

る規制、補助金の交付、ダンピング防止課税、外国為替管理）などの市場分析
・その市場における日本親会社および国外関連者の製品競争力、製品サイクル、供給者競争力、販売価格決定力、価格支配力

4 日本親会社、国外関連者間の契約関係

・日本親会社および国外関連者間の契約書リストを作成し、取引内容、取引条件、決済条件、取引慣習を検討する。また、両者の第三者との取引にかかる契約書も検討する。国外関連者は、第三者との取引で利益を上げている原因が、日本親会社からの無形資産供与であるのに、国外関連者は日本親会社に使用料を払っていないこと等が確認できるため。

5 取引関係図の作成

・日本親会社と国外関連者との取引に加えて、両者の第三者との取引についても、取引関係図を作成する。この場合、資産の種類、無形資産の種類、サービスの内容、取引当事者、価格情報（取引金額、単価、取引通貨）、標準取引量（取引期間）を取引図で示す。

6 移転価格設定ポリシー

・国外関連取引が開始されたら、即、その取引が租税特別措置法66条の4で定められたTPMのいずれで証明できるのかを検討しておく。その検討の元になる国外関連者間の契約書、議事録、稟議書、交渉記録を保管し、取引価格設定方法を検討しておくこと。

57 移転価格調査への備え（「切出しPL」の作成）

Q 移転価格課税調査への備えとして、日本の会社と海外の関連会社の「切出しPL」の作成と検討が重要と聞きました。どういうことか具体的に教えて下さい。

A 全世界取引を含んだ損益計算書から、特定の海外関連会社との取引を切り出して作成した損益計算書を「切出しPL」といいます。海外関連会社別の「切出しPL」の作成こそ、会社が移転価格調査で検討すべき最も重要な作業といえます。

以下、具体的に説明します。

1 移転価格算定方法（TPM）と「切出しPL」

TPMつまり移転価格算定方法は、価格に関するCUP法と、粗利益率的分析の方法であるRP、CP法の「基本3法」と言われる方法と、営業利益率を中心とした分析であるPS法（利益分割法：比較利益分割法、貢献度利益分割法、残余利益分割法等）、および、TNMM（取引単位営業利益法）がありますが、TNMMの高い使用度と比例して、関連会社同士の利益チェックは営業利益で行うのが効率的です。従って、日本と海外の関連会社の取引に関する、それぞれ日本の会社の営業利益（率）と海外の関連会社の営業利益（率）を適宜比較することが重要です。

ここで重要なのは、日本の会社の営業利益率は、通常は全世界取引の営業利益率なので、その全世界取引を海外の関連会社毎に切り出して、日本の会社の営業利益率を、海外関連会社毎の取引別の個別の営業利益率を計算しなければならないことです。

例えば、日本の会社の全世界取引の営業利益率が10％であり、海外の関連会社の営業利益率が、中国7％、米国8％、豪州9％の場合、一見すると日本の会社の営業利益率はすべての海外関連会社に対して高いので、日本の移転価格税制上は問題ないように見えます。

しかし、日本の会社の営業利益率を海外関連会社毎に切り出して、各海外関連会社に対する日本の会社の営業利益率を再計算する必要があります。すると、中国に対する日本の会社の営業利益率が2％、米国取引においては3％、豪州取引においては4％となっていた場合、なんと、すべての海外関連取引において日本の移転価格税制上の問題があるということとなるのです。

2　切出しの計算の流れ

日本の親会社と海外の子会社という組み合わせで考えてみましょう。
① 　日本の親会社の売上高の切出し
　まず、売上高を、第三者との取引による売上高と、関連会社（国内の子会社、海外の子会社）との取引による売上高とに分類します。この売上高の分類が重要であり、比較的簡単にできるのではないでしょうか。これができないようでは国際税務を行う資格はありません。会計の基本がなっていないと思われます。
② 　日本の親会社の売上原価の切出し
　売上原価も顧客別、製品、商品、サービス別に分類されます。しかし、このような分類ができない場合は、売上高により按分して売上原価を計算します。
③ 　関連会社別粗利益の算定
　上記のデータから関連会社別の粗利益（売上総利益）を算定します。
④ 　日本の親会社の販管費の計算
　まず、事業別、顧客別、商品・製品等で帰属する個別費用、事業単位、顧客単位、商品単位等に帰属する共通費用です。売上、資産、従業員などの合理的配賦基準を使用して配分する共通直接費、日本親会社の総務費、管理費などで、売上、資産、従業員人数などの合理的配賦基準を使用して配分する間接費などがあります。
⑤ 　関連会社別営業利益の算定
　上記データを基礎にして営業利益を算定し、切出しPLが完成します。

3 「切出しPL」の作成例

　日本親会社の全社PLから事業部別の切出しPLを作成する場合、まず会社の全社PLを事業部ごとのPLと間接部門の費用に分けます。原価についてもそれぞれ事業部ごとに切り分けますが、事業部ごとに切り分けられない原価や費用等については、合理的な基準を設けて配賦することとなります。仮にA事業部しか外国子会社との国外取引をやっていなければ、A事業部だけをさらに細分化し、A事業部に国内取引と国外取引がある場合はそれを分けていきます。

　共通費用の配賦については、国内取引および国外取引の両方にかかる共通経費および間接費用については、その費用の性質に応じた合理的な基準で配賦します。間接部門費用の配賦については、株主総会や監査法人に支払う株主活動費用、海外事業部など子会社活動に要した費用、その他事業部ごとに切出します。例えば、事業部ごとに、人事や経理に要した費用に切り出します。

4 配賦計算の注意点

- ・配賦基準については、売上高よりも、従事した使用人の数や使用した資産の価額など、その費用等がより合理的な基準になると思われます。複数の基準に合理性があるという場合は、納税者は有利な方法を主張することになりますが、それぞれの配賦基準の採用について納税者はそれを説明しなければなりません。切出しPLは移転価格調査で真っ先に提出を求められます。
- ・販売費・一般管理費のうち株主活動費用については、配当で回収されるべきものなので配賦計算の対象とはなりません。
- ・外国子会社のために直接かかった費用については、役務提供の対価として回収するので、配賦計算の対象とはなりません。

58 移転価格調査への備え（機能・リスク・無形資産の分析）

Q 移転価格課税調査への備えとして重要とされる、機能・リスク・無形資産の分析について、具体的に教えて下さい。

A ### 1 分析の意義

　この分析の根底にある考え方は、例えば、日本の親会社と国外関連者の間での事業活動において、より重大な機能を果たす者が他方よりも利益を多く獲得すべきであり、多くのリスクを負担する者が他方よりも利益を獲得すべきであって、さらに、特殊または重要な無形資産を有する者が他方よりも利益を獲得すべきであること、というものです。

　これらの分析により、日本の親会社、国外関連者の両者に無形資産がある場合は、TPMではRPSMで、適切な比較対象取引がないが、データベースから国外関連取引の両当事者が果たす機能・リスク・無形資産等の類似性が高い比較対象法人を利用することによって、TNMMを採用することが可能になります。

2 機能分析
- R&D分析（開発、設計、技術改良）
- 製造機能分析（製造管理、品質管理）
- 購買機能分析（市場調査、顧客開拓、価格交渉、物流、在庫管理、顧客折衝、品質管理）
- 販売機能分析（市場調査、販売企画、広告宣伝、顧客開拓、価格交渉、物流、在庫管理、顧客折衝、品質管理）
- 経営管理分析（経営企画、資金調達、情報システム、人事、経理、総務、法務、知財管理）

3 リスク分析
- 研究開発リスク（日本親会社と国外関連者のいずれが研究開発費を負担するのか）

- 製品リスク（損害賠償等の製造物責任は日本親会社または国外関連者のいずれが負担するのか）
- 在庫リスク（販売できないような在庫に対する財務的負担を日本親会社または国外関連者のいずれがするのか）
- 信用リスク（例えば、売掛金の不払いによる貸倒れリスクのような財務的負担を日本親会社または国外関連者のいずれがするのか）
- 為替リスク（円高、円安によって為替差損が発生した場合、日本の親会社、国外関連者のいずれが負担するのか）
- 市場リスク（市場の新規参入者の技術開発やマーケット戦略により、日本親会社または国外関連者の取引製品が販売不振となって当該製品の投下費用が回収できなくなる場合、その回収不能部分を日本親会社または国外関連者のいずれが負担するのか）
- 設備投資リスク（日本親会社または国外関連者の本社、営業所、工場、倉庫などの建物や機械設備が損傷等した場合の修復費用を日本親会社または国外関連者のいずれが負担するのか）

4 無形資産分析

　移転価格税制上の無形資産は、国内法、OECD移転価格ガイドライン、米国の財務省規則で定義されています。参考事例集10（国税庁）にも掲載されています。

- 国内法：措置法通達66－4（3）1、法人法基本通達20－1－21
  移転価格事務運営指針2－11では、調査において検討すべき無形資産として、次のように定めている。

　　　2－11　例えば、次に掲げる重要な価値を有し所得の源泉となるものを総合的に勘案すすることに留意する。
　　　　　イ　技術革新を要因として形成される特許権、営業秘密等
　　　　　ロ　従業員等が経営、営業、生産、研究開発、販売促進等の企業活動における経験等を通じて形成ノウハウ等
　　　　　ハ　生産工程、交渉手順及び開発、販売、資金調達等に係る取引網等」

　なお、法人又は国外関連者が無形資産を有する場合、国外関連取引

と同種の事業を営む法人などの利益率等と比較することも規定されている。
・OECD移転価格ガイドライン：パラ6.2
・米国財務省規則§1.482-4（b）

59 移転価格調査への備え（移転価格算定方法（TPM）の決定）

Q 移転価格算定方法（TPM）にはどのようなものがありますか。また適切な選択・決定のポイントを教えて下さい。

A OECDにおけるBEPS議論の検討（移転価格の部分）、事業内容の分析、日本の会社と海外関連会社の「切出しPL」の作成かつ検討、そして機能・リスク・無形資産の分析を行った結果、その国外関連取引が独立企業者間における通常取引の条件に従って行われるとした場合、支払われるべき対価の額を算定する方法のうち最も適切な方法を選択し、移転価格（TP）を算定します。ここでいう「支払われるべき対価の額を算定する方法」を「移転価格算定方法（TPM）」といいます（措法66の4②）。

TPMについては、平成23年10月1日以後に開始する事業年度から、基本3法（準ずる方法を含む）、PS法、TNMM（162頁等を参照）の優先順位をつけず、すべて並列関係にして、最適な方法を事案に応じて選択する最適方法（ベストメソッドルール）が導入されています。

しかし実務上は、比較可能性が十分であるという信頼性が最も高い算定方法から優先適用することとなります。基本三法が適用できる環境にあるのにこれを採用していない場合は、その理由を十分説明できなければなりません。

このTPMについては、会社の経理担当者もその仕組みをよく知っている必要があります。各TPMの仕組みを模式図等で簡潔に表すと以下のようになります。

●独立価格比準法（CUP法）

(1) 検証対象取引の事実認定

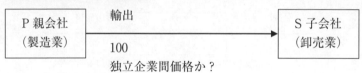

(2) 第三者取引の事実認定

(3) 独立企業間価格＝第三者取引価格＝200
(4) 移転価格課税所得＝200－100＝100

●再販売価格基準法（RP法）

(1) 検証対象取引の事実認定

(2) 第三者取引の事実認定

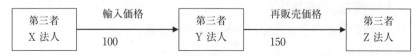

(3) 第三者における通常の利益率＝売上総利益／再販売価格
$$= 50/150 = 0.333\ (33.3\%)$$

(4) 検証対象取引の通常の利益
$$= 再販売価格 \times 通常の利益率（3）$$
$$= 150 \times 33.3\% = 49.95$$

(5) 独立企業間価格（＝Y法人 輸入価格）
$$= 再販売価格 － 49.95$$
$$= 150 － 49.95 = 100.05$$

(6) 移転価格課税所得＝130－100＝30

●原価基準法（CP法）

(1) 検証対象取引の事実認定

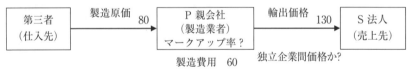

総原価＝製造原価＋製造費用＝80＋60＝140

(2) 第三者取引の事実認定

製造費用　30

通常の利益率＝売上総利益／総原価
　　　　　　＝（120－（70＋30））／70＋30＝20/100＝0.2（20％）

(3) 通常の利益＝総原価（検証対象者）×通常の利益率
　　　　　　　＝140×20％＝28

(4) P親会社の独立企業間価格＝80＋60＋28＝168

(5) 移転価格課税所得＝168－130＝38

●貢献度利益分割法（Contribution PS法）分割ファクター：人件費＆減価償却費

(1) P親会社とS子会社の営業利益を合算する。

営業利益（P親会社）	80	営業利益（S子会社）	120

P親会社とS子会社の2法人に、再度あるべき営業利益を付するために、一旦現在のP親会社の営業利益とS子会社の営業利益を合算する。
　＝80＋120＝200

(2) P親会社とS子会社の人件費と減価償却費の計算

	人件費	減価償却費	合　計
P親会社	10	20	30
S子会社	3	7	10

人件費と減価償却費の構成比率3：1

(3) 合算営業利益（200）をこの構成比率で分割する。

あるべき営業利益 （P親会社） 150	あるべき営業利益 （S子会社） 50

P親会社のあるべき営業利益＝200×3/3＋1＝150
S子会社のあるべき営業利益＝200×1/3＋1＝50

●残余利益分割法（RPSM）

(1) P親会社とS子会社の営業利益の合算

P親会社の営業利益 (40)	S子会社の営業利益 (60)

(2) 基本的利益が、第三者取引との比較によって、P親会社とS子会社にそれぞれ計算できる。

P親会社の基本 的利益　　(25)		S子会社の基本 的利益 (15)

※　基本的利益は、それぞれの国の無形資産を有していない第三者取引との比較によって、計算される。この計算は次のフォーミュラで解説する。

(3) 残余利益（＝合算営業利益－基本的利益）をP親会社とS子会社に分割する。

P親会社の残余利益 (40)	S子会社の 残余利益 (20)

※　残余利益の分割は、P親会社とS子会社の重要な無形資産（R&D等）の構成比を基礎として計算される。

(4) P親会社とS子会社の最終的な利益分割

P親会社当初の営業利益 (40)	P親会社の増加 営業利益　(25)	S子会社の営業利益 (35)

●取引単位営業利益法(輸入ケース)
P親会社が外国のS子会社(国外関連者)から輸入する場合

(1) 検証対象取引(P社のS社からの輸入取引)

(2) 比較対象取引

(3) P親会社の再販売価格100(=P親会社の売上)
(4) 対売上高営業利益率(X法人)の計算
　　X法人の再販売売上高=120
　　X法人の営業利益=120-(70+20)=30
　　X法人の対売上高営業利益率=30/120=0.25(25%)
(5) P親会社の仕入価格
　　=P親会社の再販売売上高100-(100×0.25+10)
　　=100-35=65
(6) 移転価格課税所得=80-65=15

60 移転価格調査への備え
（企業の情報データベースの選定）

Q 比較対象会社を抽出するための企業情報はどのように収集すればよいですか。

A TPMの選定の結果、残余利益分割法または取引単位営業利益法（準ずる方法、同等の方法を含む）を採用することとなる場合は、比較対象会社を抽出するための企業情報データベースを選定する必要があります。

情報データベースとしては、「Orbis」（ビューロー・ヴァン・ダイク社）、「D&Bレポート（ダンレポート）」（ダン・ブラッド・ブラッドストリート社）、Bloombergのサービスがよく知られています。ロイヤルティに関するデータベースでは「Royalty Stat Data base」があります。

とくに「Orbis」は世界最大の企業情報データベースなので、どのような内容か検討しておくことも大切です。このような商業データベースの研究は欠かせません。

また、公的な商工会議所のデータや、「会社四季報」（東洋経済新報社）などは簡単に入手可能なので、これらのデータも面倒がらずにこまめに収集しておくことが重要です。

61 移転価格調査への備え
（経済分析方法の検討）

Q 経済分析はどのように行えばよいですか。

A
1 経済分析総論

事業内容分析、機能・リスク・無形資産分析により選定したTPM、そのTPM選定の中で同じく選定された企業情報データベースなどを分析し、移転価格または検証対象法人の利益率が、独立企業間価格の範囲内にあるか否かを確認する必要があります。

独立企業間価格の幅、すなわち「レンジ」の概念が採用されるのは、リスク回避のためです。つまり、比較対象取引が複数存在する場合、比較対象取引を一つ絞るとすれば、異常な価格あるいは利益率が算定されるというリスクが発生します。それよりは、経済的あるいは統計的な方法で一定のレンジを設定し、そのレンジの範囲内にあれば、移転価格税制上の問題が生じないとした方がベターなのです。

租税特別措置法66の4(3)-4において、レンジ内に国外関連取引の対価の額があるときは、移転価格課税の適用はないとしています。

また、レンジの上方に検証対象法人の利益率等が超えている場合は、事務運営指針3-5において、レンジの平均値に加え、中央値（比較対象取引の個数で検討し、真ん中にある比較対象取引の利益率等の数値を基準とする）などの合理的な計数を基準として算定することとされています。

2 経済分析各論（統計分析：回帰分析）

移転価格課税に関する調査においては、法人は膨大なデータを提出することとなります。

その膨大なデータを分析する手法として回帰分析等の統計的分析があります。回帰分析とは、一般に因果関係があると思われる複数の変数間

の関係を一時式で表したものです。

　例えば、Xを販売費、Yを売上とした場合、因果関係があると思われる売上と販売管理費の関係を直線 $Y = a + bX$ で表し、この直線を回帰直線といい、この回帰直線近辺に、目的とする売上と販売管理費のデータがあれば相関関係が高いとされます。比較対象取引を特定するとき、この回帰直線近辺にある会社は比較対象取引としての類似性が高くなります。

62 移転価格調査への備え
（別表17（4）の作成）

Q 別表17（4）の作成時のポイントについて教えて下さい。

A この別表は非常に重要で、国税当局はしっかり別表を検討していると思われます。この別表の検討を通じて切出しPLをやるか、やらないかの判断が第一次的になされます。ポイントは、日本の親会社の営業利益率が海外の子会社の営業利益率より低いなどということは本来あり得ないということです。この別表は日本の親会社の切り出しの営業利益ではないので、おおよその判断しかできませんが、少なくとも移転価格税制上、検討を要する子会社の検討はできます。

海外子会社別PLを作成したら、次に行うことは、国外関連者に関する明細書である別表17（4）の作成です。切出しPLと別表17（4）を合わせて、親子会社の（営業）利益状況をしっかり検討してください。記入上のチェックポイントは以下の通りです。

（注）この別表を作成する法人を日本の親会社P社、P社の海外の子会社（国外関連者）をS1、S2、S3社とする。

(1) **事業年度または連結事業年度**　P社の事業年度
(2) **法人名**　P社名
(3) **名称**　S1、S2、S3社名
(4) **本店または主たる事務所の所在地**
　　S1からS3社の本店または主たる事務所の所在地
(5) **主たる事業**　S1からS3社の主要事業
(6) **従業員の数**　S1からS3社の従業員数
(7) **資本金の額または出資金の額**
　　S1からS3社の資本金の額等をS1からS3社の所在地国の通貨により記載（円換算不要）。

(8) **特殊の関係の区分**
　　　親子、兄弟か実質的支配関係か。
　① 親子関係：一方が、他方の法人の50％以上の株式等を直接または間接に保有
　② 兄弟関係：二つの法人が、同一の者（個人を含む）にそれぞれの50％以上の株式等を直接または間接に保有される場合
　③ 実質的支配関係：下記のいずれかに当てはまる場合
　　　　　　イ．会社の代表権または役員の2分の1による支配
　　　　　　ロ．事業活動の相当部分を支配
　　　　　　ハ．借入れ、保証等による支配
　　　　　　ニ．持株と実質的支配の連鎖

(9) **株式等の保有割合**
　　　P社が直接または間接に保有するS1からS3社の株式等の保有割合

(10) **営業利益**
　　　S1からS3社の営業利益（P社との取引に限定されない。外々取引による利益もあれば入れる）

(11) **国外関連者との取引状況等**
　　　P社とS1からS3社との取引に限定される。

(12) **「算定方法」**
　　　独立企業間価格につきP社が選定した算定方法（例：CUP法等）

(13) **特別な事情発生の際の記述**
　　　特別な事情：生産拠点の海外移転、外々取引などの取引の追加・変更、組織再編

(14) **事前確認（APA）**
　　　事前確認を得ている場合は、移転価格調査の対象とはならないが、S1からS3社の所在する国だけで事前確認（ユニラテラルAPA）を得ている場合、P社は移転価格調査の対象になり得る。

国外関連者に関する明細書

事業年度又は連結事業年度：　・　・　法人名：（　　　）

別表十七(四) 平二十七・四・一以後終了事業年度又は連結事業年度分

			第　　　該当	第　　　該当	第　　　該当
国外関連者の名称等	名　称				
	本店又は主たる事務所の所在地				
	主たる事業				
	従業員の数				
	資本金の額又は出資金の額				
	特殊の関係の区分				
	株式等の保有割合	保　有	(内　%)　　%	(内　%)　　%	(内　%)　　%
		被保有	(内　%)　　%	(内　%)　　%	(内　%)　　%
		同一の者による国外関連者の株式等の保有	(内　%)　　%	(内　%)　　%	(内　%)　　%
直近事業年度の営業収益等	事業年度		平　・　・ 平　・　・	平　・　・ 平　・　・	平　・　・ 平　・　・
	営業収益又は売上高		(　　　百万円)	(　　　百万円)	(　　　百万円)
	営業費用	原　価	(　　　百万円)	(　　　百万円)	(　　　百万円)
		販売費及び一般管理費	(　　　百万円)	(　　　百万円)	(　　　百万円)
	営業利益		(　　　百万円)	(　　　百万円)	(　　　百万円)
	税引前当期利益		(　　　百万円)	(　　　百万円)	(　　　百万円)
	利益剰余金		(　　　百万円)	(　　　百万円)	(　　　百万円)
国外関連者との取引状況等	棚卸資産の売買の対価	受　取	百万円	百万円	百万円
		支　払			
		算定方法			
	役務提供の対価	受　取	百万円	百万円	百万円
		支　払			
		算定方法			
	有形固定資産の使用料	受　取	百万円	百万円	百万円
		支　払			
		算定方法			
	無形固定資産の使用料	受　取	百万円	百万円	百万円
		支　払			
		算定方法			
	貸付金の利息又は借入金の利息	受　取	百万円	百万円	百万円
		支　払			
		算定方法			
		受　取	百万円	百万円	百万円
		支　払			
		算定方法			
		受　取	百万円	百万円	百万円
		支　払			
		算定方法			
事前確認の有無			有　・　無	有　・　無	有　・　無

法 0301-1704

移転価格調査への備え（文書化制度における文書の作成）

Q 文書化制度の概要と、準備しておくべき文書を具体的に教えて下さい。

1 日本の文書化制度

海外進出をしている会社は、文書化の制度をよく研究しておく必要があります。現在は、移転価格調査時に、調査官の求めに応じて遅滞なく提示しなくてはなりません。納税者がこの文書を遅滞なく提示しなかったときは、課税庁側では、いわゆる推定課税を行うことができるとされています（措法66の4⑥）。

この推定課税のひとつとして、シークレットコンパラブル（非開示取引情報）による課税（措法66の4⑧）があります。この「シークレットコンパラブル」は、法律用語ではありません。法人が⑥項の文書を提出しなかった場合、課税庁の職員は「法人の国外関連取引に係る事業と同種の事業を営む者に質問し、事業に関する帳簿種類を検査し、または帳簿書類（その写しを含む）の提示もしくは提出を求めることができる」こととされています。こうして収集したコンパラブル（比較可能第三者の略称）について、課税庁側が会社名を明かして説明することはありません。収集法人の営業上の秘密を漏えいすることになってしまうからです。

海外進出をしている会社は、日頃から文書化制度についてよく研究し、少なくとも調査時に提出できるように準備しておく必要があるでしょう。文書化制度における提出文書でとくに重要といえるのが、「法人が国外関連取引において国外関連者から支払いを受ける対価の額または国外関連者に支払う対価の額の設定の方法およびその設定に係る交渉の内容を記載した書類」（措規22の10、一ホ）、「法人が選定した法第66条の4第2項に規定する算定の方法およびその算定の理由を記載した書類その他その法人が独立企業間価格を算定するに当たり作成した書類」（同条二イ）、

「法人が採用した国外関連取引に係る比較対象取引の選定に係る事項および比較対象取引等の明細を記載した書類」（同条二ロ）です。

この3つの文書が特に重要であると言えるのは、TPM（移転価格算定方法）にどのメソッドを採用するのかということと、比較対象取引は何かということが移転価格のポイントであるからです。しかし、最後までこのTPMが決まらないことも多く、課税庁側のTPMと納税者側のTPMも一致しないこともあると聞きます。

上記の書類を作成できなければ、文書化などできないでしょう。しかし、問題は上記の書類だけではTPMすら選定できません。当然、以下の書類の迅速な作成も必要となってきます。

〈提出または提示を求められる書類〉
(1) 国外関連取引に関する書類（措規22の10一）
　① 資産、役務内容（例：取引明細等）
　② 機能、リスク（例：リスク負担関連書類）
　③ 無形資産（例：無形資産の説明書類）
　④ 契約書（例：各契約書）
　⑤ 対価交渉（例：交渉内容書類）
　⑥ 損益明細（例：切出しPL等）
　⑦ 市場分析（例：市場分析資料）
　⑧ 事業方針（例：経営会議資料等）
(2) 納税者採用の独立企業間価格算定のための書類（措規22の10二）
　① 選定したTPMの内容とその選定理由（例：複数TPMからしぼりこんだ理由等）
　② 選定した比較対象取引の明細（例：使用したデータベースの説明資料等）
　③ 利益分割法（PS、RPSM等）における帰属利益（例：分割対象利益配分資料…分割ファクターの説明等）
　④ 複数取引（一の取引とした理由）
　⑤ 差異調整の理由と方法（例：利益率への影響の資料等）

2　BEPSの文書化

　前述のBEPS関連をお読みください。

　BEPS文書化における詳細な資料が各国で情報交換なので共有されるようになると、今まで以上に移転価格課税等の二重課税が発生してくるかもしれないという意見もあります（KPMG角田博士「BEPSで変わる移転価格文書の作成実務」中央経済社）。

64 国外関連者への寄付金

「国外関連者に対する寄付金」は全額損金不算入になるとのことですが、どのような取引が国外関連者に対する寄付金として認定されやすいのでしょうか。

国外関連者に対する寄付金は、一定額の損金算入は認められておらず、全額損金不算入となります（措法66の4③）。

そのため、国外関連者との取引について移転価格課税された場合と寄付金課税の場合では、基本的に課税額は変わりませんが、寄付金課税の場合には通常、相互協議の対象とはなりません。

なお、移転価格事務運営要領2－19には国外関連者に対する寄付金について以下のように記載されています。

（国外関連者に対する寄附金）
2－19 調査において、次に掲げるような事実が認められた場合には、措置法第66条の4第3項の規定の適用があることに留意する。
　イ　法人が国外関連者に対して資産の販売、金銭の貸付け、役務の提供その他の取引（以下「資産の販売等」という。）を行い、かつ、当該資産の販売等に係る収益の計上を行っていない場合において、当該資産の販売等が金銭その他の資産又は経済的な利益の贈与又は無償の供与に該当するとき
　ロ　法人が国外関連者から資産の販売等に係る対価の支払を受ける場合において、当該法人が当該国外関連者から支払を受けるべき金額のうち当該国外関連者に実質的に資産の贈与又は経済的な利益の無償の供与をしたと認められる金額があるとき
　ハ　法人が国外関連者に資産の販売等に係る対価の支払を行う場合において、当該法人が当該国外関連者に支払う金額のうち当該国外関連者に金銭その他の資産又は経済的な利益の贈与又は無償の供与をしたと認められる金額があるとき

> （注）法人が国外関連者に対して財政上の支援等を行う目的で国外関連取引に係る取引価格の設定、変更等を行っている場合において、当該支援等に基本通達9−4−2（（子会社等を再建する場合の無利息貸付け等））の相当な理由があるときには、措置法第66条の4第3項の規定の適用がないことに留意する。

　日本企業が海外との取引で当局から申告漏れを指摘された事例のうち、約60％が寄付金課税であり、移転価格税制の適用は約20％であるとの内容の報道がありました（2015年4月6日の日本経済新聞）。近年、企業グループ内取引について寄付金課税されるケースが増えています。
　一般的に次のような取引は、国外関連者に対して利益を供与したとみなされ、国外関連者に対する寄付金と認定されるリスクがあるので注意が必要です。

①　海外子会社に対して製品を赤字販売した場合
　　グループ会社間の取引が赤字である場合、子会社の財務支援のための価格操作が疑われます。子会社の財務支援目的で販売価格を意図的に減額させた場合、寄付金課税の対象となるとともに、仮装隠ぺいがあれば重加算税が課される可能性があります。
②　海外子会社に出向した社員の給与を親会社が負担した場合
③　海外子会社に技術支援のために社員を出張させたが対価を回収していない場合
④　海外子会社が製造・販売する製品の広告宣伝費を全額日本の親会社が負担した場合
⑤　海外子会社へ製造技術を使用許諾したが、対価であるロイヤルティを回収していない場合
⑥　海外子会社と対価について契約を締結したが、契約で定めた対価を回収していない場合
⑦　決算期末に海外子会社に価格調整金を支払っている場合（Q65参照）

65 価格調整金

Q 当社は電子部品の製造業で、アジアに設立した販売子会社に製品を輸出しています。子会社に対する販売価格は、子会社を検証対象とする取引単位営業利益法に基づいて販売価格を算定しています。今年度は、子会社の業績が下がったため、子会社への販売価格を決算期末で減額調整することとし、当社は減額される金額を価格調整金として子会社に支払うことを検討しています。

価格調整金は税務上問題になることが多いと聞いていますが、どのような点に注意する必要がありますか。

A 価格調整金の取扱いについては、移転価格事務運営要領2－20において、以下のように規定されています。

> 2－20（価格調整金等がある場合の留意事項）
> 法人が価格調整金等の名目で、既に行われた国外関連取引に係る対価の額を事後に変更している場合には、当該変更が合理的な理由に基づく取引価格の修正に該当するものかどうかを検討する。
> 当該変更が国外関連者に対する金銭の支払又は費用等の計上（以下「支払等」という。）により行われている場合には、当該支払等に係る理由、事前の取決めの内容、算定の方法及び計算根拠、当該支払等を決定した日、当該支払等をした日等を総合的に勘案して検討し、当該支払等が合理的な理由に基づくものと認められるときは、取引価格の修正が行われたものとして取り扱う。
> なお、当該支払等が合理的な理由に基づくものと認められない場合には、当該支払等が措置法第66条の4第3項の規定の適用を受けるものであるか等について検討する。

価格調整金とは、実際に行われた国外関連者との取引価格を移転価格上の適正価格（独立企業間価格）に修正するため、実際の取引価格と独立企業間価格との差額を支払うことをいいます。

価格調整金を支払う場合には、上記2-20により、「合理的な理由に基づく取引価格の修正」に該当することが必要です。合理的かどうかの検討は、支払い等に係る理由、事前の取決めの内容、算定の方法および計算根拠、支払い等を決定した日、支払い等をした日等を総合的に勘案して検討することとされており、合理的な理由がないと判断された場合には、国外関連者に対する寄附金と認定される可能性があります。

価格調整金等の支払い等が通常合理的なものとは認められないケースとして、
・国外関連者に対する財政的支援を目的としている場合
・国外関連者との間で取引価格を遡及して改定するための条件があらかじめ定められていない場合
・支払額の計算が法定の独立企業間価格の算定方法に基づいていない場合
・支払額の具体的な計算根拠がない場合

などが考えられます。

なお、国外関連者との間で事前の取決めがない場合であっても、非関連者間との類似する取引においても同様の価格変更が行われている場合には、これと同じ条件で国外関連者に支払った価格調整金については、合理的な理由に基づく取引価格の修正として取り扱うこととされています。

本件の場合、アジア子会社に対する価格調整金が認められるためには、
- ○ 価格調整金を支払う理由が、子会社との実際の取引価格と移転価格上の適正価格（独立企業間価格）との差額を調整するためであること。
- ○ 支払いが事前の取決めに従ってなされたものであること。すなわち、一定の場合に価格調整金を支払う旨の覚書等を事前に取り交わしていること等が必要でしょう。
- ○ 価格調整金の額が、法定の独立企業間価格の算定方法に基づいて算定されていること。
- ○ 支払い等を決定した日や支払い等をした日等が、合理的であるといえること（例えば、事前の取決めに基づき、子会社が決算期末

で減額調整される金額の明細書を当社に送付し、当社ではその金額を価格調整金として計上し、子会社に送金している場合など）
―といったことを証明できる必要があると思われます。

（参考） 移転価格事務運営要領の別冊「移転価格税制の適用に当たっての参考事例集」の事例26（価格調整金等の取扱い）において、①非関連者間取引において同様の価格調整金等の支払いが行われる場合と、②法人と国外関連者との事前の取決めに基づいて価格調整金等の支払いが行われる場合、について価格調整金の支払いが税務上適正と認められるケースが示されています。

《価格調整金が問題となった新聞報道》
　価格調整金は税務調査で問題となることが多い項目です。以下は、税務調査で価格調整金が、国外関連者に対する寄付金として認定された事案です。

2014年2月22日　読売新聞

> 　農機メーカー大手のY社が大阪国税局の税務調査を受け、海外子会社との取引を巡り、2011年3月期までの3年間で約1億2,000万円の所得隠しを指摘された。Y社は急激な円高を背景に、海外の農機販売子会社に対し、現地での販売価格の実情に応じて取引価格を引き下げたほか、為替差損を補填する「為替調整金」を経費計上していた。これに対し、同国税局は「子会社の損益の実態に見合わない取引価格の圧縮と調整金の架空計上にあたり、経費として計上できない寄付金に該当する」と判断、意図的に所得を圧縮した仮装、隠蔽行為と認定した。

2015年3月31日　毎日新聞

> 　音響機器メーカーF社が、東京国税局から2013年3月期までの3年間で約9億円の所得隠しを指摘された。海外の子会社への同額の資金援助について、制度上費用計上が許される「価格調整金」として申告したが寄付金と認定され課税対象と判断された模様だ。関係者によると、問題となったのは12年3月期にF社がベトナムの子会社に支出した約9億円。レアアースの価格高騰で子会社の経営状態が悪化した12年3月30日付で覚書を交わし、決算期末に当たる翌31日、子会社に価格調整金を請求させた。しかし、その後の調査で、覚書は12年4月に作成されたことが判明。子会社に利益を移し、親会社の所得が圧縮された形になっていた。同国税局は、約9億円の支出は子会社の赤字計上を避けるための利益の付け替えで、仮装隠蔽行為に当たり、損金算入できない寄付金と認定した模様だ。

66 出向者に対する給与負担

Q 当社は機械部品の製造業ですが、アジアに製造子会社を設立し、当社の従業員を出向させる予定です。海外子会社では、現地の物価水準等に基づいた給与を支給するため、これまでより給与の額は下がる見込みです。その差額を是正するため、日本親会社から給与格差を補てんすることを考えていますが、税務上問題はないでしょうか。

A 出向者の給与負担については、税務調査で問題視されことが多い項目です。

親会社の社員が、出向先の海外子会社で業務に従事する場合、その社員の給与は、全額海外子会社で負担するのが原則です。しかし、アジア地域などでは、日本と現地の給与水準とで較差があるケースがほとんどであるため、親会社が海外子会社との間の給与の較差を補てんするために支給した金額については、親会社において損金に算入されることになっています（法基通9－2－47）。

従って、海外子会社で勤務する現地採用の社員の中で、出向社員と同様の業務を遂行し、同程度の役職の社員の給与相当額を海外子会社で負担し、較差部分を日本の親会社が負担している場合には、親会社の負担額は損金に算入されることになります。

もし、子会社が負担すべき出向社員の給与を親会社が負担した場合には、その金額は「国外関連者に対する寄付金」とされ、損金不算入となります。親会社が負担する金額が、給与較差の金額を超えている場合や、親会社の負担額に明確な根拠がない場合も、寄附金と判断される可能性が高いといえるでしょう。

海外子会社で出向者と同じ職位の社員がいない場合には、同じ職位の社員を海外子会社が現地で採用したとした場合の給与を算定し、その給与の額との差額を親会社が負担するようにする必要があります。

税務調査対策という意味では、出向契約書に給与の負担関係を明記す

るとともに、現地採用者の給与テーブルなど現地での給与水準を説明できる客観的な資料を準備し、親会社が負担する較差補填金の額が妥当であることを説明できるようにしておくことが必要です。

> 9－2－47　出向元法人が出向先法人との給与条件の較差をするため出向者に対して支給した給与の額（出向先法人を経て支給した金額を含む。）は、当該出向元法人の損金の額に算入する。
> 　（注）出向元法人が出向者に対して支給する次の金額は、いずれも給与条件の較差を補填するために支給したものとする。
> 　　1．出向先法人が経営不振等で出向者に賞与を支給することができないため出向元法人が当該出向者に対して支給する賞与の額
> 　　2．出向先法人が海外にあるため出向元法人が支給するいわゆる留守宅手当の額

また、法人税基本通達9－4－27の(注)2において、「出向先法人が海外にあるため出向元法人が支給するいわゆる留守宅手当の額」も較差補填のために支給したものと認められるとしています。

実務上、海外出向者に対して現地の給与水準に基づく給与の額を海外子会社から支給し、較差の補填部分を留守宅手当として日本の銀行口座に振り込むといった方法がよく採用されます。

基本通達では、留守宅手当としていくらまでなら認められるかということには触れられていませんが、留守宅手当の名目で支給すればいくら支給しても認められるという訳ではありません。あくまで較差補填金の一環として認められたものと考えるべきですので、海外子会社において現地水準の給与を負担した上で、留守宅手当の額を決めることが必要です。過大な留守宅手当は、国外関連者に対する寄付金として課税される可能性があります。

中小企業への移転価格課税・寄付金課税

 当社は、海外に子会社を設けて事業展開をしている中堅企業です。近年、中堅・中小企業でも移転価格課税や国外関連者に対する寄付金課税を受ける可能性があるとの話を聞きました。当社では、これまで移転価格課税リスクに対する対策はほとんどとってきませんでしたが、今後は対策をと考えております。移転価格課税や寄付金課税を受けないようにするには、どのような点に注意する必要があるでしょうか。

税務調査対策として、以下の点に注意が必要です。

(1) 国外関連者の営業利益率は高すぎないか。

移転価格上の問題があるかどうかを判断する上で重要なのが国外関連者の「営業利益率」の水準です。国外関連者と取引している個々の商品の価格自体の適否を個別に検証することは現実的に困難ですので、移転価格上の問題があるか判断するため国外関連者の営業利益率が高すぎないかを検討します。例えば、国外関連取引における日本側の営業利益率が3%であるのに対し、国外関連者側の営業利益率が10%であれば、日本の所得が海外に移転しているのではないかと疑われます。

もし、国外関連者の営業利益率が高い場合には、それを正当化できる根拠（例えば、海外子会社が製造ノウハウや販売網などの無形資産を保有している等）を準備しておく必要があるでしょう。

(2) 海外子会社に社員を出向させている場合、海外子会社が負担すべき給与を親会社が負担してないか。較差補塡金や留守宅手当を支払っている場合、金額は過大ではないか。

税務調査では、海外子会社が負担すべき金額を親会社が負担していないか、という観点からチェックされます。出向社員と同様の業務を遂行し、同程度の役職の社員の給与相当額を海外子会社で負担しているか確認する必要があります。また、出向契約書に給与の負担関係を明記するとと

もに、現地採用者の給与テーブルなど現地での給与水準を説明できる客観的な資料を準備しておく必要があります。

(3) **親会社の社員が海外子会社に出張して技術指導などを行った場合、海外子会社から対価を回収しているか。回収している場合、対価の算定方法は適切か。**

　本来の業務に付随した役務提供を行う場合、海外子会社から、少なくともその役務提供に要した総原価の額を対価として収受する必要があります。総原価の額の算定に当たっては、直接費に加え間接費まで含みます。

(4) **海外子会社に対する貸付金がある場合、適正な利率で利息を回収しているか。**

　移転価格事務運営要領に定められている方法に沿って利率が決められているか確認します。特に外貨建てで貸し付けている場合は、円の金利水準ではなく、その外貨の金利水準と比較する必要があります。

(5) **海外子会社との契約に定めている金額を回収しているか。**

　例えば、海外子会社との契約書で「○%の利息を収受する」「売上高の○%のロイヤリティを収受する」などと定めている場合には、契約通りの金額を収受しているか確認します。例えば、海外子会社が赤字であるという理由で、契約に定めた金額を回収していない場合、国外関連者に対する寄付金と認定される可能性があります。

68 過少資本税制

Q 国外支配株主等に係る負債の利子等の課税の特例、いわゆる「過少資本税制」について、税務調査対応を踏まえ、概要を簡単に説明して下さい。

A 日本で事業を行う外国法人の子会社（外資系企業）が資金調達する場合には、親会社からの「出資」または「借入金」の方法が考えられます。この場合、親会社からの出資を少なめにして、その分借入金を多くすれば、法人税法上、出資に対する配当は経費になりませんが、借入れの利子は経費として損金の額に算入できることから、日本における税負担を減少させることができます。

このような租税回避行為に対処し、課税の適正化・明確化を図るため、「過少資本税制」が置かれています。内国法人等の各事業年度の国外支配株主等または資金供与者等に対する利付負債の平均残高が、国外支配株主等のその内国法人等に対する資本持分の3倍を超える場合には、その事業年度において国外支配株主等または資金供与者等に支払う負債の利子等のうち、一定の部分の金額は損金の額に算入しないこととされています（措法66の5①）。

ただし、利子等の支払いの基因となる負債総額の平均残高が自己資本の額の3倍以内であれば、この制度の適用はありません。

「過少資本税制」のポイントは次の通りです。

① 原則として、平均負債残高が国外支配株主等の資本持分の3倍に相当する金額を超えるときに、同制度の適用がある。

② 総負債（負債の利子等の支払の基因となるものに限られる）に係る平均負債残高が自己資本の額の3倍に相当する金額以下である場合には、この制度の適用はない。

③ 上記①の「3倍」に代えて、同種の事業を営む内国法人で、事業規模その他の状況が類似するものの総負債額の純資産に対する比

率に照らし、妥当と認められる倍数を用いることができる。
④ この制度により損金不算入とされた利子等は、申告書上所得金額に加算され、社外流出処分となる。
⑤ この制度の適用がある場合には、受取配当等の益金不算入制度における負債の利子および総資産按分法による計算の総資産から、損金不算入とされる負債の利子およびその負債の元本相当額が、それぞれ控除される。
⑥ この制度と過大支払利子税制（193頁参照）の双方で損金不算入額が計算される場合には、その損金不算入額が大きい方の制度が適用される。

69 過大支払利子税制

Q 関連者等に係る純支払利子等の課税の特例、いわゆる「過大支払利子税制」について簡単に説明して下さい。

A 関連者純支払利子等の額が、その事業年度の調整所得金額の50％相当額を超えるときは、その超える部分の金額に相当する金額を、法人の所得金額の計算上、損金の額に算入しないこととされています（措法66の5の2①）。

　法人の所得の計算上、過大な支払利子を損金に計上することで、税負担を圧縮する租税回避が可能となっていることから、日本においては、過大な支払利子への対応手段として、移転価格税制（過大な利率に対応する手法）および過少資本税制（資本に比して過大な負債の利子に対応する手法）が措置されています。

　しかしながら、移転価格税制は、支払利子の「利率」の水準が独立企業原則に照らして高率となっている場合には対応できますが、過大な量の支払利子に対応することは困難です。また、過少資本税制は、「負債」の水準が資本に比して過大な利子に対応することはできますが、借入れと同時に増資することで支払利子の量を増やすことが可能なものとなっています。

　そこで、移転価格税制および過少資本税制を補完し、過大な支払利子による所得の圧縮を防止するための、より直接的、かつ、効果的な対応策が平成24年度税制改正において措置されました。関連者間において所得金額に比べて過大な利子を支払うことを通じた租税回避を防止し、日本の課税ベースの侵食を防止することを目的とした、「関連者等に係る純支払利子等の課税の特例」（過大支払利子税制）が創設されたのです。

　なお、平成26年度税制改正において、外国法人に対する課税原則が総合主義から帰属主義に見直されたことに伴い（Q71参照）、外国法人の恒久的施設から本店等に対する支払利子等に該当する金額を「関連者支

193

払利子等」の額に含める等、外国法人向けの改正も行われました。こちらは平成28年4月1日以降に開始する事業年度から適用されています。

「過大支払利子税制」ポイントは次の通りです。

① 本制度による損金不算入額は最長7年間繰り越して、一定の限度額の範囲内で損金算入することができる。
② 本制度と過少資本税制の双方で損金不算入額が計算される場合には、その損金不算入額が大きい方の制度が適用される。
③ 本制度は、内国法人のほか外国法人に対して適用される。
④ 本制度の適用により損金不算入とされる支払利子等は、受取配当等の益金不算入制度における負債の利子から控除される。

70 外国子会社配当等の益金不算入

Q 親会社が外国子会社から受け取る配当を親会社の益金不算入とする制度(外国子会社配当益金不算入制度)について、税務調査におけるポイントを説明して下さい。

A 外国子会社配当等の益金不算入制度とは、内国法人が外国子会社から受ける剰余金の配当等がある場合には、その剰余金の配当等の額からその剰余金の配当等の額に係る費用に相当する額(剰余金の配当等の額の5％相当額)を控除した金額を益金不算入とすることができるという制度です。

外国子会社から受ける配当に係る二重課税排除の維持と制度の簡素化を踏まえ、平成21年度税制改正において、間接外国税額控除制度に代えて導入されました。

税務調査のポイントとしては、外国子会社の範囲、株式等の保有期間、そして保存書類等の確認となります。

1 外国子会社の範囲・保有期間

外国子会社配当益金不算入制度の適用を受ける内国法人に係る外国子会社は、次の要件を満たす外国法人とされます。

① 次のイまたはロの割合のいずれかが25％以上となっていること。
　イ．外国子会社の判定の対象となる外国法人の発行済株式または出資(その外国法人の保有する自己の株式または出資を除く)の総数または総額(以下「発行済株式等」)のうち、内国法人が保有している株式または出資の数または金額の占める割合
　ロ．外国子会社の判定の対象となる外国法人の発行済株式等のうちの議決権のあるもののうち、内国法人が保有している議決権のある株式または出資の数または金額の占める割合
② 上記①の状態が、外国子会社配当益金不算入制度の適用を受ける剰余金の配当等の額の支払義務が確定する日(その剰余金の配当

等の額が法人税法第24条第1項《配当等の額とみなす額》の規定により剰余金の配当等とみなされる金額（資本の払戻しに係る部分を除く）である場合には、支払義務が確定する日の前日）以前6カ月以上継続していること。

2　保存書類等

外国子会社配当益金不算入制度の適用を受ける場合には、確定申告書、修正申告書または更正の請求書に益金不算入とされる剰余金の配当等の額およびその計算に関する明細を記載した書類（申告書別表8（2））を添付するとともに、次の書類を保存することとされています。

① 外国法人が外国子会社に該当することを証する書類
内国法人の持株割合が25％以上であること、剰余金の配当等の額の支払義務が確定する日および保有期間が6カ月以上であることを証する書類として、配当通知書や資本金の払込みを証する書類等

② 外国子会社の益金不算入とされる剰余金の配当等の額に係る事業年度の貸借対照表、損益計算書および株主資本等変動計算書、損益金の処分に関する計算書その他これらに類する書類

③ 剰余金の配当等の額に係る外国源泉税等の額がある場合のその外国源泉税等の額が課された申告書の写し等または納付がされている場合の納付書等のタックス・レシート

なお、益金不算入とされる金額は確定申告書に記載された金額が限度となりますが、平成23年12月2日以降に確定申告書等（確定申告書および仮決算をした場合の中間申告書）の提出期限が到来するものは、確定申告書等において益金不算入の制度を受けていない場合であっても、修正申告や更正の請求によって適用を受ける金額およびその計算明細を記載した書類を添付することにより適用が受けられます。

3　税務調査対応

参考までに、税務調査対応においてのアドバイスは次の通りです。

(1) 外国子会社配当益金不算入制度は、確定申告書に益金不算入とされ

る剰余金の配当等の額およびその計算に関する明細（申告書別表8(2)）を記載するとともに、一定の書類を保存している場合に限り適用されますが、その記載または書類の保存がない場合においても、その記載または書類の保存がなかったことについてやむを得ない事情があると税務署長が認めるときには制度の適用を受けることができることとする宥恕規定が設けられています。

　なお、平成23年12月2日以降に確定申告書等（確定申告書および仮決算をした場合の中間申告書）の提出期限が到来するものは、確定申告書等において益金不算入の制度を受けていない場合であっても、修正申告書や更正の請求によって適用を受ける金額およびその計算明細を記載した書類を添付することにより適用が受けられます。

(2)　外国源泉税等の額を課されたことを証する書類には、申告書の写しまたは現地の税務官署が発行する納税証明書等のほか、更正もしくは決定に係る通知書、賦課決定通知書、納税告知書、源泉徴収の外国源泉税等に係る源泉徴収票が含まれます。

71 外国法人の税率

外国法人における税額計算において適用される税率を簡単に教えて下さい。

平成26年度税制改正では、外国法人に対する法人税の課税方式が「総合主義」から「帰属主義」に見直されました。

これにより、外国法人の平成28年4月1日以後に開始する事業年度分の所得に対する法人税から、恒久的施設を有する外国法人については2つの課税標準、恒久的施設を有しない外国法人については1つの課税標準を有することとされ、これに伴い各課税標準に対応する法人税の税率が規定されています（図表1）（法法143①・②、平26改正法附則25）。

外国法人に対する法人税の課税方式のポイントは次の通りです。
① 恒久的施設を有する外国法人と恒久的施設を有しない外国法人では課税標準が異なることから、それぞれの区分に応じて法人税率が規定されている。
② 恒久的施設を有する外国法人が外国法人税を納付することとなる場合、控除限度額を限度として恒久的施設帰属所得に係る法人税額から控除できる。

《図表1　外国法人の法人税》

外国法人の区分	課税標準	税率	所得800万円以下(注1)
恒久的施設を有する外国普通法人	恒久的施設帰属所得	25.5%	—
	上記以外の国内源泉所得	25.5%	—
外国中小法人(注2)	恒久的施設帰属所得	25.5%	19%
	上記以外の国内源泉所得	25.5%	19%
恒久的施設を有しない外国普通法人	国内源泉所得	25.5%	—
外国中小法人(注2)	国内源泉所得	25.5%	19%

(注)
1　中小法人の所得金額800万円以下の軽減税率の適用については、恒久的施設帰属所得とそれ以外の国内源泉所得の区分ごとに、それぞれ行います。(法法143②)。
2　中小法人の軽減税率の対象となる中小法人の判定については、外国法人の資本およびその外国法人を含む企業グループ全体の状況に基づいて行います（法法143⑤)。

なお、旧法における外国法人の法人税の税率は次の通りです（図表2）(旧法法143①・②)。

《図表2　旧法における外国法人の法人税》

外国法人の区分	税率	所得800万円以下
外国普通法人	25.5%	—
外国中小法人	25.5%	19%

72 外国法人の法人税(1)

　外国法人に対する課税原則について、「総合主義」に基づく従来の国内法を、2010年改定後のOECDモデル租税条約に沿う「帰属主義」に見直されたと聞きますが、具体的な説明をお願いします。

　外国法人に対する課税関係については、平成26年度税制改正において見直しが行われました。改正の概要は次の通りです。
① 外国法人に対する課税原則について、いわゆる「総合主義」を改め、Authorised OECD Approach（以下「AOA」）に基づき「帰属主義」に即した国内法の規定に改められました。
② 外国法人についてはその国内源泉所得に対して課税するという現行の基本的な考え方は維持しつつ、外国法人が我が国に有する恒久的施設に帰属する所得（以下「恒久的施設帰属所得」）を、国内源泉所得の一つとして位置付けました。
③ 恒久的施設帰属所得の算定関係
　イ．恒久的施設帰属は、その恒久的施設が本店等から分離・独立した企業であるとした場合に得られる所得とされました。
　ロ．恒久的施設と本店等との間の内部取引について、（移転価格税制と同様に）独立企業間価格による取引が行われたものと擬制して、内部取引損益を認識することとされました。
　ハ．恒久的施設が本店等から分離・独立した企業であると擬制した場合に必要とされる程度の資本を恒久的施設に配賦し、恒久的施設を通じて行う事業に係る負債利子総額（内部利子を含む）のうち、その恒久的施設に配賦された資本に対応する部分について、損金算入を制限することとされました。
　ニ．外国法人の恒久的施設帰属所得について日本で課税することとなると、その恒久的施設が本店所在地国以外の第三国で稼得した所得について、その第三国と日本から二重課税を受けることとなるため、

外国法人の恒久的施設のための外国税額控除制度が創設されました。

外国法人に対する課税原則は、昭和36年の税制調査会において「日本に事業所等を有して事業を行う場合には、その外国人（非居住者および外国法人）の日本に対する属地的応益関係が深く、日本源泉の所得については、居住者および内国法人と同様その全所得を総合合算」と整理して以来、国内法でいわゆる総合主義（全所得主義）を採用してきました。

他方、租税条約については、昭和35年の日印租税条約で、外国法人の国内事業所得については恒久的施設に帰属するものについてのみ課税するという帰属主義が初めて導入されて以来、全ての条約締結国との間では帰属主義、非締結国との間では総合主義（全所得主義）という課税原則の二元化が定着しています。

OECDにおいては、従来のモデル租税条約7条（以下「旧7条」）でも帰属主義を原則としていましたが、結果として二重課税・二重非課税を効果的に排除できていなかったため、平成22年に恒久的施設に帰属すべき利得を算定するアプローチAOAを定式化したモデル租税条約新7条（以下「新7条」）を採用しています。

これを踏まえて、平成26年度税制改正でAOAに沿った帰属主義に国内法が見直され、原則として、平成28年4月1日以降に開始する事業年度分の法人税について適用されることとされました。

これにより、租税条約と国内法が帰属主義に統一され、二元化されていた課税原則が簡素で国際的に調和のとれた税制に近づくこととなります。さらに、支店形態で進出する場合と子会社形態で進出する場合に、AOAに従って出来る限り同じ取扱いをすることにより、課税上のミスマッチが解消されるとともに本支店間の内部取引の認識等が諸外国と一致することによって、二重課税・二重非課税が解消されることが見込まれています。

73 外国法人の法人税(2)

Q 外国法人の国内源泉所得は、平成28年4月1日以降に開始する事業年度から6種類に区分されると聞きました。税務調査対応を踏まえて簡単に説明して下さい。

A 法人税法における国内源泉所得は、次の6種類の所得に区分して定められています。税務調査においては、事実認定が大きな要素となります。

1　恒久的施設帰属所得（法法138①一）

外国法人が恒久的施設を通じて事業を行う場合において、その恒久的施設がその外国法人から独立して事業を行う事業者であるとしたならば、その恒久的施設が果たす機能、その恒久的施設において使用する資産、その恒久的施設とその外国法人の本店等との間の内部取引その他の状況を勘案して、その恒久的施設に帰すべき所得をいいます。

なお、ここには恒久的施設の譲渡により生ずる所得を含みます。

2　国内にある資産の運用・保有による所得（法法138①二）

次に掲げる資産の運用または保有により生ずる所得をいいます（法令177）。

　　イ　日本国の国債もしくは地方債もしくは内国法人の発行する債券または金融商品取引法第2条第1項第十五号《定義》に掲げる約束手形

　　ロ　居住者に対する貸付金に係る債権でその居住者の行う業務に係るもの以外のもの

　　ハ　国内にある営業所、事務所その他これらに準ずるものまたは国内において契約の締結を代理する者を通じて締結した生命保険契約、損害保険契約その他これらに類する契約に基づく保険金の支払いまたは剰余金の分配を受ける権利

3　国内にある資産の譲渡による所得（法法138①三）

次に掲げる所得に限定されます（法令178）。
- イ　国内にある不動産の譲渡による所得
- ロ　国内にある不動産の上に存する権利、鉱業法の規定による鉱業権または採石法の規定による採石権の譲渡による所得
- ハ　国内にある山林の伐採または譲渡による所得
- ニ　内国法人の発行する株式の譲渡による所得で次に揚げるもの
  - （イ）買い集めた株式の譲渡による所得
  - （ロ）いわゆる事業譲渡類似株式の譲渡による所得
  - （ハ）不動産関連株式の譲渡による所得
  - （ニ）国内にあるゴルフ場の所有等に係る法人の株式の譲渡による所得
  - （ホ）国内にあるゴルフ場等の利用権の譲渡による所得

4　人的役務の提供事業の対価（法法138①四）

国内において人的役務の提供を主たる内容とする事業で次のものを行う法人が受けるその人的役務の提供に係る対価（法令179）
- イ　映画もしくは演劇の俳優、音楽家その他の芸能人または職業運動家の役務の提供を主たる内容とする事業
- ロ　弁護士、公認会計士、建築士その他の自由職業者の役務の提供を主たる内容とする事業
- ハ　科学技術、経営管理その他の分野に関する専門的知識または特別の技能を有する者のその知識または技能を活用して行う役務の提供を主たる内容とする事業

5　国内不動産等の貸付け対価（法法138①五）

国内にある不動産、国内にある不動産の上に存する権利もしくは採石法の規定による採石権の貸付け（地上権または採石権の設定その他他人に不動産、不動産の上に存する権利または採石権を使用させる一切の行為を含む）、鉱業法の規定による租鉱権の設定または居住者もしくは内国法人に対する船舶もしくは航空機の貸付けによる対価のことをいいます。

6 その他その源泉が国内にある所得（法法138①六）

①から⑤までに掲げるげるものの他、その源泉が国内にある所得として次に掲げるものをいいます（法令180）。

イ 国内において行う業務または国内にある資産に関し受ける保険金、補償金または損害賠償金に係る所得

ロ 国内にある資産の贈与を受けたことによる所得

ハ 国内において発見された埋蔵物または国内において拾得された遺失物に係る所得

ニ 国内において行う懸賞募集に基づいて懸賞として受ける金品その他の経済的な利益に係る所得

ホ イからニに掲げるものの他、国内において行う業務または国内にある資産に関し供与を受ける経済的な利益に係る所得

74 米国LLCに係る税務上の取扱い

Q 米国LLCに係る税務上の取扱いについて指導をお願いします。具体的な事実関係は次の通りです。

米国のリミテッド・ライアビリティー・カンパニー（LLC：Limited Liability Company）は、米国各州が制定するLLC法（Limited Liability Company Act）に基づいて設立される事業体です。LLC法は、1977年に米国ワイオミング州で制定されたのを皮切りに、現在では全米の各州（50州）およびコロンビア特別区において制定されています。

LLCは法人（Corporation）と似た性質を有していますが、米国の税務上は、事業体（LLC）ごとに、法人課税を受けるか、またはその出資者（メンバー）を納税主体とするいわゆるパス・スルー課税を受けるかの選択が認められています。米国の税務上、法人課税を選択したLLCまたはパス・スルー課税を選択したLLCは、日本の税務上、外国法人に該当するものとして課税関係を考えることになるのでしょうか。

A 原則的には、外国法人として取り扱われます。LLC法に準拠して設立された米国LLCについては、以下のことを踏まえると、原則的には日本の私法上、外国法人に該当するものと取り扱われます。

① LLCは、商行為をなす目的で米国の各州のLLC法に準拠して設立された事業体であること。
② 事業体の設立に伴いその商号等の登録（登記）等が行われること。
③ 事業体自らが訴訟の当事者等になれるといった法的主体となることが認められていること。
④ 統一LLC法においては、「LLCは構成員（member）と別個の法的主体（a legal entity）である」、「LLCは事業活動を行うための必要かつ十分な、個人と同等の権利能力を有する」と規定されていること。

従って、LLCが米国の税務上、法人課税またはパス・スルー課税のいずれの選択を行ったかにかかわらず、原則的には日本の税務上、「外国法人（内国法人以外の法人）」として取り扱うのが相当です。

　ただし、米国のLLC法は個別の州において独自に制定され、その規定ぶりは個々に異なることから、個々のLLCが外国法人に該当するか否かの判断は個々のLLC法の規定等に照らして個別に判断する必要があります。

(参考) ニューヨーク州のLLCの法人該当性に関するさいたま地判平成19年5月16日およびその控訴審判決東京高判平成19年10月10日では、「本件LLCは、ニューヨーク州のLLC法上、法人格を有する団体として規定されており、自然人とは異なる人格を認められた上で、実際、自己の名において契約をするなど、パートナーからは独立した法的実在として存在しているから、本件LLCは、米国ニューヨーク州法上法人格を有する団体であり、我が国の私法上（租税法上）の法人に該当すると解するのが相当である」とされている。

【関係法令通達】 法人税法第2条第四号

75 「クロスボーダーの三角合併」により外国親法人株式の交付を受ける場合の課税関係

 いわゆるクロスボーダーの三角合併により、外国親法人株式の交付を受ける場合の税務調査上のポイントを説明して下さい。事実関係は次の通りです。

外国法人A社の100％子会社であるB社と、B社と出資関係を有しないE社（内国法人であるC社と外国法人であるD社がその発行済株式の全てを保有）との間で、B社を合併法人、E社を被合併法人とする適格合併を予定しています（B・C・E社はいずれも株式会社で、A・D社は日本の株式会社に相当する法人。また、A・D社が所在する外国と日本との間に租税条約は締結されていない）。

この合併は、E社の株主に交付する合併対価をB社株式ではなく、B社の100％親法人である外国法人A社の株式とするいわゆる「クロスボーダーの三角合併」により行うことを予定しています。被合併法人E社の株主であるC社及びD社に対しては、B社の100％親法人である外国法人A社の株式以外の資産は交付されません。この場合、C社およびD社保有のE社株式の譲渡に係る課税関係は生じないと解してよいでしょうか。

なお、D社は、日本に恒久的施設を有していません。また、D社は、昨年にE社の発行済株式の30％を取得し、現在まで継続保有しています。

 C社については、E社株式の譲渡に係る課税関係は生じませんので税務調査上問題となりません。

D社については、E社株式の譲渡に係る譲渡損益は課税の対象となりますので注意が必要です（模式図は次の通りです）。

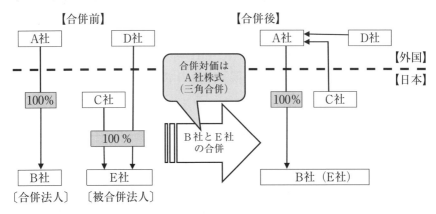

1　C社（内国法人である被合併法人株主）の課税関係

① 合併に伴い被合併法人の株主である法人が、合併により消滅する被合併法人の株式を有しないこととなった場合には、原則として、その合併の日の属する事業年度に当該被合併法人の株式の譲渡に係る譲渡損益を計上することとなります（法法61の2①、法規27の3九）。

② ただし、その合併により、被合併法人の株主に合併法人株式（合併法人の株式）または合併親法人株式（合併法人との間に当該合併法人の発行済株式等の全部を保有する関係とされる一定の関係がある法人の株式）のいずれか一方の株式のみが交付された場合には、上記①の譲渡損益の算定に際し、被合併法人の株主は被合併法人の株式の譲渡対価の額を当該合併直前の被合併法人の株式の帳簿価格に相当する金額として計算することとされていますので（法法61の2②）、譲渡対価の額と譲渡原価の額が同額（いずれも合併の直前の被合併法人の株式の帳簿価格）となり、譲渡損益は生じません。

この取扱いは、被合併法人の株主に交付される合併親法人株式が外国法人の株式であっても同様となります。

③　従って、内国法人である被合併法人株主については、いわゆる「クロスボーダーの三角合併」により外国法人である合併親法人の株式が交付された場合においても、被合併法人の株式の譲渡損益は生じないこととなりますので、事例の合併については、E社の株主であるC社においてE社株式の譲渡に係る課税関係は生じないこととなります。

2　D社（外国法人である被合併法人株主）の課税関係

①　外国法人が株式を譲渡した場合の課税関係は、国内に恒久的施設を有するかどうかによって異なります。恒久的施設を有しない外国法人については、いわゆる事業譲渡類似株式など一定の株式の譲渡に限って課税の対象とされています（法法141四、法令187①三）。

　　また、恒久的施設を有しない外国法人が、その保有する株式の発行法人である内国法人を被合併法人とする合併により、その保有する株式（被合併法人株式）を有しないこととなった場合で、その合併により交付される合併親法人株式が外国法人の株式であるときには、その株式の譲渡損益は繰り延べられないこととされています（法法61の2②、142、法令188①十八）。これは、外国法人である被合併法人株主に外国法人の株式が交付され、その再編時に課税の繰延べを行うと、日本での課税機会が失われることとなるため、国際課税を適正化するという観点によるものです。

②　事例によれば、E社の発行済株式の30％を保有する外国法人D社は、日本に恒久的施設を有しておらず、また、D社は、E社を被合併法人とする合併により、その保有するE社株式の全部を譲渡したこととなりますので、いわゆる事業譲渡類似株式の譲渡をしたこととなります。

　　この場合、D社が当該合併により交付を受ける合併親法人株式（A社株式）は外国法人の株式に該当しますので、E社株式の譲渡損益は繰り延べられません。従って、D社については、E社株式の譲渡に係る譲渡損益は課税の対象となります。

なお、事業譲渡類似株式の譲渡とは、次の2つの要件を満たす譲渡をいいます（法令187①三ロ、同④・⑥）。

　イ．内国法人の特殊関係株主等（内国法人の一の株主およびその同族関係者等）が、譲渡事業年度終了の日以前3年以内のいずれかの時において、その内国法人の発行済株式等の総数の25％以上を所有していたこと（所有株数要件）

　ロ．内国法人の株式等の譲渡を行った外国法人を含むその法人の特殊関係株主等がその発行済株式等の総数の5％以上の譲渡をしたこと（譲渡株数要件）

76 海外子会社への資金援助を売上返品処理に仮装していた事例

Q 当社では海外子会社に売却した製品に不具合が発見された場合、回収の上、不具合原因を調査し原因究明を行いますが、状況により現地子会社に廃棄処分を依頼し、当社では処分費用を負担しています。どちらも会計処理では売上返品処理とし、製品として出荷できないものは廃棄損として処理しますが、税務調査で問題とされたような事例はありますか。

A 売上返品処理に仮装し、売掛金未回収により海外子会社に対し資金支援を行っており、寄付金として認定した事例があります。

海外子会社を有する法人に対する税務調査では、海外子会社との取引に仮装した資金援助がないかや海外子会社との取引に仮装し簿外資金や受注工作資金、簿外接待交際資金等の捻出がないか等の有無も調査が行われます。

事例では、調査担当者が得意先別売掛金元帳を検討したところ、決算期末月の海外子社に対する売掛金残高から多額の売掛金額が減算されていたため、会社側に説明を求めたところ、売上返品による減額であり、また、返品された製品は不良品であったため廃棄処分したとのことでした。

しかし、廃棄処分したことが確認できる資料等の保管もなく、返品されたとされる製品に関する輸入申告関係書類等の保存もありませんでした。

海外子会社との取引担当者に直接面接の上、説明を求め追求したところ、海外子会社で一時的に資金不足に陥り資金援助の要請があったため、売掛金代金を回収しないことで、資金援助をしたとのことでした。

通常は、社内稟議等により、資金援助の適否と適正な利率による貸付金の額等を決定したのち、資金援助を行っているとのことですが、上記ケースは、社内ルールを逸脱し、売掛金を回収しない形で援助を行ったものでした。回収しない売上返品額相当額は、海外子会社に対する寄付金と認定し、全額損金不算入として所得金額に加算する処理を行いました。

77 海外子会社への広告宣伝費の負担金が交際費とされた事例

Q 当社では、ヨーロッパ各国に当社製品の販売子会社を有し、それぞれの国内で当社製品を販売しています。現地での当社製品の広告宣伝活動については現地販売子会社に委託し、掛かった費用について後日報告をもらい精算しています。海外子会社に対する広告宣伝費の負担について、税務調査で指摘された事例はありますか。

A 海外の販売子会社へ広告宣伝を含む販売活動の負担金を支出し広告宣伝費として処理している中に、現地の得意先代理店を観光旅行に招待した費用が含まれており、日本の親法人の負担額を交際費等とした事例があります。

税務調査では、日本の親会社が海外販売子会社に対して自社製品に関する広告宣伝費や販売活動費の負担金を支出している場合、その負担金の中に、現地での受注工作資金ねん出のための架空経費が含まれていないか、或いは、その中に親会社の交際費等とすべき支出が含まれていないかについても調査が行われます。

事例では、海外販売子会社への販売活動に係る負担額が増加傾向にあったため、支出内容の検討を行ったものです。親会社の海外営業統括部署の担当者に、販売子会社から提出された年間販売活動予定等の資料と販売活動実績報告資料の提出を求め、不審な支出がないか等検討を行ったところ、取引先を対象とした販売促進策の一環で旅行招待イベントの企画がありました。

その旅行の目的・内容等について説明を求めたところ、ここ数年、販売子会社の営業エリア内で、一定数量以上当社製品を購入してくれた得意先代理店を、ヨーロッパ各地の観光名所に招待することとしており、その部分の親会社からの負担部分である旨の説明がありました。

販売子会社が得意先代理店を旅行に招待した費用の親会社側の負担金

は、親会社側での交際費等として扱われます。

　海外での販売活動や広告宣伝活動を現地の販売子会社が行い、親会社が費用を負担する場合、現地でのテレビ・出版物等のマスメディアでの広告宣伝費用以外に得意先等との上記事例のような接待費用が含まれている場合がありますので注意が必要です。

78 架空業務委託手数料を現地子会社への寄付金とされた事例

Q 当社では、経営状態の思わしくない海外子会社の立て直しのため、現地で人材発掘を行い、できれば業界事情に精通した者を現地子会社の社長として引き抜きたいと考えています。なお、交渉は当社の社員を派遣し、給与面の交渉も含め行わせたいと考えていますが、税務調査で何か問題となり、指摘を受けたような事例はありますか。

A 現地子会社の社長に引き抜いた者への役員報酬の一部を、日本の親会社から同社への業務委託手数料に水増しして支払い、現地子会社では、水増し額と同額の架空外注費を計上して捻出した簿外資金を社長の簿外報酬に充てていたため、水増し部分の架空業務委託手数料を現地子会社に対する寄付金と認定し全額損金不算入として課税した事例があります。

海外子会社との取引で業務委託料の支払いがある場合、業務委託料に仮装した資金援助ではないか等についても調査が行われます。

事例では、香港の子会社に対する業務委託料が増加してきていたため、新旧の業務委託契約書の内容を比較検討するとともに、業務委託手数料算定根拠やその業務委託内容に係る報告資料等子会社とのやり取りがどのように行われているか、業務委託料増加の理由等詳細な聞き取りとともに、それら資料の保管場所での現物確認を行いました。

その際、現地での人材採用に関する交渉記録等のメモを把握したため、その内容について説明を求めたところ、香港の子会社の社長にヘッドハンティングした者との交渉記録である旨の説明がありました。

さらに説明では、香港の現地子会社の社長にするため、現地で日本人をヘッドハンティングしたが現地の役員の一般的な給与水準と比較しかなり高額な報酬を要求されたため、現地採用のスタッフの手前もあり役員報酬額は現地水準の額とし、差額については現地子会社に対する業務

委託手数料に上乗せして支払い、現地子会社では日本の親法人である当社からの売上として計上させるとともに、現地外注先と通謀し架空の請求書を発行させることで簿外資金を捻出させ、現地社長の簿外報酬とさせたとのことでした。

　日本の親会社としては、中国大陸への営業拡大の拠点として、香港の現地子会社を置いているが、テコ入れのため現地事情に精通した優秀な日本人スタッフを現地子会社の社長にする必要があったが、親法人には適任者がいなく、現地の同業他社の日本人役員に優秀な人材がいることが判明し、同人と交渉の結果、高額な報酬を要求されたとのことでした。

　調査担当者は、親法人および現地子会社の承諾のもと香港の現地子会社に出張し、直接本人から、簿外報酬捻出のための方法を聴取し、帳簿書類を確認しました。

　その結果、親会社からの業務委託料の売上計上と同時に、本人が懇意にしている現地法人の代表者に依頼し、架空の請求書と領収書を発行してもらい、架空の外注費を計上し、自身の簿外の役員報酬額を捻出している事実を確認できました。

　親会社が計上した業務委託料の水増し部分は、現地子会社が負担すべき役員報酬部分であり、同社に対する日本の親会社からの寄付金と認定し、全額損金不算入して課税対象としました。

79 受注謝礼金をコンサルタント料に仮装していた事例

Q 当社は、空調関係の設備工事を行う会社で、今回、海外進出の一環として中東方面の国々での建物建築等に付随する設備工事の入札に参加することになりました。中東方面での海外建設工事に関し、税務調査で問題とされたような事例はありますか。

A 中東の国からの発電設備プラント工事で現地の王族関係者への受注謝礼金を、同人からの指示で現地でのコンサルタント会社へのコンサルタント料に仮装し支払っていたため、支払った金額を王族関係者への交際費等として課税した事例があります。

発電設備プラント工事は数年にわたる長期工事となる場合が多く、現地で要する工事関係費用は日本から仮払いで送金し、海外の現場事務所で支出した費用について毎月支出明細と証憑書類を日本本社の海外事業統括部署に送付させ、内容のチェックが行われますが、その都度現地での状況報告や指示を仰ぐ際はファックスで連絡を取り合っていました。

本社海外事業統括部署と海外の現場事務所とのやり取り記録を確認するため、その部署内の保管場所で現物確認調査を行ったところ、支出先不明の多額のラウンド数字が記載されたファックスメモが見つかりました。

その金額に相当する支出先が現地からの支出明細に記載がなかったため、海外事業統括部署で現地とやり取りした担当者に面接し、事実関係の確認を行いました。

担当者からは、中東の国々では王族関係者がその国の政府関係者に強い影響力があり、今回は各国企業との受注競争となったため、王族関係者Aに口利きをお願いしたとの説明があったこと、およびAがどのようにしたのか不明であるが、受注後、同人と謝礼金について交渉したところ、高額な金額を要求され、振込先を現地コンサルタント会社とする振

込指示書類並びに同社との間でのコンサルタント契約書にサインしてほしい旨の要求があったとの説明がありました。

現地では、発注元の政府関係者が度々工事の進捗状況のチェックをしており、嫌がらせ等で工事がスムーズにいかない場合もあるため、Aの要求に応じたとのことでした。

なお、調査担当者は、上記現地コンサルタント会社に関する情報をダン・レポートで入手し確認したところ、活動実態のない休業状態の会社であることを確認しました。

コンサルタント会社への支出は、3回に分けて支払っていましたが実態は、Aへの受注謝礼金であり、同人への交際費等の支出であると認定し、全額交際費課税の対象としました。

調査担当者は、海外取引に絡む支出については、帳簿書類、支出明細を含む証憑書類以外に支出内容を確認するため、現地とのやり取りのメール文書やファックス文書等の提出を求めるほか、不審な支出先については、企業情報会社ダン・アンド・ブラッドストリート社に照会し、同社が保有する企業関連情報（ダン・レポート）を入手し調査に役立てる場合があります。

80 海外の兄弟会社への派遣人件費等が収入計上漏れとなっていた事例

Q 当社は、米国の親会社の日本での販売子会社ですが、アジア地域の国々にある兄弟販売会社の営業統括の役割も担っています。当社では、それぞれの兄弟会社からの要請で、社員を派遣し営業活動や広告宣伝活動を行っていますが、それらに要した費用は、当社で負担し請求していません。同様なケースで、税務調査で問題となり指摘されたような事例はありますか。

A 日本の子法人がアジア地域の各兄弟会社のために要した派遣人件費を含む費用について、日本の子会社の収入計上漏れとして課税した事例があります。

　事例の会社は米国に親会社がある日本の情報システム販売子会社であり、アジア地域の営業統括も担当していました。

　アジア各国への出張旅費等の支出が多額であったことから、出張業務内容の説明を求めたところ、アジア各国の各兄弟会社からの支援要請で社員を派遣し、営業活動の支援や現地スタッフへの社員教育等を行っているとのことでしたが、派遣社員の人件費を含む支援に要した費用は各兄弟会社へは請求していないとの説明でした。

　なお、本来は業務委託手数料として支援に要した費用を全額請求すべきところ、各兄弟会社の社員の経験不足と収益性が上がっていなかったため、請求していなかったとのことでした。

　各兄弟会社は日本の販売子会社の国外関連者にあたり、派遣社員に係る人件費を含む支援に要した費用を寄附金課税の対象とし請求しないのか、あるいは、それぞれの兄弟会社に請求し回収するのか、確認を求めたところ、アジア各地域の販売兄弟会社へ請求することとしたことから、収入計上漏れとして課税処理したものです。

81 米国親会社に支払われたインセンティブ相当額が給与課税された事例

Q 当社は、米国の会社の子会社であり、代表取締役社長は親法人からの出向者です。同人に対する毎月の給与については当社で支給していますが、四半期ベースで業績が一定基準を上回った場合のインセンティブは親会社へ給与負担金として支出し、親会社から同人へ支給されることになっています。当社のような場合で税務調査の際、指摘され問題となったような事例はありますか。

A 米国の親会社に給与負担金として支払われたインセンティブ相当額は、親会社からの出向者である代表取締役社長に対する役員給与に係るもので、同人に対する定期同額給与を超える部分であり、役員給与の損金不算入額となるとして課税した事例があります。

親会社との出向者に関する出向契約書や源泉徴収簿等を調査したところ、出向者である代表取締役社長への月々の給与は出向先である日本の子会社が支給し、また、出向先での出向者の働きにより業績がアップした場合のインセンティブについては、出向先から給与負担金として出向元に支出し、出向元から出向者へ支給する旨取り決められていました。

この事例の場合、出向者である代表取締役社長に対する役員給与が定期同額給与に該当するかどうかは、自社で支給する月々の給与の額と四半期ごとに親会社に給与負担金として支出するインセンティブの額も含めて判断する必要があります。

82 古い情報の買取り費用が資金援助であるとして寄付金認定された事例

Q 当社の海外子会社は債務超過の状態が続いていることから、親法人である当社としては債権放棄や人材派遣を含む支援方法を検討中ですが、具体的な再建計画等について子会社と現在協議中です。税務調査で海外子会社への支援で問題ありとして指摘した事例はありますか。

A タイで自動車部品の製造を行っている子会社から、日本の親会社が過去に提供し、現在使われていない古い部品製造技術に係る設計図が記録されたソフトウェアを高額な値段で買い取っているが、実態は資金援助であるとして寄付金と認定し否認した事例があります。

　固定資産台帳を検討したところ、高額なソフトウェアの取得とそれに係る減価償却費の計上があり、内容の説明を求めたところ、タイにある製造子会社から、購入した製造技術に係る設計図が記録されたソフトウェアの購入であるとのことでした。

　親法人から現地子会社への技術供与は一般的ですが、逆のケースであったことから疑問を持ち、生産技術部署の役員が保管しているとするソフトウェアの現物確認を同人了解のもと行ったところ、製造図面が記録されたCDとともにタイ子会社からのFAX文書を把握しました。その内容を確認したところ、タイ子会社が現地経済情勢の影響で債務超過による資金不足の発生が予想されるため資金援助を要請する旨の記述と具体的な金額の記載がありました。記載額とソフトウェアの購入価額とが一致すること、および、そのCDに記録の設計面を利用しての生産計画等の有無の説明を求めたところ、そのCDはかなり以前に日本の親法人で使用していた製造技術に関する設計図であり、日本では過去に製造終了となりすでに廃棄済みとしているものである旨の説明がありました。

　さらに、役員からの説明では、自身は以前タイ子会社の社長をしてお

り現地の経理担当者からの至急の資金援助要請に答えたかったが、タイ子会社に関しては具体的再建計画の作成や具体的資金援助の計画も策定していなかったため、考えた結果、費用処理による支援では税務調査で指摘されると思い、ソフトウェアを買い取ったようにして資金援助したとのことでした。調査担当者は、CDに記載された特許登録番号から公表されている登録特許内容を確認し、日本の親法人の社員が過去に申請し親法人の所有になっていることを確認しました。

　以上から、ソフトウェアの取得対価は寄附金の額と認定し、その金額を寄付金として損金の額に認容し国外関連者への寄附金として全額損金不算入とした上、さらにソフトウェアの減価償却費としての損金経理を否認しました。

83 海外子会社への機械の無償提供が寄付金とされた事例

Q 当社では、毎期の年度末の3月に機械装置等の利用状況等の確認を行い不要となった資産については、製造ラインから外し廃棄処分を行っていますが具体的な廃棄処理手順等マニュアル化されたものはなく、製造現場に任せています。当社のようなケースで、税務調査で問題となったような事例はありますか。

A 海外製造子会社を有する日本の親会社の調査で、車両部品製造のための機械装置数点を会計上は除却損に計上し、実際は、海外製造子会社に無償提供していたため、その機械装置の帳簿価額相当額を海外製造子会社への寄付金とし全額損金不算入の課税処理を行った事例があります。

事例の場合は、社内稟議書では廃棄処分とする旨決裁を受けていたものですが、廃棄処分を証明する引取業者からの廃棄処理証明書等の書類の保存がなく、会社側からは他のスクラップ屑と一緒に処分しているはずだの説明でした。

しかしながら、その海外子会社への部品等の輸出関連資料のリストに、廃棄処分したとする機械装置と思われる品名の記載があったことから、さらに調査を進めていったところ、海外製造子会社を統括する部署の判断で帳簿上廃棄処分となった機械装置数点を海外製造子会社に無償提供していたものでした。

その機械装置はまだ使用できる状態ではあったが、社内での生産設備更新計画により不要となったもので、海外製造子会社での製造では十分に利用できると判断したため現地と連絡を取り、無償提供したとのことでした。

税務調査では、廃棄時期が翌期になっていないか廃棄処分業者等引き取り業者発行の廃棄証明書やマニュヘストの引き取り日付を確認し、翌

期に廃棄損とすべき費用を当期の廃棄損として計上していないか等の検討を行います。場合によっては機械装置が設置してあったとする場所等で設置機械装置の現物確認を行い簿外資産として残っていないか確認する場合があります。

　また、スクラップとしての売却収入を除外していないか、回収業者等の工場への入退場記録や仕切り書等から売却収入計上の適否を判断するとともに、不審と判断した場合は回収業者等への反面調査を行い確認する場合があります。

84 特許使用料の中に特許実施権が含まれていた事例

Q 当社では、製造技術に関する特許に関し、海外企業や国内企業に対し毎期多額の特許使用料を支払っています。売上額等に応じて支払うランニングロイヤリティや一時金として支払う場合など、いろいろありますが全て特許使用料として支払い時に費用計上しています。当社のような場合、注意すべき点等、税務調査で指摘されたような事例はありますか。

A 特許使用料として費用計上した中に、海外の法人に対する特許侵害に係る損害賠償金部分と、和解後以降のその特許技術を使用しての生産のための特許実施権の取得対価が含まれており、特許実施権取得に係る対価部分を特許権の残存特許期間で償却すべきであるとして、否認した事例があります。

経理担当部署では、それぞれの部署から回付されてきた会計処理伝票と一部の証憑書類の写し等で処理科目等の適否を判断し、会計処理していましたが、特許侵害によるものとの記載があったため、そのまま特許使用料として費用計上したものです。

税務調査では、損害賠償等の異常な支出があった場合、その支出内容の適否について検討しますが、この事例でも、法務担当者から特許侵害に関する相手方企業との交渉記録等の提出を求め、内容の検討を行いました。

その結果、過去の特許侵害に係る損害賠償金部分と和解後にその特許技術を使用して製造を継続するための特許実施権対価を一括して支払っていることが判明しました。

なお、特許実施権の取得は工業所有権の取得に準じて取り扱われており、取得後の特許権の存続期間で償却していくこととなります。

85 架空のコンサルタント料が談合類似金とされた事例

Q 当社は、通信機器のメーカーですが市場拡大のため、海外への進出を計画しています。この度、海外の政府系機関の受注案件について入札に参加することとなりましたが、各国の同業他社との入札競争もあり厳しい状況の中いろいろ情報収集したいと考えています。海外での入札案件に関して、税務調査で問題となり指摘を受けたような事例はありますか。

A 海外の政府系機関の入札案件で、海外の同業社数社と組み、入札担当者から入札予定価格の情報を入手後、持ち回りで落札する会社を決めていましたが、情報入手のために架空のコンサルタント料を支出していたため、談合類似金として交際費課税を行った事例があります。

調査担当者は、海外市場調査の委託先が海外在住の個人のコンサルタントであることを不審に感じ、業務委託契約書記載の役務提供内容と調査結果報告書等成果物受領の有無、国外送金先等について検討しました。

業務委託契約書ではその市場動向等の報告書の提出がコンサルタント料支払いの条件になっていたため、相手方から提出の報告資料等やり取りをした記録の提出を求めましたが、資料は一切ありませんでした。

また、その海外在住のコンサルタントを業とするとする者についても説明もあいまいであったことから、さらに追求したところ、同人に支払った金額は同人を通じ、海外の政府系機関の入札担当者から入札予定価格の情報を入手するために支出したものである旨の説明がありました。

海外同業他社数社でそれぞれ分担しその海外在住の個人に支出することで捻出した金は政府系機関の入札担当者から入札予定価格を聞き出すために支出されたものであり、事例の会社がコンサルタント料として支出した金額については談合類似金として交際費課税の対象としました。

86 海外での長期工事案件の値増し金を引渡し時に計上していなかった事例

Q 当社では、今回海外での長期設備工事を受注し、かなりの部分の材料等を現地で調達することとなるため、鋼材等の価格変動による資材の値上がりを見込んだ値増し条項付きの工事請負契約書を締結しました。なお、工事請負代金は工事完成引渡しまでに全額収入計上する予定ですが、値増金については、別途支払われるため入金時に収入計上しようと考えています。当社のようなケースで、税務調査で指摘されたような事例はありますか。

A 海外での長期工事案件で値増し条項付き工事請負契約書を締結していた会社が、契約書記載の工事請負代金については、工事完成引渡しまでの間に全額収入計上していましたが、値増金については翌期入金時に収入計上していたため、値増金を工事完成引渡し時に収入計上すべきものとして課税処理した事例があります。

　事例の会社では、海外での長期工事が毎年複数件あり、経理担当部署では請負代金の収入計上時期については誤りのないように管理していましたが、値増金について内容を検討せず入金時の収入としていたものでした。

　調査担当者は、調査対象事業年度の工事売上と工事原価の検討と合わせ、進行事業年度の計上売上に関する工事原価台帳等の検討も行い、進行事業年度に売上だけ計上があり対応する原価の計上がない工事案件を抽出。その工事に係る工事契約書等から売上計上時期の適否の検討を行いました。

　その中に、値増し条項が付された工事請負契約があり、請負工事代金はすでに完成工事収入として調査対象事業年度までに計上済みでしたが、その値増し金が翌期に支払われていたものがありました。

　海外での長期工事の場合は、為替相場の変動リスクや現地経済状況の

変動による鋼材価格の変動リスク等があるため、工事請負契約書で資材の値上がり等に応じて一定の値増金を収入すべきことが定められている場合があります。

その場合、その建築工事等の完成引渡しの段階で既に契約に基づき収受すべき値増金の額が計算可能となりますので、金銭の授受がなくてもその収入すべき金額は、工事完成引渡しの日の属する事業年度の工事収入に算入しなければなりません。

なお、契約で収入すべき値増金の額の定めをしていない場合には、収入する値増金は相手方との交渉の結果確定することとなりますので、そのような場合にはその額が確定した日の属する事業年度の収入に計上すればよいこととなります。

87 海外の政府関係者への賄賂をコンサルタント料としていた事例

Q 当社は、中国市場進出のために、最初は上海市場をターゲットに、現地企業との取引のための受注活動を行いたいと計画していますが、中国での政治・文化等の違いで大変だと聞いています。上海に進出した企業の受注活動等で税務調査で問題となり指摘された事例はありますか。

A 上海のコンサルタント会社に対するコンサルタント料の支払いが、実際は、スムーズに輸入手続が済むよう地元政府関係者を含む税関職員等へ渡ったとされる支出であるが、支出相手を特定できないため全額使途不明金として損金不算入とした事例があります。

調査担当者は、上海のコンサルタント会社への単発の支払いについて、契約書は存在するものの役務提供の内容を確認できる資料がなく、また、送金先が個人口座となっていることに不審に感じ、そのコンサルタント会社に関しダン・レポートによる企業情報を照会。その結果、コンサルタント会社は活動実態のない休業状態の会社であると認められました。

海外事業の窓口担当者を問いつめた結果、事情があり自社製品を上海の保税倉庫に長期間留め置く状態が続いたが、地元税関職員から多額の保管料の請求等の嫌がらせともとれる要求をされたため、地元政府関係機関や税関等に顔の聞く者に、スムーズに税関手続が済むよう依頼したとの説明がありました。

その際、必要な資金を同人が経営するコンサルタント会社に対するコンサルタント料の名目で支払い、その資金が各地元政府関係者等へ渡っているはずであるが、相手先は知らないとの説明でした。

調査担当者は、使途秘匿金課税適用の適否を考慮しましたが、支出に至った経緯や実際の支出先を知らない等の点を考慮し使途不明金として課税処理をしたものです。

88 役務提供が完了していないとして当期の調査費用計上を否認された事例

Q 当社は、当社製品を海外市場で販売するための市場調査を現地の調査会社に委託することとし、調査期間は、当事業年度の下半期である9月から翌年3月末までとして業務委託契約書を締結しました。なお、業務委託手数料については調査期間の末日の属する当事業年度の調査費として費用計上しようと考えていますが、税務調査で注意すべき点として指摘されたような事例はありますか。

A 経理部門の担当者は、海外担当部署から経理伝票とともに回付されてきた市場調査報告書の表紙のコピーに基づき、当事業年度の調査費として費用計上していましたが、市場調査報告書は翌事業年度になってから送付されてきたものであり、役務提供は当事業年度に完了していないとして、当事業年度の調査費計上を否認した事例があります。

なお、経理部門の担当者は市場調査報告書の表紙に記載の調査対象期間が当事業年度末日までとなっていたため、当期の費用として計上したものでした。

調査担当者が海外の調査会社との業務委託契約書の内容を検討したところ、上記事例では相手方からの市場調査報告書の納品・検収をもって業務委託の完了とし、業務委託手数料を支払う旨の記載となっていました。

業務委託期間が事業年度末までとなっていた場合、相手方ではその後に調査内容をまとめ報告書を作成することとなるため、報告書の完成・引き渡しは翌事業年度に入ってからとなるのが一般的です。

海外担当部署の担当者にいつどのような方法で市場調査報告書が送られてきたのか確認したところ、現地の市場調査会社からはメールによる添付ファイルで市場調査報告書が送られてきている旨の説明がありまし

たので、同人の了解のもと同人のパソコンに送られてきていたメールを開きいつ送付されてきたか確認したところ、翌事業年度に入り送付されてきていることが確認されました。

　税務調査では、いろいろな種類の業務委託契約に関する契約書を目にすることがありますが、架空取引による不正資金の捻出の有無等の検討を行う際は、調査・研究などの報告書等の納品が業務委託手数料支払いの条件となっているものについて、実際にいつ納品されているのか納品日の確認と、成果物である報告書の内容確認を保管場所等に臨場し行う場合があります。

第3章

国際課税と税務調査
［源泉所得税編］

① 「総合主義」から「帰属主義」へ

Q 平成29年分の所得税が「総合主義」から「帰属主義」に変更されるということですが、これまでとどう変わるのでしょうか。

A 国際課税の原則について、いわゆる「総合主義」に基づく従来の国内法を、平成26年度以後の改正で、OECDモデル租税条約に沿った「帰属主義」に見直されました。

具体的には、恒久的施設（PE：Permanent Establishment）が得る所得については、居住者については、日本の本店から分離・独立した企業であったとした場合に得られる所得とするとともに、本店と外国の「恒久的施設」との間の内部取引を認識します（一般的な取引とする）。

恒久的施設を有する非居住者については、恒久的施設を通じて第三国で得る所得について、日本と第三国の両方から課税されて二重課税が生じる場合、その二重課税を排除するために新たに恒久的施設を有す非居住者のための外国税額控除制度が創設されました。

また、共通の費用を合理的に配分する規定が定められ、その事実の明細を記載した書類を作成（所法166の2、所規68の2、68の3）、および証憑類の保存などの整備が行われました。

次の取扱いが、所得税基本通達として定められました。

1　恒久的施設帰属所得関係

恒久的施設を通じて生ずる所得を「恒久的施設帰属所得」とし、国内源泉所得とされた。

(1) 恒久的施設帰属所得については、非居住者の恒久的施設および事業場等が果たす機能並びに恒久的施設および事業場等に関する事実の分析により、恒久的施設が果たす機能、恒久的施設に帰せられるリスク、恒久的施設において使用する資産、恒久的施設に帰せられる外部取引、内部取引その他の状況を特定し、これらの状況を総合的に勘案して恒久的施設帰属所得を認識する（所基通161－9）。

(2) 内部取引から生ずる恒久的施設帰属所得の金額の計算について、居住者の所得の金額の計算について定めた取扱いが適用される(所基通165－4)。

2 非居住者に係る外国税額控除関係

非居住者に係る外国税額控除制度が創設されたことに伴い、居住者に係る外国税額控除の取扱いについて、非居住者に係る外国税額控除の適用の際においても適用される(所基通165の6－1)。

3 非居住者および外国法人に対する源泉徴収関係

恒久的施設帰属所得に内部取引から生ずる所得が含まれることとされたことに伴い、内部取引から生ずる所得については、源泉徴収を要しない(所基通212－3)。

4 居住者に係る外国税額控除関係

居住者に係る外国税額控除について、外国税額控除の控除限度額の計算の基礎となる国外所得金額に関する規定が創設されたことに伴い、国外事業所等を通じて行う事業に係る所得のみについて所得税を課するものとした場合に課税標準となるべき金額の意義について、外国の法令に従って計算するのではなく、日本の税法に則り計算する(所基通95－5)。

② 租税条約と復興特別所得税

Q 海外取引先との取引を検討したところ源泉徴収をすべきと判断されました。租税条約による、限度税率（軽減税率）を適用して源泉徴収する際にも復興特別所得税を徴収する必要がありますか。

A 租税条約の適用により、国内法に規定する税率以下となるものについては、復興特別所得税を併せて源泉徴収する必要はありません（復興財源確保法33③）。

「東日本大震災からの復興のための施策を実施するために必要な財源の確保に関する特別措置法」（平成23年法律第117号）が公布され、復興特別所得税の規定が平成25年1月1日から施行されています。

この法律により、平成25年1月1日から平成49年12月31日までの間に生ずる所得について復興特別所得税（本来課される所得税額に対して2.1％）が課されます。

内国法人・居住者はもとより、国内源泉所得の支払いを受ける外国法人および非居住者の双方に適用されます。

ところで日本が締結する二国間租税条約では、相手国居住者（法人・個人）に支払う利子・配当・使用料につき、国内法（所得税法および租税特別措置法）の税率よりも低い税率である「限度税率」を設けているものが少なくありません。

また、日米条約などでは、日米間で授受される使用料や一定の親子間配当は「源泉地免税」としています。このような条約特典により免税となる国内源泉所得も、もちろん復興特別所得税の対象外となります（復興財源確保法33③）。

例えば日米租税条約では、持株割合50％超で一定の要件を満たす親子会社間配当は源泉税が免税となっているため、復興特別所得税は加味しない、ということになります。つまり、源泉徴収税額は0円のままです。また、持株割合10％以上の親子会社間配当では軽減税率として5％であ

ることから国内法よりも税率は低く、こちらも復興特別所得税分を加味する必要はない、ということになります。

また、その月の支払いの中に、復興特別所得税のかかる非居住者への支払いと、租税条約の限度税率での支払いの両者がある場合には、源泉徴収した税額を納付する際、それぞれ別の納付書（共に非居住者用）を用いて納付することとされています。

＊合計税率の計算式

所得税率(％)×102.21％＝合計税率(％)

所得税率（％）	5	7	10	15	20
合計税率（％） 上記の所得税率 ×102.1％	5.105	7.147	10.21	15.315	20.42

＊所得税率に応じた合計税率の例

算出した所得税および復興特別所得税の額に1円未満の端数があるときは、その端数金額を切り捨てます。

3 人的役務の提供契約

Q 当社は、有名ギタリストによるコンサートを企画し、日本に恒久的施設を有していない米国法人Aとの間で、英国人ギタリストBを出演させるという人的役務の提供契約を交わしました。当社は、出演料として5,000万円をA社に支払ったほか、Bの滞在費等を直接ホテル等に支払っています。また、A社はBに出演料4,800万円を支払っています。なお、A社はBのワンマンカンパニーには該当しません。日本での課税関係を教えて下さい。

A A社が受け取る出演料は、芸能人の役務を提供することにより稼得するものですから、所得税法第161条第二号に規定する「人的役務の提供を主たる内容とする事業の対価」に該当します。

貴社は、国内、国外を問わず5,000万円を支払う際、支払金額に20.42%の税率を乗じた金額を所得税として徴収し、納付することとなります（所法212、213）。なお、貴社が直接ホテル等に支払った滞在費等については、原則として対価に含まれますが、通常必要であると認められる範囲内のものであれば、課税しなくても差し支えありません。

また、ギタリストBは、国内において人的役務の提供を行ったので、受け取る出演料は所得税法161条第八号イに規定する「人的役務の提供に対する報酬」に該当します。課税関係は下記の通りです。

(1) A社が、国内においてBに出演料（4,800万円）を支払う場合、支払金額に20.42%の税率を乗じた金額を所得税として徴収し、納付することとなりますが、A社が貴社から人的役務の提供事業の対価5,000万円を受け取る際に20.42%（1,021万円）を源泉徴収されるので、源泉徴収された後の3,979万円については既に源泉徴収されたものとみなし、残額821万円（4,800万円−3,979万円）についてのみ源泉徴収を要することとなります（所法212、213、215）。

(2) A社が、国外において、Bに出演料（4,800万円）を支払う場合に

は、A社は、国内に恒久的施設を有しないので、源泉徴収は要しないこととなります（所法212、215）。

租税条約の検討

日米租税条約では、人的役務の提供事業から生じた所得については、産業上または商業上の利得とし、日本国内にある恒久的施設を通じて活動に従事しない限り、日本の租税は免除されることとなっています（条約7（1）、（5））。また、日英租税条約では、音楽家が音楽家としての個人的活動によって稼得する所得に対しては、日本において租税を課することができるとされています（条約16）。結論として、A社は、国内に恒久的施設を有しておらず、また、ワンマンカンパニー(注)にも該当しませんので、日本の租税は免除されます。従って、A社から租税条約に関する届出書（様式6）が提出されていれば、貴社が人的役務の提供事業の対価（出演料）を支払う際には、源泉徴収は要しないことになります。

ギタリストBについては、

(1) A社が国内において、Bに出演料を支払う場合、支払金額に20.42％の税率を乗じた金額を所得税として徴収し、納付することとなります。

(2) A社が、国外において、Bに出演料を支払う場合、A社は、国内に恒久的施設を有していないので、源泉徴収は要しないこととなります（Bの稼得した所得については、源泉徴収の対象となりませんが、Bは申告により納税する義務を有します）。

(注) ワンマンカンパニー（一人会社）とは、人的役務の提供を行う者がその雇用者である法人等の実質的な所有者であり、その実質的な所有者の人的役務が源泉地国で取得する法人等の所得の50％以上となっている場合の法人を意味します。

④ 不動産の賃借料

Q 当社（外国法人Ａの日本支社）は、米国の居住者Ｂが日本国内に所有している貸ビルに係る賃貸借契約を締結しています。この契約に係る賃貸料は、当社の本社が米国においてＢに直接支払い、日本支社は、本社に賃貸料相当額を送金しています。国内源泉所得の課税関係を教えて下さい。

《図表　貸借関係図》

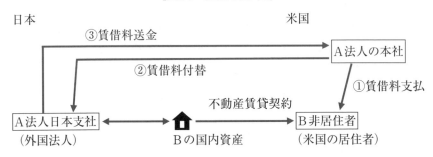

A 賃貸借契約の対象となる貸ビル（不動産）が日本国内に存在していますから、Ａ法人の本社がＢに支払う賃借料は、所得税法第161条第3号の国内源泉所得に該当し、源泉徴収の対象となります。

　この場合、図表①の支払いは、本社がＡ法人の日本支社の委任を受けて行ったものと認められ、図表②、③は、この委任の清算にすぎません。

　従って、この支払いが国外であっても、所得税法第212条第2項および第213条第1項の規定が適用されることとなり、日本支社は、本社がＢに賃借料を支払った日の属する月の翌月末日までに、支払額に20.42％の税率を乗じた額を所得税として納付することとなります。

　日米租税条約では、不動産から生じる所得に対しては、その不動産の存在する締結国が租税を課すことができることとされています（条約6(1)）。

従って、不動産の所在地国が第一次課税について優先権を持つこととなりますが、不動産貸付業の所得についても、租税条約において別途に規定している事業所得条項に優先して、この不動産所得に関する条項が適用される例が多いです。

　このため、不動産所得は、恒久的施設の有無やその所得が恒久的施設に帰属するかどうかにかかわらず、その不動産の所在地国で課税することになります。

　「不動産」の定義は、基本的にその不動産の所在地国の法令に従うとしています。

　不動産に該当するものとしては、
① 　不動産に付属する財産
② 　農業または林業に用いられる家畜類および設備
③ 　不動産に関する一般法の規定がある権利、不動産用益権
④ 　鉱石、水その他の天然資源の採取または採取の権利の対価として料金を受領する権利

…が挙げられています（OECDモデル租税条約6）。

　船舶、航空機の賃借料等については、所在地国の法令にかかわらず、不動産として取り扱わず一般的な使用料の範囲に含めています。

5 日本の子会社から外国法人への配当

 日本国内に恒久的施設を有しない米国法人である当社は、日本法人Aの株式の30％を平成24年12月28日に取得し、現在まで所有しています。

A社は当社に対し、平成28年3月25日に支払いの確定した平成27事業年度（同27年1月1日～同27年12月31日）分の配当を、同28年3月28日に支払いました。

取扱いの概要を説明をお願いします。

 原則として、配当に対して、A社は20.42％の源泉徴収を要します。

日本から海外に対して、利子や配当、使用料などを支払う場合、原則20.42％の源泉所得税が課され、支払者がその源泉徴収義務を負うことになります。

しかし、租税条約の適用によって、このような海外への支払いに対する源泉所得税の減免が認められることがあります。

これまでは日米租税条約の配当に対する源泉税率は、一般配当については15％、親子会社間配当（持株比率10％以上）では10％でした。新条約では、一般配当は10％、親子会社間配当は5％、さらに親子会社間配当のうち、配当確定日より遡って12ヵ月間配当支払法人の議決権のある株式の50％超を保有している場合には免税という、3段階の税率の適用となります。但し、配当受領者である親会社は、条約に定めるその国（子会社が米国の場合は日本、子会社が日本の場合には米国）の居住者（適格居住者という）でない場合には、免税の適用を受けることができません。

租税条約の適用による課税減免のための手続については、租税条約の実施に伴う特例等に関する法令に定められています。これによると、租税条約の規定に基づく源泉所得税の減免を申請する場合には「租税条約に関する届出書」を対象となる所得の支払いの前日までに、支払者の納

税地の所轄の税務署長に提出する必要があります。

　租税条約に関する届出書は、対象となる所得の受領者が支払者を通じて提出しますが、海外への支払いについては、源泉税控除後の手取額で契約しているケースも多いため、実務上は支払者が租税条約の届出を正しく行うことも重要となります。また租税条約に関する届出書の提出を行わなかった結果、源泉所得税の支払いが過少または不納付となっていたような場合には、源泉徴収義務者である支払者側に所定のペナルティー（延滞税・不納付加算税）が課されることになりますので注意が必要です。

　また、日本における「配当の支払いを受ける者が特定される日」は、利得の分配に係る会計期間の終了の日であることが両国間で了解されています。

　従って、「配当の支払いを受ける者が特定される日」とは、具体的には、期末配当の場合には事業年度終了の日、期中配当の場合にはその計算期間の対象となった臨時会計年度の終了の日である臨時決算日となります。

⑥ ゴルフの賞金・賞品

Q 当社（内国法人自動車メーカー）は、ゴルフトーナメントを開催し、優勝者に対して賞金2,000万円と副賞（200万円相当の自動車）を贈ることとしていました。その結果、米国の居住者であるA選手が優勝し、賞金および副賞を獲得しました。この場合の課税関係について教えて下さい。

A この賞金および副賞は、トーナメントの主催者である貴社が、特定の者（プロゴルファー）に参加を要請し、これらの者を対象に、その競技の成績を表彰するために支払う賞金品であるため、人的役務の提供に対する報酬に該当し、その事業広告宣伝のための賞金とは認められません。所得税法第161条第八号イに規定する国内源泉所得に該当するので、貴社はAに対してこの賞金品を支払う際、支払金額に20.42％の税率を乗じた金額を所得税として源泉徴収し、翌月10日までに納付することになります（所法212①、213）。

また、日米租税条約第16条第1項は、運動家等として日本で行う個人的活動によって取得する所得については、その総収入の額（その運動家等に対して弁償される経費および運動家等に代わって負担される経費を含む）がその課税年度において10,000米ドルまたは日本円によるその相当額を超える場合には、日本で課税することができることとされています。従って貴社の場合、A選手の総収入の額が日本円による10,000米ドル相当額を超えていますので、日本で課税されることとなり、その支払いの際に源泉徴収をする必要があります。

商品として提供される自動車がトーナメントの主催者や共催者ではなく、単なる協賛先であるメーカー等から直接支給されるものである場合には、当該商品は、所得税法第161条第九号に規定する「広告宣伝のための賞金」に該当します。

この場合、日米租税条約が、この「広告宣伝のための賞金」に関する

規定を置いていないためいわゆる「明示なき所得」に該当し、日米租税条約第21条の規定により、国内法に従って課税されることになります。

7 絵画・美術工芸品の賃貸料

Q 当社は、海外の美術館等から絵画、美術工芸品、遺跡の埋蔵品、恐竜の化石等を借受け、展覧会等を開催しています。これらの絵画等の賃借料の支払いに当たって源泉徴収は必要ですか。

なお、絵画等の著作権は、著作者の死亡後50年以上経過しているため消滅しています。また、海外の美術館等は日本に恒久的施設を有していません。

A 絵画等の賃借料は、所得税法第161条第七号ハに既定する使用料に該当しますので、源泉徴収が必要です。

もっとも、租税条約締結国の居住者等に支払う場合には、各国との租税条約の規定に応じて次の通りとなります。

① 米国、英国、フランス、ノルウェーおよびオーストラリアの居住者等に支払うものである場合…租税条約上の事業所得条項が適用されるので、日本国内に恒久的施設を有しない場合には所得税は課されず、所得税の源泉徴収も要しない。ただし、租税条約に関する届出を行うことが必要(租税条約の規定に基づき源泉徴収税額の免除を受けるための手続)

② タイの居住者等に支払うものである場合…国内法の規定により源泉徴収を要する

③ ①および②以外の条約締結国の居住者等に支払うものである場合…租税条約上の使用料条項が適用され、各租税条約に規定された軽減税率による所得税の源泉徴収を要する。ただし、租税条約に関する届出を行うことが必要(租税条約の規定に基づき源泉徴収税額の免除を受けるための手続)。

使用料の取扱いを整理すると次のようになります。

1 所得税法上の取扱い

非居住者(外国法人を含む)に対して支払う機械、装置および用具(車両、運搬具、工具、器具および備品)の使用料は、源泉徴収の対象と

なる国内源泉所得に該当し（所法161七ハ、所令284①）、ここでいう「備品」には、美術工芸品、古代の遺跡物等も含まれることとされています（所基通161－27）。従って、所得税法上、非居住者に対して支払う絵画等の賃借料は、その支払いの際に源泉徴収を要することとなります（所法212①）。

2　租税条約上の取扱い

例えば、日伊租税条約第12条では、「産業上、商業上若しくは学術上の設備」の使用料については軽減税率を適用する旨を規定しています。ここでいう「設備」とは、英文では「equipment」が用いられており、「equipment」は「設備」のほか「備品」の意味を有します。所得税法の取扱い上、前記の通り「備品」には、美術工芸品、古代の遺物等も含まれることとしており、租税条約の適用に当たっても国内法と同様に絵画等も「設備」に含まれるものと解されます。

ところで、日本が締結している租税条約における設備の使用料に関する規定ぶりは、次の3つに大別され、課税関係は次のようになります。

① 設備の使用料を使用料条項に含めていないもの（米国等）…事業所得条項が適用され、日本の国内に恒久的施設がなければ免税となる。

② 設備の使用料を使用料条項に含めておらず、かつ、事業所得条項からも除外しているもの（タイ）…租税条約上特段の規定は存在しない所得（いわゆる明示なき所得）であり、日タイ租税条約においては、その所得を所得源泉地国においても課税できることとしている（日タイ租税条約20③）ことから、国内法の規定による課税関係となる。

③ 設備の使用料を使用料条項に含めるもの（イタリア等）…使用料条項に規定する軽減税率により源泉徴収を要す。

8 非居住者の判定(1)

Q 当社社員Aは、タイ支店での2年間勤務のため平成27年3月に出国しましたが、業務の都合により平成27年8月に帰国し国内勤務となりました。そして、出国中の平成27年5月に、Aの控除対象扶養親族が死亡しました。所得税の納税義務者の区分はどうなりますか。

また、死亡した控除対象扶養親族を扶養控除対象にはできますか。

A 1年以上の期間の予定で海外支店勤務のため出国した者が、業務の都合により1年未満で国内勤務となり帰国した場合、事情変更が生じたときに居住者・非居住者の再判定を行うこととなりますが、遡及して居住者・非居住者の区分が変更されることはありません。

当初1年以上の海外勤務の予定で出国した者は、出国の当初から非居住者として取り扱われますが、その勤務期間が1年未満となることが明らかとなった場合には、その明らかになった日以後は居住者となります（出国時に遡及して居住者となることはありません）。

帰国して再び日本の居住者となった者は「給与所得者の扶養控除等の申告書の提出」と「1年間に支払うべきことが確定した給与の総額が2,000万円以下の人」の要件を満たしていれば年末調整対象者となります。

年末調整は、居住者であった期間（1～3月、8～12月）に支払う給与を合計して行います。また、当初1年未満の海外勤務の予定で出国した場合には、その時においては居住者として取り扱われますが、その後事情の変更があり海外勤務が1年以上となることが明らかとなった場合には、その明らかとなった日以後は非居住者となります。

また、年の中途で非居住者が居住者になった場合の税額の計算に当たり、扶養控除や配偶者控除などの人的控除については、居住者期間内だけの要件等で判定することとはされていません（年間を通じて居住者であった者と異なった取扱いが定められているわけではありません）（所法102、所令258）。従って、非居住者期間内に死亡した控除対象扶養親族

についても、その死亡の時点で控除対象扶養親族としての要件を満たしていたのであれば、扶養控除の対象とすることができます。

9 非居住者の判定(2)

Q 当社の米国子会社の社員A(米国の居住者)が来日し、本年8月1日から翌年3月末までの8カ月間、当社の茨城工場で研修を受けることとなりました。この間の給与は、日米租税条約における短期滞在者免税を適用してよいですか。

また、短期滞在者免税の適用要件である滞在期間を判定するに当たっては、入出国の日を共に加えて計算するのでしょうか。

A 米国子会社の社員Aさんは、日米租税条約の短期滞在者免税の適用はなく、日本で課税されることになります。

日米租税条約の短期滞在者免税の適用を受けるためには、その課税年度において開始または終了するいずれの12カ月間においても給料等の受領者による勤務地の滞在期間が合計183日以内である必要があります(日米租税条約14②(a))。

Aさんの場合、本年8月1日から12カ月間における日本の滞在日数が既に合計183日を超えますので、その期間の給与については、短期滞在者免税の適用は受けられないこととなります。

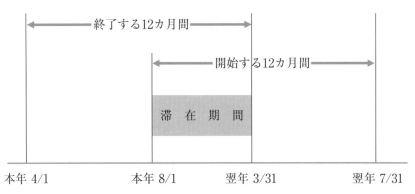

また、短期滞在者免税における滞在期間は物理的な滞在日数の合計によるべきものと解されており、その滞在期間の合計が183日を超えるかど

うかは、入出国の日のいずれも加えて判定することになります。

なお、短期滞在者免税の適用要件である滞在期間について、OECDモデル条約第15条関係のコメンタリーパラグラフ5では、次のように説明されています。

① 滞在期間に含まれるもの

1日のうちの一部、到着日、出国日、役務提供地国での土曜日・日曜日・国民的祝日・休日（役務提供前、期間中および終了後）、役務提供地国での短期間の休暇、病気（当人が出国することがでない場合を除く）の日数、家族の病気や死亡、研修、ストライキ、ロックアウト、供給の遅延により役務提供地国で過ごした日数

② 滞在日数に含まれないもの

活動地国の外にある二地点間のトランジット、役務提供地国外で費やされた休暇、短期間の休暇（理由を問わない）

⑩ 非居住者等からの国内の土地等の購入

Q 私は、弁護士業を営んでいます。この度、共同事業者であった友人（英国籍）が帰国することになり、所有していた土地および建物を1億2,000万円で購入し、事務所として使用することになりました。友人は、この建物を居宅として使用していたこともあり、帰国後に購入手続きをすることになりました。

この不動産の購入について、私が、国内の不動産の購入とは異なる税務上の留意すべき点はありますか。

購入額に対して所得税を徴収して納付する必要があります。なお、消費税については不課税となります。

居住者が、非居住者や外国法人（以下「非居住者等」）から日本国内にある土地等を購入して、その譲渡対価を国内で支払う者は、その居住者が事業者であるか否かを問わず、非居住者等に対して対価を支払う際に10.21％の税率で所得税および復興特別所得税を源泉徴収しなければなりません。

ここでの源泉徴収の対象となる「土地等」の範囲には、土地または土地の上に存する権利、建物およびその付属設備、構築物が含まれます。

源泉徴収義務者には「土地等の譲渡対価の支払いをする者」のすべてが含まれていることから、給与の支払者であるかどうかを問わず、一般のサラリーマンなども非居住者等に対して土地等の譲渡対価を支払った場合、原則として源泉徴収義務者になります（所法161①五、164、212）。

なお、個人が自己またはその親族の居住の用に供するために、非居住者から土地等を購入した場合であって、その土地等の譲渡対価が1億円以下である場合には、その個人は、支払いの際源泉徴収をしなくてもよいことになっています（所令281の3）。

また、日本が締結している多くの租税条約では、土地等の不動産の譲

渡対価について、不動産の所在する国においても課税できるとする規定を置いています。

　従って、非居住者等が国内にある不動産を譲渡した場合には、租税条約においても、その譲渡により生じる所得について、日本で課税できることになっていますので、国内法通りの課税をすることになります（所法161①五、164、212、213、所令281の3、復興財確法8、9、10、28）。

　ご照会の場合、共同事業者であった友人（英国籍）は帰国するまで居住者であったと思われますが、母国で生活されるようですのでその場合には、出国した日の翌日から非居住者になります。

　従って、購入費を支払う際に源泉徴収をする必要があります。

　なお、消費税については、個人間の取引ですので、不課税取引となり（消法2①八・九、4①）消費税はかかりません。

11 不動産の譲渡（1億円の判定）

Q 非居住者から土地・建物を取得する場合、対価の額が1億円以下のときは、自宅兼事務所を取得した場合でも源泉徴収を要しないと解してよいですか。また、取得する土地・建物が共有されている場合の「1億円」の判定はどのようになりますか。

A 取得する土地・建物に居住用以外の部分が含まれる場合であっても、居住の用に使われる部分が主たる部分であり、かつ、土地等の対価の額が1億円以下のときは、その居住用以外の部分も含め源泉徴収をする必要はありません。その対価の支払者が「その土地等を自己またはその親族の居住の用に供するために譲り受けた個人」に該当するかどうかの判定は、その取得の主たる目的により行います。その家屋の床面積の2分の1以上を居住の用に供する場合、「居住の用に供するための取得」となります。

　非居住者等に支払う国内にある土地等の譲渡対価については、その対価を支払う者が、原則として源泉徴収を行うこととされています（所法161①の3、212①）。しかし、土地等の譲渡対価が1億円を超えず、かつ、その土地等を自己またはその親族の居住の用に供するために譲り受けた個人から支払われる対価については、源泉徴収の対象となる土地等の譲渡対価から除かれています（所令281の3）。

　この場合、譲渡対価が1億円超であるかどうかの判定は、所得税法施行令第281条の3の規定上、支払金額または譲り受けの対価といった土地等の取得者側を考慮した規定ぶりとはなっておらず、あくまで土地等を譲渡した側の譲渡対価の額で判定する規定ぶりとなっています。従って譲渡者1人ごとに1億円超かを判定します。

12 国内源泉所得（利子）

Q 当社は、日本に恒久的施設（PE）を有しないオランダ法人Aの子会社（内国法人）です。親会社Aから設備投資資金10億円を借り入れ、借入利息2,000万円を支払いました。この資金は、アジア地域を統括する当社が新たに台湾に建設する工場の設備投資に使用したものです。当社がオランダ法人Aに支払った2,000万円の利子については、資金の使用地が国外であるため国内法では国内源泉所得になりませんが、日蘭租税条約での課税関係はどうなりますか。

A 国内法上、貴社が台湾工場の建設に使用した貸付金の利子は、国内源泉所得に該当しませんから、日本では課税されません（国外源泉所得）。

これに対して、日蘭租税条約では、

① 利子の支払者が内国法人S社であるため、日蘭租税条約第11条に規定する一方の締結国（日本）において生じた利子に該当することとなり、2,000万円は国内源泉所得となります。

② 日蘭租税条約第11条は一方の締結国（日本）内において生じた利子については、限度税率を10%にしているため、国内法上の源泉税率である20%は10%となります。

従って、2,000万円の利子については、国内源泉所得として10%で源泉徴収し、分離課税となります。

（参考資料）
日蘭租税条約第11条第2項
　第1項に規定する利子に対しては、当該利子が生じた締結国においても…租税を課すことができる。その租税の額は、…10%を超えないものとする。
日蘭租税条約第11条第6項
　利子は、その支払者が一方の締結国の居住者である場合には、当該一方の締結国内において生じたものとされる。

13 来日芸能人に支払う報酬

Q 当社は、ポップ歌手K（非居住者）の公演を主催し、韓国の芸能プロダクションA社にKの東京と札幌の公演を依頼しました。当社はA社に興業報酬3億円を支払い、A社は、Kに出演報酬として2億円（税引き前）を支払っています。

A社への支払いと、A社のKへの支払いは、国内源泉所得に該当しますか。

A A社に対する支払いは、所得税法第161条第二号に規定する人的役務提供事業の対価で国内において行われるものに該当します。またKが取得する報酬は、所得税法161条第八号に規定する人的役務の提供に対する報酬で国内において行うものに基因するものに該当します。いずれも国内源泉所得となります。

同条第二号に規定する「人的役務の提供事業」とは、自ら人的役務を提供するのではなく、①非居住者が営む自己以外の他の者の人的役務の提供、②外国法人が営む人的役務の提供をいい、「自己以外の他の者」とは、自分が雇用または支配下に置く芸能人や雇用契約等のない第三者などを指します（所基通161－10）。

14 不動産所得（社宅として貸付）

Q 当社の従業員であるAは、3年間の予定で米国子会社S社に勤務することとなり、昨年12月31日に出国しました。本年の米国での給与は年間700万円です。

またAは出国にあたり、日本の自宅を当社に社宅として貸し付けており、本年は賃借料として年間300万円の収入を得ています。非居住者Aの不動産賃貸料300万円に対する課税について教えて下さい。

A 国内法上、Aの日本の自宅の貸付けの対価は、国内源泉所得（所法161三）として課税の対象となりますから、20.42％で源泉徴収の上、確定申告する必要があります。（所法164①四、212①）。

租税条約の適用により国内法の課税関係が変更されるかどうかについては、Aの居住性を確認した上で、次の点について検討する必要があります。Aは、日米租税条約の適用を受ける米国の居住者に該当しますので、下記の通りとなります。

1 国内源泉所得の検討

日米租税条約第6条に規定する「他方の締結国（日本）内に存在する不動産から取得する所得」に該当するが、同条はソースルールを定めておらず、国内法のソースルールがそのまま適用されることから、国内源泉所得の判断は変わりません。

2 日米租税条約第6条

この条文では、「他方の締結国（日本）内に存在する不動産から取得する所得」に対する、その他方の締結国の課税権を認めています。

《日米租税条約第6条第1項》

一方の締結国の居住者が他方の締結国内に存在する不動産から取得する所得に対しては、当該他方の締結国において租税を課すことができる。

15 短期滞在とは

Q 米国法人A社の社員B（米国居住者）は、3カ月間の勤務予定で平成27年7月1日に来日し、A社の東京支店で勤務。9月30日に米国へ帰国しました。Bの平成27年の年間給与は1,200万円ですが、在日期間中の給与については、来日前と同様に米国本店からBに対し、米国国内で支払われています（留守宅宛に小切手送付）。米国本店は、Bの日本滞在期間中の給与（300万円）について、後日、東京支店に請求し、東京支店が負担しています（東京支店は損金に算入）。Bが日本国内で勤務した期間に係る給与に対する課税関係を教えて下さい。

A 国内法上、Bは非居住者となります。Bが取得する給与のうち、東京支店で行った3カ月間の勤務分（300万円）は、国内源泉所得として課税対象となり、20.42％が源泉徴収されて、分離課税が行われます。

$$給与の総額（1,200万円） \times \frac{国内勤務（91日）}{計算期間（365日）} = 299万円（300万円）$$

＊国内勤務部分については300万円として説明。

租税条約の適用により国内法の課税関係が変更されるかどうかについては、Bの居住性を確認した上で検討する必要があります。

Bは日米租税条約の適用を受ける米国の居住者に該当しますので、下記の通りとなります。

1 国内源泉所得の検討

Bの受領する給与（日本滞在期間に対応するもの）は、日米租税条約第14条に規定する「給料」に該当します。また、同条における勤務の行われた地は日本国内です。

2 課税態様

Bの受領する給与（日本滞在期間に対応するもの）は、日本国内に有する恒久的施設が負担しているため、国内法の課税を変更する規定（短

期滞在者免税規定）の適用要件のうち、三つ目の要件を満たしていません。従って、短期滞在者免税は適用されないため、国内法による課税は租税条約の適用によって変更されません。

短期滞在者免税規定の適用要件のうち「三つ目の要件」とは、恒久的施設の損金計上により法人税がそれだけ減少する場合には短期滞在者免税を認めない（給与の所得税を課税）とする趣旨です。

《日米租税条約第14条第1項、第2項》
1 （第2文）勤務が他方の締結国内において行われる場合には、当該勤務から生ずる報酬に対しては、当該他方の締結国において租税を課することができる。
2 1の規定にかかわらず、一方の締結国の居住者が他方の締結国内において行う勤務について取得する報酬に対しては、次の（a）から（c）までに掲げる要件を満たす場合には、当該一方の締結国においてのみ租税を課すことができる。
（a） 当該課税年度において開始又は終了するいずれの12カ月の期間においても、報酬の受領者が当該他方の締結国内に滞在する期間が合計183日を超えないこと
（b） 報酬が当該他方の締結国の居住者でない雇用者又はこれに代わる者から支払われるものであること
（c） 報酬が雇用者の当該他方の締結国内に有する恒久的施設によって負担されるものでないこと

16 役務提供（事例① ドイツ）

Q ピアニストA（非居住者）は、コンサートのため来日しました。興行主である当社は、Aが所属する芸能法人である外国法人B社に、Aの出演料として3億円を支払いました。そしてAには、このコンサート出演に係る報酬として、B社から2億円が支払われました。AおよびB社は、ドイツの居住者であり、日本国内に恒久的施設を有していません。またAはB社を支配していません。当社の課税関係はどうなりますか。

A B社が受領した人的役務提供事業の対価3億円は、所得税法161条第2号に規定する国内源泉所得となり、またAが受領した人的役務の提供報酬2億円は、所得税法161条第八号に規定する国内源泉所得となります。日独租税条約の適用は次の通りです。

まずAについては、締結国（日本）内において行う個人的活動について取得する報酬として、日独租税条約第17条第1項に該当することとなり、Aが受領した人的役務の提供報酬は国内源泉所得となります。

B社については、AがB社を支配していないことから、日独租税条約第17条第2項に該当せず、第7条（事業所得）が適用されます。

従って、恒久的施設を有していないB社が受領した人的役務の提供事業の対価3億円は、日本では課税されません。

このとき、租税条約の規定により免税とされる非居住者等は、国内法上「免税芸能法人等」に該当するため、その免税芸能法人等から支払いを受ける芸能人等の役務の提供報酬に対しては、源泉徴収をする必要があります。免税芸能法人等に該当するB社が、その所得税を免税される対価3億円のうちから、その事業のために芸能人等の役務を提供する非居住者Aに対して、国外において所得税法161条第8号に該当する給与等である2億円を支払う際は、20.42％の税率で源泉徴収しなければなりません（実施特例法3①、措法42①）。つまり、B社が免税芸能法人等に該当する場合には、Aが受領した人的役務の提供報酬2億円について、B社

は源泉徴収を行う必要があります。

　なお、B社が受領した人的役務の提供事業の対価3億円については、実施特例法等による源泉徴収の特例の通り、一旦所得税を源泉徴収されますが、対価3億円からAに対して支払う出演報酬2億円に係る源泉所得税の納付後、「租税条約に関する芸能人等の役務提供事業の対価に係る源泉徴収額の還付請求書（様式12）」を提出することにより還付されるという手続をとることになります（実施特例法3②）。

17 役務提供（事例② 英国）

Q ヨーロッパを中心に活躍するピアニストA（非居住者）は、コンサートのため来日しました。興行主である当社は、Aが所属する芸能法人である外国法人B社に、そのコンサート出演料として3億円を支払いました。またAには、コンサート出演に係る報酬として、B社から2億円が支払われました。AおよびB社は英国の居住者であり、日本に恒久的施設を有していません。当社の課税関係を教えて下さい。

A B社が受領した人的役務提供事業の対価3億円は、所得税法161条第2項に規定する国内源泉所得で、Aが受領した人的役務の提供報酬2億円は、所得税法161条第八号に規定する国内源泉所得となります。源泉徴収については、B社が受領した人的役務提供事業の対価3億円について源泉徴収する必要がありますが（所法212①、法法138二）、Aが受領した人的役務の提供報酬2億円については、外国法人であるB社から支払われるものであり、B社は日本に恒久的施設を有していないので、源泉徴収を行う義務はありません。また、B社が受領した人的役務提供事業の対価3億円については、日本に申告する必要があります（法法141四、138二）。なお、この申告に際しては、法人税法第68条に規定する所得税額の控除について、「所得税の額」から、Aに対して源泉徴収が行われたものとみなされる金額は除かれます（法法144、68）。B社が受領した人的役務提供事業の対価3億円について、貴社により源泉徴収が行われ、この3億円からAに対し人的役務の提供報酬2億円が支払われた場合、この2億円に対する課税は、B社からAへの支払いの際、源泉徴収が行われたものとみなされることから、この2億円についてAは日本に申告する必要はありません（所法215、164②二、161八）。

租税条約の適用により国内法の課税関係が変更されるかどうかについては、AおよびB社の居住性を確認した上で検討します。

AおよびB社は、日英租税条約の適用を受ける英国の居住者に該当し

ますので、下記の通りとなります。

1　国内源泉所得の検討

　Aについては、他方の締結国（日本）内において行う個人的活動について取得する報酬として、日英租税条約第16条第1項に該当することとなり、Aが受領した人的役務の提供報酬は国内源泉所得となります。

　B社については、一方の締結国〈日本〉内において行う個人的活動について取得する報酬として、日英租税条約第16条第2項に該当することとなり、B社が受領した人的役務提供事業の対価は国内源泉所得となります。

2　課税態様の検討

　Aについて、日英租税条約第16条第1項では、他方の締結国（日本）において租税を課することができるとしているため、課税の制限はありません。またB社についても、日英租税条約第16条第2項で、一方の締結国（日本）において租税を課することができるとしているため、課税の制限はありません。従って、AおよびB社について、国内法による課税は租税条約の適用によって変更されません。

18 外国留学中のアルバイト費用

Q 私は、食堂を営む個人事業者です。この度、中国とインドから留学生をアルバイトとして雇うことになりました。中国人の留学生に支払うアルバイト代には所得税はかからないと聞いたのですが、本当でしょうか。また、かからないとすれば、何か手続が必要ですか。

A 中国から来日した大学生の日本での生活費や学費に充てる程度のアルバイト代であれば、免税とされます。また、インドから来た大学生が受け取る日本でのアルバイトによる所得は、免税とされませんので源泉徴収する必要があります。

中国から来日した大学生で、専ら教育を受けるために日本に滞在し、現に中国の居住者である者またはその滞在の直前に中国の居住者であった者が、その生計、教育のために受け取る給付または所得は、免税とされます（日中租税協定21）[注]。

一方、インドから来日した大学生については、専ら教育を受けるために日本に滞在し、現にインドの居住者である者またはその滞在の直前にインドの居住者であった者が、その生計、教育のために受け取る給付は免税とされますが、日本の国外から支払われるものに限られます（日印租税条約20）。

従って、インドから来た大学生が受け取る日本でのアルバイトによる所得は、国外から支払われるものではありませんので、免税とされません。この場合、その給与等については、その大学生が居住者か非居住者かの判定を行った上、それぞれの区分に応じた源泉徴収を行うこととなります。

以上のように、日本が締結した租税条約の学生条項は、免税とされる給付の範囲等が国によって様々であり、租税条約の適用に当たっては、各国との租税条約の内容を確認する必要があります。

（注）源泉徴収の段階で免税措置を受けるためには、給与等の支払者を経由して「租税条約に関する届出書」を、その給与等の支払者の所轄税務署長に提出する必要があります（租税条約実施特例8）。

第4章

国際課税と税務調査
［所得税編］

① 国際課税への取組み（所得税・相続税）

個人課税部門および資産課税部門の国際課税への取組みについて教えて下さい。

国際化に対する取組みの共通事項は、第1章Q5の国際化に対する取組みと同様ですが、個人課税部門および資産課税部門では、次のように取り組むこととされています。

1 資産運用が多様化・国際化する富裕層への取組み

① いわゆる富裕層（大口資産家など）については、非事業性所得の割合が極めて高く、かつ、資産運用の多様化・国際化が進んでおり、所得（フロー）を的確に捕捉することが重要となっている。

② 相続財産（ストック）を確実に把握し、相続税の適正課税を実現していくことからも、生前の資産運用の状況を含めた所得（フロー）の捕捉が重要である。

③ このため、引き続き、関連法人の申告状況等も視野に入れながら、国外財産調書等も活用して、的確な富裕層管理に努めるとともに、計画的に連携調査を実施するなど組織的な対応を図り、実態把握及び調査等の充実に取り組む。

④ 調査に当たり、生前の財産移転を把握した場合には、連携調査など適切な踏査体制を編成し、贈与税を適正に課税する。

⑤ これらの取組みにおいて有効な資料情報となり得る国外財産調書および財産債務調書については、記載された情報の有用性・重要性に鑑み、未提出と見込まれる者および記載不備者（記載不備があると見込まれる者を含む）に対する文書照会等を確実に行い、制度の定着に努める。

2 個人課税部門の取組み

個人課税部門では、上記と併せて、国際化への取組みとして、資産運用の多様化、国際化に対応するため、国外送金等調書、国外財産調書、

租税条約等に基づく情報交換資料その他の資料情報を積極的に活用し、海外取引・海外資産関連事案の的確な把握および積極的な調査を実施することとされています。

3 資産課税部門の取組み

資産課税部門では、上記と併せて、国際化への取組みとして、納税者の資産運用の国際化に対応し、相続税等の適正課税を実現するため、次の点に配意して取り組むとしています。

(1) 海外資産関連事案の的確な把握・調査

国外送金等調書および国外財産調書等の署内資料やオンライン情報等の署外資料を活用して海外資産関連事案を的確に把握し、調査手法の開発や調査事例の集積の観点も含め、租税条約等に基づく情報交換制度なども活用しつつ、積極的に調査を実施する。

(2) 海外取引・海外資産に係る資料情報の収集等

効果的・効率的に海外取引や海外資産の保有状況を把握するため、有効な資料源の開発に努める。

なお、自動的情報交換資料や、調査により把握された海外取引・海外資産の保有に係る情報については、将来の相続税の適正課税を見据え、的確にKSKシステム(「資産の所有等に関する資料(No.114)」)に入力し、蓄積する。

また、非居住者に係る情報や自発的情報交換資料等については、譲渡所得等の適正課税につながるよう、的確に活用する。

おって、他部課(部門)において把握された情報も適切に蓄積されるよう、連携体制の構築に努める。

(3) 計画的な人材育成

海外資産関連事案に対する調査能力の向上を図るため、各種研修のほか、局署調査担当者による局間短期併任を実施し、調査の中核となる職員の計画的な育成を図る。

② 富裕層対応

Q 国税庁の統計年報によれば、所得金額10億円以上の者は、平成21年に606人だったものが平成25年には1,508人に増加。相続税課税価格が30億円以上の者は、平成21年に52人だったものが平成25年には97人に増加しているとのこと。課税当局の税務調査対応等をふまえ、納税者としての留意点を簡単に説明して下さい。

A 富裕層の人数が増え、資産も増えていることから、対外投資も増えていると推察されます。他方、国外への投資、あるいは国外で持っている資産については実態の把握がなかなか難しいのも現状です。場合によっては租税回避ということもあり得ます。

　そこで、体制整備という点で、富裕層が集中している東京国税局、大阪国税局、名古屋国税局に「富裕層プロジェクトチーム」が設置されたと聞いています。

　制度上の対応として次の(1)～(3)が創設されています。

(1) 国外転出をする場合の譲渡所得等の特例

　国外転出をする一定の居住者が1億円以上の有価証券等を有する場合には、国外転出時に、有価証券等の譲渡等をしたものとみなして、未実現の含み益に課税。

(2) 国外財産調書

　国外財産に係る課税の適正化の観点から、年末時点において5,000万円を超える国外財産を保有する個人に対し、その保有する国外財産に係る調書の提出を求める。

(3) 「財産債務調書」の創設

　所得税・相続税の申告の適正性を確保する観点から、現行の財産および債務の明細書を新たに財産債務調書として整備。

　所得税等の総所得金額等が2,000万円を超え、年末時点において3億円以上の財産または1億円以上の有価証券等を保有する個人に対し、そ

の保有する財産および債務に係る調書の提出を求める。

　3つの国税局に設定されたプロジェクトチームは、上記の制度も活用して、富裕層に対する情報収集、調査のより一層の充実を図ることとされているとのことです。

　納税者および納税者の代理人となる税理士は、体制面、制度面にも十分配意して適正申告に努める必要があるでしょう。

③ 富裕層、海外取引を行う個人への調査状況

 富裕層や海外取引等を行っている個人への調査状況について教えて下さい。

 国税庁のホームページに掲載された報道発表資料によれば次の通りです。

1 いわゆる「富裕層」への対応

○ 国税庁では、有価証券・不動産等の大口所有者、経常的な所得が特に高額な者などの、いわゆる「富裕層」に対して、資産運用の多様化・国際化が進んでいることを念頭に実地調査を実施しており、平成27事務年度においても積極的に取り組んでいくこととされています。

○ 平成26事務年度においては、4,361件（前年比104.4％）の実地調査を実施し、追徴税額は総額で101億円となっています。

○ また、1件当たりの追徴税額は231万円で、実地調査（特別・一般）全体の1件当たりの追徴税額141万円の約1.6倍となっています。

2 富裕層に対する調査状況

項　目			25事務年度	26事務年度	（参考）26事務年度実地調査（特別・一般）全体
調査件数		件	4,177	4,361	49,280
申告漏れ等の非違件数		件	3,281	3,415	42,430
申告漏れ所得金額		億円	311	390	4,320
追徴税額		億円	103	101	696
1件当たり	申告漏れ所得金額	万円	745	894	877
	追徴税額	万円	246	231	141

3 海外取引を行っている者の調査状況

○ 経済社会の国際化に適切に対応していくため、有効な資料情報の収集に努めるとともに、海外取引を行っている者や海外資産を保有している者などに対して、国外送金等調書、国外財産調書、租税条約等に基づく情報交換制度などを効果的に活用し、平成27事務年度においても積極的に調査等を実施することとされています。

○ 平成26事務年度における海外取引を行っている者に対する実地調査（特別・一般）の件数は、3,322件（平成25事務年度2,717件）となっています。

○ 1件当たりの申告漏れ所得金額は、1,944万円（平成25事務年度1,698万円）で、実地調査（特別・一般）全体の1件当たりの申告漏れ所得金額877万円（平成25事務年度810万円）の約2.2倍となっています。また、申告漏れ所得金額の総額は646億円（平成25事務年度461億円）に上ります。

なお、調査対象となる取引区分は、輸出入、役務提供、海外投資等となっています。

（参考）
・輸出入…事業に係る売上および原価に係る取引で、海外の輸出（入）業者との契約による取引
・役務提供…海外において行う工事請負、プログラム設計など、第三者に対する労力、技術等のサービスの提供
・海外投資…海外の不動産、有価証券などに対する投資（預貯金等の海外での蓄財を含む）
・その他…上記以外の海外取引に係るもの（特許権使用料、金銭貸借等）

④ 所得税の納税義務者

 住所の有無や国籍などによって所得税の課税方法が異なるとのことですが、どのように規定されているのですか。

 所得税法では、居住形態によって「居住者」と「非居住者」に区分し、さらに「居住者」は日本国籍の有無によって「非永住者」と「永住者」に区分しています。そして、これらの区分によって、課税対象範囲や課税方法が異なっています。

さらに、「非居住者」については、日本国内に「恒久的施設」を持っている場合には「居住者」と同様の方法で申告することになります。

納税義務者区分		定義	課税対象範囲	課税方法	
居住者 (所法2①三)	永住者	国内に「住所」を有し、又は、現在まで引き続き1年以上「居所」を有する個人のうち、非永住者以外の者	すべての所得 (所法5、7①一)	総合課税による申告納税方式(所法21、22)	
	非永住者 (所法2①四)	居住者のうち、日本の国籍を有しておらず、かつ、過去10年以内において国内に住所又は居所を有していた期間の合計が5年以内の個人	国内源泉所得及び国外源泉所得のうち日本国内で支払われ又は国外から支払われたもの(所法5、7①二、95④、所令17)		
非居住者 (所法2①五)		「居住者」以外の個人	国内源泉所得 (所法5②、7①三、161所令279～288)	原則	源泉分離課税方式(所法164②、169～170)
				例外	総合課税による申告納税方式(所法164①、165～166、基通165－1～2)

「住所」とは、個人の生活の本拠をいい、「生活の本拠」かどうかは、客観的事実によって判定することになります。つまり、「住所」は、その

人の生活の中心がどこかで判定されます。

なお、滞在地が2カ国以上にわたる場合には、職務内容や契約等を基に「住所の推定」を行うことになります。

「居所」とは、「その人の生活の本拠ではないが、その人が現実に居住している場所」とされています。

「恒久的施設」は、国内にある支店や工場のほか、建設作業等の役務提供を1年を超えて行う建設作業場および「非居住者」のために契約を締結する権限のある代理人等とされています（所法2①八の四）。

「国外源泉所得」とは、国外にある恒久的施設を通じて事業を行う場合に生ずる所得および国外にある資産の運用、譲渡等により生ずる所得をいいます（所法7①二、95④、所令17）。

⑤ 所得課税における住所・居所

Q 所得税の課税において、住所の判定は重要だと聞きましたが、住所とは住民登録している住民票があるところと理解すればよいのでしょうか。また、居所とはどのようなものですか。所得税法上の「住所」「居所」について教えて下さい。

　所得税法は住所や居所等の居住形態に応じて納税義務者を区分し、納税義務の内容を定めています。

　住所は「各人の生活の本拠」であり、生活の本拠とは「人の生活の中心となっている場所」とされていますが、民法上の住所はさらに「定住という客観的な事実（客観主義）」の他に「定住の意思が必要（意思主義）」との考え方もあります。

　所得税の納税義務の判定において国内に住所を有するか否かについては、所得税法施行令に次の通り規定しています。

所得税法施行令（国内に住所を有する者と推定する場合）
第十四条　国内に居住することとなった個人が次の各号のいずれかに該当する場合には、その者は、国内に住所を有する者と推定する。
一　その者が国内において、継続して一年以上居住することを通常必要とする職業を有すること。
二　その者が日本の国籍を有し、かつ、その者が国内において生計を一にする配偶者その他の親族を有することその他国内におけるその者の職業及び資産の有無等の状況に照らし、その者が国内において継続して一年以上居住するものと推測するに足りる事実があること。
2　前項の規定により国内に住所を有する者と推定される個人と生計を一にする配偶者その他その者の扶養する親族が国内に居住する場合には、これらの者も国内に住所を有する者と推定する。
（国内に住所を有しない者と推定する場合）
第十五条　国外に居住することとなった個人が次の各号のいずれかに該当

する場合には、その者は、国内に住所を有しない者と推定する。
一　その者が国外において、継続して一年以上居住することを通常必要とする職業を有すること。
二　その者が外国の国籍を有し又は外国の法令によりその外国に永住する許可を受けており、かつ、その者が国内において生計を一にする配偶者その他の親族を有しないことその他国内におけるその者の職業及び資産の有無等の状況に照らし、その者が再び国内に帰り、主として国内に居住するものと推測するに足りる事実がないこと。
2　前項の規定により国内に住所を有しない者と推定される個人と生計を一にする配偶者その他その者の扶養する親族が国外に居住する場合には、これらの者も国内に住所を有しない者と推定する。

また、住所について「所得税基本通達」2－1では、法に規定する住所とは各人の生活の本拠をいい、生活の本拠であるかどうかは客観的事実によって判定するとしています。

所得税基本通達（住所の意義）
2－1　法に規定する住所とは各人の生活の本拠をいい、生活の本拠であるかどうかは客観的事実によって判定する。
（注）国の内外にわたって居住地が異動する者の住所が国内にあるかどうかの判定に当たっては、令第14条《国内に住所を有する者と推定する場合》及び第15条《国内に住所を有しない者と推定する場合》の規定があることに留意する。

（国内に居住することとなった者等の住所の推定）
3－3　国内又は国外において事業を営み若しくは職業に従事するため国内又は国外に居住することとなった者は、その地における在留期間が契約等によりあらかじめ1年未満であることが明らかであると認められる場合を除き、それぞれ令第14条第1項第1号又は第15条第1項第1号の規定に該当するものとする。

なお、居所については所得税法や所得税基本通達にも定義されていませんが、居所とは、一般的に「人が相当期間継続して居住しているもの

の、生活の本拠までには至らない場所」とされています。

　住所や居所が日本国内にあるか否かの判定は課税上大変重要になりますが、単に日本から国外に出国した事実とか住民登録や在留資格等により形式的に判断できるものでもありません。

　その者の職業や住居、その者と生計を一にする家族の居住状況、資産の有無等を総合的に考慮して判定する必要があります。

　住所や居所により所得税の課税対象となる所得が定められており、住所や居所について慎重な判断が必要となります。

6 居住者と非居住者の判定

Q 私（米国籍）は、国内法人（親会社が米国の子会社）の役員で来日して3年になりますが、仕事の関係で米国に年間150日前後出張します。また、本年4月から国内の賃貸マンションに妻と居住するようになりました。私は、いつから居住者となるのでしょうか。

A 「居住者」とは、「住所」を有しているか、または現在まで引き続き1年以上「居所」を有していたか（所法2①三）で判断します。

　あなたの場合、来日してから1年の大半が海外勤務ということなので、滞在地が2カ国以上にわたることになります。

　この場合、住所がどこにあるかを判定する必要がありますが、滞在日数のみによって判断するのでなく、例えば、住居、職業、資産の所在、親族の居住状況、国籍等の客観的事実によって判断することになりますので、外国に1年の半分（183日）以上滞在している場合であっても、日本の居住者となる場合があります。

　「本年4月から国内の賃貸マンションに妻と居住する」状態にあるとのことなので、一般的には「生活の本拠」があると考えられます。また、来日からの2年間についても、勤務状況からみると国内に「居所」があると考えられます。一方、外国の居住者となるかどうかは、その国の法令によって決まることになります。

　あなたの場合、米国籍がありますので、日本と米国との租税条約上「一方の締約国（米国）の居住者」となりますが、日本でも前述の通り「生活の本拠」や「居所」あり、「居住者（非永住者）」であると考えられます。

7 非居住者となる時期

Q 私は、3年間の海外出向で3月25日に日本を離れることになるのですが、いつから非居住者になるのでしょうか。また、前任者は、同じように3年間の予定で海外出向したのですが、2月1日に滞在期間10カ月で帰国することになりました。非居住者となる時期は、滞在期間によって異なるのでしょうか。

A 国外に居住することとなった個人が、次のいずれかに該当する場合には、その者は、国内に住所を有しない者と推定されます（所令15①）。

① その者が国外において、継続して1年以上居住することを通常必要とする職業を有すること。

② その者が外国の国籍を有し、または外国の法令によりその外国に永住する許可を受けており、かつ、その者が国内において生計を一にする配偶者その他の親族を有しないこと、その他国内におけるその者の職業および資産の有無等の状況に照らし、その者が再び国内に帰り、主として国内に居住するものと推測するに足りる事実がないこと。

なお、国内または国外において事業を営み、もしくは職業に従事するため国内または国外に居住することとなった者は、その地における在留期間が契約等によりあらかじめ1年未満であることが明らかである場合には、国内に住所を有しない者と推定されません（所基通3－3）。

また、国内に居住することとなった個人が次のいずれかに該当する場合には、その者は、国内に住所を有する者と推定されます（所令14①）。

(1) その者が国内において、継続して1年以上居住することを通常必要とする職業を有すること。

(2) その者が日本の国籍を有し、かつ、その者が国内において生計を一にする配偶者その他の親族を有すること、その他国内におけるそ

の者の職業および資産の有無等の状況に照らし、その者が国内において継続して1年以上居住するものと推測するに足りる事実があること。

出入国によって、居住者や非居住者となる場合における起算日については、次の通り取り扱われています。

　イ　居住者が出国して非居住者になる場合には、出国の日までが居住者となり、その翌日から非居住者となります（所基通2－4の3）。
　ロ　入国した場合の居住期間の計算の起算日や居住者となる日は、入国の日の翌日となります（所基通2－4）。

あなたの場合には、予め3年間の海外勤務が決まっていますので、出国した日までが居住者となり、その翌日から非居住者となります。

また、前任者（元々居住者であるという前提）のように予め3年間の海外勤務がその後における諸事情によって1年未満になった場合においても、出国のときにおいては「国内に住所を有しない者」との推定を受け、入国した場合には、「国内に住所を有する者」と推定されますので、出国の翌日から帰国の日まで非居住者となり、帰国した日の翌日から居住者とされます。

8 非永住者と永住者

Q 私(インド国籍)は、3年前に来日してインド料理店をしています。2年前に、日本人女性と結婚し、妻の実家で生活しています。私は、結婚して日本に永住を決めた2年前から永住者となるのでしょうか。なお、私は8年前から2年間、日本の大学に留学していました。

A 居住者は、「非永住者以外の居住者」と「非永住者」に分かれます。居住者のうち日本国籍がなく、かつ、過去10年以内の間に日本国内に住所または居所を有する期間の合計が5年以下である個人を「非永住者」といいます(所法2①四)。

税法上では永住者という名称は規定されていませんが、非永住者以外の居住者を一般的に永住者といいます(所法2①三四)。

従って、事業を始めるために3年前に来日したとすれば居住者と推定され、入国の翌日から居住者となりますが、日本国籍がなく、かつ、その時点では、「日本国内に住所または居所を有する期間の合計」が留学の2年間ですので、非永住者となります。

そして、入国の翌日から3年を経過した日において「日本国内に住所または居所を有する期間の合計」が5年を超えることになると思われますので、その時点からいわゆる永住者となります。

非永住者以外の居住者となるか否かは、本人の意思は関係しません。

ところで、外交官については、「国内に居住する外国の大使、公使および外交官である大公使館員並びにこれらの配偶者に対しては、課税しないものとする」いわゆる人的非課税の取扱いをしていますが(所基通9－11)、この取扱いは、国内に居住していることを前提としており、外交官が住所または居所を有しない者としているものではありません。

従って、非永住者の判定に当たっては、外交官として国内に居住していた期間も含めて判定することとなることに留意が必要です。

9 海外資産への課税の概要

Q 居住者が海外取引や海外に所有する財産の運用等で得た所得について、課税方法はどのようになっているのでしょうか。外国の所得税の対象になると法律で定めている国もありますが、日本でも更に課税対象となるのでしょうか。

A 居住者は、所得の生じた場所を問わず全ての所得について日本で課税されますが、外国の法令で所得税に相当する租税（以下「外国所得税」）が課される場合には、租税条約によって国際的な二重課税を防止するための調整ができるようしています。

居住者は、所得の生じた場所が国内であるか、国外であるかを問わず全ての所得について日本で課税されますが、国外で生じた所得について外国の法令で外国所得税の課税対象とされる場合には、日本およびその外国の双方で二重に所得税が課税されることになります。

この国際的な二重課税を調整する必要があるため、一定額を所得税の額（一定の場合には、所得税の額および復興特別所得税の額）から差し引くことができます。これを外国税額控除といいます（所法95、所令221〜225の16）。

従って、海外との売買による損益や海外に所有する資産の運用による損益についても、国内における取引による損益と合わせた所得を算定し、外国所得税がある場合には、一定の計算によって算定された外国税額控除額を控除して申告することになります。

また、海外との取引を外貨建てで行った場合には、原則、取引時の為替による円換算して収入金額や必要経費を計算することになります（所法57の3①）。

なお、日本の国際課税の原則を「総合課税主義」からOECDモデル租税条約第7条の考え方に沿った「帰属主義」に変更したことにより、平成29年分の確定申告から国外事業所等（国外の恒久的施設に相当するも

の）が得る所得については、居住者の事業場等（国内の恒久的施設に相当するもの）から分離・独立した事業者であったとした場合に得られる所得とすることから、国外事業所等と事業場等との間の内部取引も一般的な取引と認識してその所得を計算する（所法95④）ことになるほか、外国税額控除の計算も改正されています（所令222）。

10　外国税額控除の改正

Q 平成29年分の確定申告から外国税額控除が変わるということですが、概要を教えて下さい。

A　**1　外国税額控除を取り巻く環境の整備**

　居住者が、外国内での所得に対してその国の法令によって所得税などが課される場合には、二重課税の調整をするため、日本の所得税額から一定の計算によって算出した外国税を控除（外国税額控除）することができます。

　しかし、近年においては、多国籍企業が税制の隙間を利用して、節税対策により税の負担を回避・軽減することが国際的課題となっています。そのため、経済協力開発機構（OECD）の租税委員会において国際的な脱税などを防止する対策が検討され、金融機関の口座情報を自動的に交換するための国際基準が作られました。

　平成26年度税制改正では、これらを背景として、日本の国際課税の原則を「総合課税主義」からOECDモデル租税条約第7条の考え方に沿った「帰属主義」に改正されました。「総合主義」とは、国内に源泉のある全ての「国内源泉所得」に対して課税を行うというものであり、「帰属主義」とは、国内のPE（支店）に帰属する全ての収益に課税を行うというものです。

　居住者についての影響は、その年分の所得税額の算定には影響がなく外国税額控除額の算定にあたり、国外事業所等（国外の恒久的施設に相当するもの）が得る所得については、国外事業所等が居住者の事業場等（国内の恒久的施設に相当するもの）から分離・独立した事業者であったとした場合に得られる所得とするとともに、国外事業所等と事業場等との間の内部取引も一般的な取引として認識して、その所得を計算することになります（所法95④）。また、この場合、内部取引額とした金額が、独立企業間の価格と異なることにより、国外事業所得等が過少となった

り、損失が過大となったりするときには、その金額は独立企業間の価額によることになります（措法41の19の5）。

外国税額控除については、国外源泉所得の範囲、国外所得金額の計算、控除限度額の計算、外国税額控除の対象とならない外国所得税の額並びに外国事業所等外部取引および内部取引に関係する文書が整備されました（所法95①、所令221の2〜221の6、222、222の2、225の2〜225の16、所規40の11〜40の16、42の2、42の3）。

この改正は、所得税については、平成29年分以後の申告から適用になります。

2　外国税額控除限度額の計算

外国税額控除の限度額は、その年分の外国所得税のうち、次の算式で計算した金額が限度額となります（所法95①、所令222①）。

$$その年分の所得税額 \times \frac{その年分の調整国外所得金額}{その年分の所得総額}$$

「その年分の所得総額」（全世界所得金額）の計算に当たっては、純損失の繰越控除（所法70①・②）または雑損失の繰越控除（所法71）の規定の他、上場株式等に係る譲渡損失の繰越控除（措法37の12の2）などの租税特別措置法による損失の繰越控除の規定を適用しないものとなります。

なお、「国外所得金額」は、居住者の国外事業所等に帰せられる所得、国外にある資産の運用などの国外源泉所得に係る所得のみについて算定した所得金額をいい（所法95、所令221の2）、その所得のみについて所得税を課するものとした場合に課税標準となるべき金額であり、外国の法令に従って計算するのではなく、日本の所得税に則り計算すべきことを留意する必要があります（所基通95-5）。

(注1) 居住者の国外事業所等が複数ある場合には、同一国内では一つの集合体として又、それぞれの国についてはそれぞれの国外事業所等として認識して「国外所得金額」を計算します（所令225の2①）。

(注2) 調整国外所得金額とは、純損失の繰越控除、雑損失控除を適用しないで計算した国外所得金額をいい、その年分の所得総額を超える場合には、その年分の所得総額となります（所令222③）。

3　外国税額控除の対象

　外国税額控除の対象となる外国所得税は、外国の法令に基づき外国またはその地方公共団体により個人の所得を課税標準として課税されるものおよびそれらに準ずるものをいいます（所法95①、所令221①・②）が、次に掲げるようなものは外国税額控除の対象にはなりません（所令221③、222の2）。

① 税を納付する人が、納付後、任意にその税額の還付を請求することができるもの
② 税を納付する人が、納付が猶予される期間を任意に定めることができるもの
③ 複数の税率の中から納税者と外国当局等との合意により税率が決定された税（複数の税率のうち最も低い税率を上回る部分に限ります。）
④ 加算税や延滞税などの附帯税に相当するもの
⑤ 特殊の関係のある者からの金銭の借入れまたは預入を受けている金銭に対して、特に有利な条件による利率であるなど通常行われる取引とは認められない不自然な取引に基因して生じた所得に対して課されたもの
⑥ 出資の払戻し等、資本等取引に対して課されるもの
⑦ 租税条約により外国税額控除の適用がないとされたもの

11 外国税額控除の異動

Q 私は、昨年分の確定申告で50万円の外国税額控除の適用を受けたのですが、本年になり、外国の税務当局から還付する旨の通知を受け、外国所得税10万円の還付金を受け取りました。この10万円について、昨年分の修正申告を提出するのでしょうか。あるいは本年分の確定申告で雑所得として確定申告をすればいいのでしょうか。

なお、本年中の外国所得税は60万円であり、前年分以前の外国税額控除限度額を超過しているいわゆる繰越し額はありません。

A 昨年分の修正申告を提出したり、本年分の雑所得としたりせず、本年中の外国所得税である60万円から還付された10万円を差し引いた50万円に基づいて外国税額控除の限度額を計算します。

居住者は、外国所得税（外国の法令により課される所得税に相当する税で政令で定めるもの）を納付することとなる日の属する年分において、その外国所得税の全部または一部をその年分の所得税の額から控除することができます（所法95）。

納付することとなる日とは、外国所得税を納付することが確定した日となりますので、その日の属する年分で外国税額控除をすることになりますが、様々な事情によってその額が変更されることがあります。

このように既に外国税額控除を適用した外国所得税額に異動が生じた場合には、次の通り調整等を行うことになります。

1 既に適用済みの外国所得税額が増額された場合

居住者が、外国税額控除の適用を受けた年分後の年分にその外国所得税額の増額があり、かつ、外国税額控除の適用を受けるときは、増額した外国所得税額は、その外国所得税額の増額のあった日の属する年分において新たに生じたものとして外国税額控除の計算を行います（所法95①、所基通95-16）。

2　既に適用済みの外国所得税額が減額された場合

　居住者が、外国税額控除の適用を受けた年の翌年以後7年内の各年において、その適用を受けた外国所得税額が減額された場合には、減額された外国所得税額を「A」とし、減額されることとなった日の属する年において納付する外国所得税額「B」とすると、その減額されることとなった日の属する年分の外国税額控除および所得金額の計算は、次の通りです（所法95⑩、所令226）(注1、2)。

①　$A \leqq B$

　「B－A」の金額に基づいて外国税額控除を適用します。

② 　$A = 0$ または $A > B$

　減額に係る年の前年以前3年内の各年に控除限度超過額（繰越された外国所得税額）を古い順から「K1」、「K2」、「K3」とすると、「K1 ＋ K2 ＋ K3 －（A－B）」の金額について外国税額控除を適用します。

　この場合、2以上の年につき控除限度超過額があるときは、まず最も古い年の控除限度超過額から控除を行い、なお控除しきれない金額があるときは順次新しい年分の控除限度超過額から控除します。

③ 　Aのうち上記①および②の外国税額控除の適用額の調整に充てられない部分の金額は、外国所得税額が減額された年分の雑所得の金額の計算上、総収入金額に算入します。

（注1）外国所得税が減額された場合の特例の適用時期（所基通95－14）

　　　所令226条（（外国所得税が減額された場合の特例））の規定は、その外国所得税が減額されることとなった日の属する年分において適用があるのであるが、実際に還付金を受領した日の属する年分において令第226条を適用している場合には、これを認める。

　　　「減額されることとなった日」とは、減額されることとなった外国所得税に係る還付金の支払通知書等の受領により外国所得税について具体的にその減額されることとなった金額が確定した日をいう。

（注2）外国所得税が減額された場合の邦貨換算（所基通95－15）

　　　居住者が納付した外国所得税の額が減額されたため、これにつき令第226条の規定の適用を受ける場合におけるその減額に係る還付金の金額は、邦貨に換算した金額によることとする。

12 海外取引の円換算

Q 私は本年4月、海外（オーストラリア）に賃貸用マンション2部屋を購入しました。

賃貸に関する手続は、現地の不動産管理会社に依頼し、毎月の賃貸収入のほか、管理会社への管理費等の諸費用の支払いは、現地の金融機関に開設した口座を活用し、すべて外貨（オーストラリアドル）建てです。私が確定申告をする場合には、円換算するようですが、具体的にはどのような方法になるのでしょうか。

A 基本的には、収入や費用の支払いがあった日のいわゆる「電信売買相場の仲値」によって、円換算して収支を計算することになりますが、継続適用を条件として、損益計算書等の項目の全てを年末の為替相場により換算することができます。

居住者が、資産の販売および購入、役務の提供、金銭の貸付けおよび借入れその他の取引を外国通貨で支払った場合には、その外貨建取引を行った時における外国為替の売買相場により換算した金額として、その者の各年分の各種所得の金額を計算することになります（所法57の3①）。

なお、国外において不動産所得、事業所得、山林所得または雑所得（以下「不動産所得等」）を生ずべき業務を行う個人で、その業務に係る損益計算書または収支内訳書を外国通貨表示により作成している者については、継続適用を条件として、その業務に係る損益計算書または収支内訳書の項目の全てをその年の年末における為替相場により換算することができる取扱いになっています（所基通57の3-7）。

外貨建取引の換算については、所得税法基本通達57の3-2には、次のような取扱いが記載されています。

　○　外貨建取引を行った時における外国為替の売買相場については、その取引における「電信売相場」と「電信買相場」の仲値いわゆる「電信売買相場の仲値」による。

ただし、不動産所得等を生ずべき業務に係るこれらの所得の金額の計算においては、継続適用を条件として、売上その他の収入または資産については取引日の「電信買相場」、仕入その他の経費または負債については取引日の「電信売相場」によることができる。
　　なお、「電信売相場」、「電信買相場」および「電信売買相場の仲値」については、原則として、その者の主たる取引金融機関のものによることになるが、合理的なものを継続して使用している場合には認める。
　　不動産所得等の金額の計算においては、継続適用を条件として、次のような外国為替の売買相場も使用できる。
(1)　取引日の属する月もしくは週の前月もしくは前週の末日、または当月もしくは当週の初日の電信買相場もしくは電信売相場またはこれらの日における電信売買相場の仲値
(2)　取引日の属する月の前月または前週の平均相場のように1カ月以内の一定の期間における電信売買相場の仲値、電信買相場または電信売相場の平均値

○　円換算に係る当該日（為替相場の算出の基礎とする日）の為替相場については、次に掲げる場合には、それぞれ次による。
(1)　当該日に為替相場がない場合には、同日前の最も近い日の為替相場による。
(2)　当該日に為替相場が2つ以上ある場合には、その当該日の最終の相場（当該日が取引日である場合には、取引発生時の相場）による。ただし、取引日の相場については、取引日の最終の相場によっているときもこれを認める。

○　本邦通貨により外国通貨を購入し直ちに資産を取得しもしくは発生させる場合の当該資産、または外国通貨による借入金に係る当該外国通貨を直ちに売却して本邦通貨を受け入れる場合の当該借入金については、現にその支出し、または受け入れた本邦通貨の額をその円換算額とすることができる。

13 為替差損益の取扱い

Q 100万円の現金を米ドル（1万ドル）に交換し、その後、この1万ドルを他の外国通貨（8,000ユーロ）に交換した場合、ユーロへの交換時に為替差損益を所得として認識する必要はありますか。

米ドルへの交換時のレート … 1ドル＝100円
ユーロへの交換時のレート … 1ユーロ＝150円

A 為替差益を所得として認識する必要があります。

　居住者が、資産の販売および購入、役務の提供、金銭の貸付けおよび借入れその他の取引を外国通貨で支払った場合には、その外貨建取引を行った時における外国為替の売買相場により換算した金額として、その者の各年分の各種所得の金額を計算することになります（所法57の3①）。

　為替差損益は、一般的には異なる通貨の交換（往復）により発生するものですが、事例のように円から米ドルに交換し、これをユーロ等他の外国通貨に交換した場合であっても、外貨への外貨建による投資（外貨建取引）となりますので、その外国通貨への交換時に、その外国通貨（ユーロ）の額をその交換時の為替レートにより円換算した金額と当初の円から米ドルへの交換時の為替レートにより円換算した金額との差額（為替差損益）が発生します。

　この為替差損益を所得として認識すべきかどうかが問題となりますが、所得税法第36条に規定する「収入金額とすべき金額又は総収入金額に算入すべき金額」として実現しているかどうかにより判断することとなります。

　つまり、現実の収入がなくても、その収入の原因となる権利が確定した場合には、その時点で所得の実現があったものとして、その権利確定の時期の属する年分の課税所得を計算するといういわゆる権利確定主義によって判断することになります。

事例の場合、それまでの評価益（未実現利益）がユーロに交換したことによって、経済的価値が実現したものといえます。

従って、次の為替差損益は、収入すべき金額として実現しており、所得として認識する必要があります。

為替差益 … （150円×8,000ユーロ）− 100万円 ＝ 20万円

14 株式の譲渡

Q 居住者(永住者)が日本国外で株式等を譲渡した場合の課税関係はどうなるのでしょうか。株式の所在する国で譲渡利益に対して課税された場合でも日本での申告納税は必要なのでしょうか。また、非居住者が日本国内の株式を譲渡した場合の課税関係はどうなるかも教えて下さい。

A

1 居住者が国外の株式等を譲渡した場合の課税関係

日本の居住者(永住者)は、次の表の通り原則として日本国内で生じた所得および国外で生じた所得のすべてについ日本で課税されることとなります。

従って、日本の居住者(永住者)が国外において株式等を譲渡したことにより得た譲渡利益について、国内で株式等を売却した場合と同様に、課税されることとなります。

《図表1》

課税所得の範囲 納税義務者の区分		国内源泉所得	国外源泉所得		
			国内払	国外払	
				国内送金部分	国内送金無い部分
居住者	永住者	課税	課税	課税	課税
	非永住者	課税	課税	課税	非課税
非居住者		課税	非課税	非課税	非課税

居住者(永住者)は、国内で生じた所得および国外で生じた所得のいずれについても日本で課税されますが、国外の所得について外国の法令により所得税に相当する税(以下「外国所得税」)が課税される場合、同一の所得に対して同種の租税が日本およびその外国の双方で二重に課税されることとなります。

この国際的な二重課税を調整するために、外国で課税された外国所得税の額のうち一定額を日本の所得税の額から外国税額控除として差し引くことができます。

　この外国税額控除を受けるためには、株式等を売却した年分の確定申告書等に一定の書類を添付する必要があります。

　なお、日本の居住者が、海外で株式等を売却したことにより得た譲渡益に対しては、租税条約により外国所得税が課税されない（日本においてのみ所得税が課税される）場合があります。

2　非居住者が日本国内の株式等を譲渡した場合の課税関係

　非居住者が日本国内の株式等を譲渡した場合、日本で課税を受けるのは国内源泉所得のみとされています。

《図表2》

課税所得の範囲 納税義務者の区分		国内源泉所得	国外源泉所得		
			国内払	国外払	
				国内送金部分	国内送金無い部分
居住者	永住者	課　税	課　税	課　税	課税
	非永住者				非課税
非　居　住　者			非課税	非課税	非課税

　しかし、非居住者が日本国内の法人の株式等の譲渡をした場合は、国内源泉所得であったとしても、原則として日本国内では課税されないこととされています。

　ただし、例外的に日本に滞在する間に国内法人の株式を譲渡した場合は、日本で課税されることになりますので注意が必要になります。

　その他にも恒久的施設を有しない非居住者が次のような株式等を譲渡した場合は国内源泉所得として課税対象となります。

（1）　内国法人の株券等の買集めをし、これをその内国法人等に対し譲渡することによる所得

（2）　特定の不動産関連法人の株式の譲渡による所得

(3) 日本国内にあるゴルフ場の株式形態のゴルフ会員権の譲渡による所得

なお、これらの規定に該当して例外的に株式の譲渡が課税される場合であっても、租税条約により日本で課税されない場合があります。

15 海外不動産の譲渡(1)

Q 私（日本国籍）は日本に住んでいますが、日本国外にある土地建物を譲渡しました。不動産の所在する国で譲渡利益に対して課税され納税も済ませました。この場合、日本での納税は必要なのでしょうか。既に不動産の所在する国で納税を済ませているので、税金の二重払いになるのではないでしょうか。

A あなたは日本国内に住所があり、日本国籍もありますので、所得税法上は居住者（永住者）になります。

日本の居住者は、原則として国内で生じた所得および国外で生じた所得の全てについて、日本で課税されることとなります。

従って、日本の居住者（永住者）が国外の土地建物を売却したことにより得た譲渡利益に対しても、国内にある土地建物を売却した場合と同様に、課税されることとなります。

《図表》

課税所得の範囲／納税義務者の区分		国内源泉所得	国外源泉所得		
			国内払	国外払	
				国内送金部分	国内送金無い部分
居住者	永住者	課税	課税	課税	課税
	非永住者	課税	課税	課税	非課税
非居住者		課税	非課税	非課税	非課税

土地建物の所在する国で譲渡利益に対して課税され納税も済ませているとのことですが、国外所得について外国の法令で所得税に相当するものが課税される場合、日本およびその外国の双方で二重に所得税が課税されることとなります。

これを調整するために、外国税額控除として一定額を所得税額から差

し引くことができます。

　外国税額控除を受けるためには、土地建物を売却した年分の確定申告の際に一定の書類を添付する必要があります

所得税法（外国税額控除）
第九十五条　居住者が各年において外国所得税（外国の法令により課される所得税に相当する税で政令で定めるものをいう。以下この項及び第九項において同じ。）を納付することとなる場合には、第八十九条から第九十二条まで（税率及び配当控除）の規定により計算したその年分の所得税の額のうち、その年において生じた国外所得金額（国外源泉所得に係る所得のみについて所得税を課するものとした場合に課税標準となるべき金額に相当するものとして政令で定める金額をいう。）に対応するものとして政令で定めるところにより計算した金額（以下この条において「控除限度額」という。）を限度として、その外国所得税の額（居住者の通常行われる取引と認められないものとして政令で定める取引に基因して生じた所得に対して課される外国所得税の額、居住者の所得税に関する法令の規定により所得税が課されないこととなる金額を課税標準として外国所得税に関する法令により課されるものとして政令で定める外国所得税の額その他政令で定める外国所得税の額を除く。以下この条において「控除対象外国所得税の額」という。）をその年分の所得税の額から控除する。
（　2　～　5　省略）
6　租税条約において国外源泉所得（第一項に規定する国外源泉所得をいう。以下この項において同じ。）につき前二項の規定と異なる定めがある場合には、その租税条約の適用を受ける居住者については、これらの規定にかかわらず、国外源泉所得は、その異なる定めがある限りにおいて、その租税条約に定めるところによる。
（　7　～　9　省略）
10　第一項の規定は、確定申告書、修正申告書又は更正請求書（次項において「申告書等」という。）に第一項の規定による控除を受けるべき金額及びその計算に関する明細を記載した書類、控除対象外国所得税の額を課されたことを証する書類その他財務省令で定める書類の添付がある

場合に限り、適用する。この場合において、同項の規定による控除をされるべき金額は、当該金額として記載された金額を限度とする。
（12 〜 16　省略）

（国税庁HPタックスアンサーから抜粋）

　なお、譲渡代金等の決済が、外国通貨で行われた土地建物の譲渡所得の金額および土地建物を取得したときの取得価額の金額は、原則的には、その取引の日における対顧客直物電信売相場と対顧客直物電信買相場の仲値（T.T.M）によることとされています。

　ただし、不動産を売却して外国通貨を直ちに本邦通貨とした場合には対顧客直物電信買相場（T.T.B）で、本邦通貨を外国通貨として直ちに海外不動産を取得した場合には対顧客直物電信売相場（T.T.S）で譲渡所得を計算することができるとされています。

16 海外不動産の譲渡(2)

Q 勤務地のロンドンで、10年以前に取得した自宅（土地も所有）に住んでいます。来年には退職して帰国し、日本で暮らそうと思っていますが、帰国後にロンドンの自宅を譲渡したいと考えています。日本では、居住用財産を譲渡した場合には、3,000万円の特別控除を適用して申告することができると聞いていますが、私の場合にも適用できるのでしょうか。

A 譲渡した年分の分離長期譲渡所得として申告することになります。この場合、居住しなくなってから3年以内に譲渡するなどの要件を満たせば3,000万円の特別控除が適用できます。

居住用財産の売却をした場合の3,000万円控除は、国内の財産に限定していないので、措置法35条第1項の適用要件を満たせば適用できます（措法35、31の3②、措令23）。

また、長期譲渡所得の特例（措法31）も国内に限らない規定となっているため、分離長期譲渡所得として、分離課税長期譲渡所得金額に15％の税率を適用します。

一方、軽減税率の特例（措法31の3）、買換え等の特例（措法36の2、36の5）、譲渡損失の損益通算および繰越控除（措法41の5）などは、いずれも「国内にあるもの」と規定されているため適用できません。

課税長期譲渡所得金額は、「収入金額−（取得費＋譲渡費用）−3,000万円」となります（所法33③、措法35①一）。

建物の取得費は、「取得価額−償却費相当額」となります（所法38）。

居住用の建物の減価計算は、非事業用資産として旧定額法に従った方法で計算します（所令85）ので、償却費相当額は、「建物の取得価額×0.9×償却率（耐用年数の1.5倍で算出）×経過年数」となります（95％限度：所基通38−9の2）。

譲渡費用は、仲介手数料など譲渡に直接要した費用です。修繕費、維

持管理のための費用は、譲渡との直接的関連性が弱いため譲渡費用には含まれません（所基通33－7）。

なお、ロンドンの自宅を売却する際に渡英する費用は、契約交渉等に必要な宿泊費も含めて、譲渡と直接的関連性および有益性があると考えられますので、譲渡費用に含まれるものと思われます（所法33②）。

資本的支出となる改善費や新たに加えた設備費は、取得費となります（所法38①）。

計算する際には、いずれも支払いや売買の日の電信売買相場の仲値で円換算することになります（所法57の3①、所基通57の3－2）。

17 外国で契約した生命保険料

Q 私は、3年間の海外勤務の後、本年帰国しました。海外勤務中に外国の生命保険会社と生命保険の契約をして生命保険料を払っています。年末調整のために、生命保険料控除証明書を提出しなければいけないのですが、発行されていません。支払った金額や約款などを提出すれば、生命保険料控除の適用が受けられますか。

A ご照会の生命保険料は、生命保険料控除の対象にはなりません。
　生命保険料控除は、居住者が、各年において、新生命保険契約等に係る保険料等を支払った場合には、生命保険等の区分に応じ一定の計算により算定した金額について、その年分の総所得金額、退職所得金額および山林所得金額の合計額から控除するものです（所法76①）。
　つまり、居住者である期間に、生命保険料控除の対象となる保険料を支払った場合に限って、生命保険料控除が適用できるということです。
　そして、対象となる保険料については、生命保険会社または外国生命保険会社等と締結した生命保険契約のうち生存または死亡に基因して一定額の保険金が支払われるものとし、保険金などの受取人のすべてが所得者本人または所得者の配偶者や親族となっていることが必要です（所法76⑤〜⑨）。
　しかし、外国生命保険会社等については、外国で締結したものは対象とならず、国内で締結したものに限って生命保険料控除の対象となります（所法76⑤〜⑨）。ご照会の事例に当てはめて検討すると、あなたは帰国の翌日から居住者となりますが、居住者となった日以降に支払った生命保険料および生命保険金の受取人については詳細が不明です。しかし、海外勤務中に外国の生命保険会社と契約したとのことなので、生命保険の要件を満たさないことになります。従って、あなたは生命保険料控除を適用することはできません。

18 海外機関から受給する年金

Q 外資系の会社に勤務していましたが、退職して1月に帰国しました。日本では、勤務していた会社の共済から年金を受け取りますが、これは公的年金等に該当しますか。また、支払いは米ドル建で3カ月ごとに受け取ることになります。どのように申告することになりますか。

A 公的年金等に該当しますので、雑所得として原則、確定申告をすることになります。収入金額は、支払日における為替によって円換算した金額になります。また、元の居住国で年金にかかる外国所得税がかかる場合には、外国税額控除の適用ができます。

　あなたは、帰国日の翌日から居住者となります。そして、給付される年金は、「外国の法令に基づく保険または共済に関する制度で、日本の公的年金等（国民年金法、厚生年金保険法、公務員等の共済組合法などの規定による年金）に類するもの」と考えられますので、公的年金等の方法に従って雑所得の金額を計算することになります（所法35③、所令82の2②）。

　ただし、あなたの場合、外貨建による給付なので外貨建取引に該当し、雑所得の収入金額は、「外貨建取引を行った時」つまり支払日の「電信売買相場の仲値」で円換算する必要があります。なお、その年中の公的年金等の収入金額が400万円以下であり、かつ、その年分の公的年金等に係る雑所得以外の所得金額が20万円以下である場合には、いわゆる確定申告不要制度がありますが、海外機関からの年金については、所得税法に規定する源泉徴収が行われませんので、この制度の適用はありません（所法121③）。

　また、外国の公的年金の受給手続きや税金の取扱いに関しては、協定の相手国ごとにその内容などが異なる場合があります。また、協定の相手国との間における租税条約の締結の有無も確認する必要があります。

19 海外で支払った医療費等

Q 私の長女は、オーストラリアの大学に留学しています。長女が怪我をして現地の病院で治療を受けました。この医療費は、医療費控除になりますか。また、大学に1,000オーストラリアドルの寄付をしましたが、寄付金控除の対象にすることができますか。

 国外で支払った医療費は、医療費控除の適用ができますが、国外の団体等への寄付金は、寄付金控除の対象にはなりません。

1 医療費控除

　医療費控除は、居住者が各年において、自己または自己と生計を一にする配偶者その他の親族に係る医療費を支払った場合に、その年分に支払った医療費の合計額を一定の計算により算定した金額について、その年分の総所得金額、退職所得金額及び山林所得金額の合計額から控除できるものとされています（所法73①）。

　そして、医療費の範囲については、「医師又は歯科医師による診療又は治療、治療又は療養に必要な医薬品の購入その他医療又はこれに関連する人的役務の提供の対価のうち通常必要であると認められるもの」と規定していますが、治療の場所については制限する規定がありません（所法73②）。ご照会の例では、現地の病院での治療ということで、医師が行う通常の治療の内容であると思われますので、医療費の範囲に該当し、医療費控除の適用ができるものと考えられます。申告する場合、医療費の支払いも「外貨建取引」になりますので、支払った日のいわゆる「電信売買相場の仲値」によって円換算する必要があります（所法57の3、所基通57の3－2）。

2 寄付金控除

　寄付金控除は、居住者が、各年において、特定寄付金を支出した場合に、その年分に支払った特定寄付金の合計額を一定の計算により算定した金額について、その年分の総所得金額、退職所得金額および山林所得

金額の合計額から控除できるものとされています（所法78①）。そして、特定寄付金の範囲については、国または地方公共団体、公益社団法人、公益財団法人など公益を目的とする事業を行う法人等に対して、法律の規定や財務大臣が指定するなどの要件を満たしているものとしています（所法78②・③、所令215～217の2）。

　寄付先の範囲については、いずれも国内の団体等のみが規定されています。従って、国外の団体等への寄付金は寄付金控除の対象となりません。

20 海外出向者の帰国後の確定申告

Q 私は、3年間の海外勤務の後、本年3月に帰国しました。海外勤務中には、国内の自宅を会社に賃貸していましたので、本年3月まで不動産所得があります。来年の3月に確定申告をする必要があると思いますが、留意する点を教えて下さい。

A 帰国前の不動産所得と帰国後のすべての所得を合計して計算することになります。

ただし、給与を1カ所のみから支払いを受けている人で、給与所得および退職所得以外の所得金額が20万円以下である場合には、確定申告をする必要がありません。

給与所得者が1年以上の予定で海外の支店などに転勤すると、一般的には、日本国内に住所を有しない者と推定され、所得税法上の非居住者となります（所令14、15）。

非居住者の場合、国内源泉所得（例えば、国内不動産の賃貸料収入など）のみが課税対象とされ、日本の法人の役員の場合を除き、海外勤務に基づき支給される給与は課税されません（所法7、161、所令285）。

しかし、帰国後は居住者となりますので、国内源泉所得に限らずすべての所得が課税の対象となります（所法5、7）。

そして、帰国後の勤務に対する給与については年末調整の対象になります。

従って、確定申告では、帰国前の国内源泉所得（源泉分離課税となるものを除く）および帰国後のすべての所得を合計して計算することになり、1カ所から給与の支払いを受けている人で、給与所得および退職所得以外の所得金額が20万円を超える場合は、確定申告をする必要があります。

なお、確定申告に際して適用する各種所得控除について、以下の点に注意する必要があります。

① 医療費控除、社会保険料控除、小規模企業共済等掛金控除、生命保険料控除、地震保険料控除の各控除の額は、居住者期間（帰国後）に支払った金額を基に計算します。
② 配偶者控除、扶養控除、障害者控除、寡婦（夫）控除、勤労学生控除の各控除の額は、その年の12月31日の現況により判定して計算します。

㉑ 国外転出時課税

Q 私は、小さな会社を経営していましたが、会社の経営を後任に譲りマレーシアに移住することにしました。国外に転出するに際して、上場株式等の譲渡があったものとみなされその対象資産の含み益に所得税および復興特別所得税が課税されるということですが、国外転出の時に上場株式について譲渡損失（赤字）が生じることとなる場合には、その譲渡損失（赤字）について、上場株式等に係る譲渡損失の損益通算および繰越控除の特例の適用を受けることはできますか。

A 上場株式等に係る譲渡損失の損益通算および繰越控除の特例の適用を受けることはできません。

　平成27年度税制改正により、国外転出時課税制度が創設され、平成27年7月1日以後に国外転出（非居住者となること）をする一定の居住者が、1億円以上の対象資産を所有等している場合には、その対象資産の含み益に所得税および復興特別所得税が課税されることとなりました（所法60の2）。

　国外転出時課税の対象資産には、有価証券（株式や投資信託など）、匿名組合契約の出資の持分、未決済の信用取引・発行日取引および未決済のデリバティブ取引（先物取引、オプション取引など）が該当します（所法60の2①～③）。

　また、1億円以上の対象資産を所有等している一定の居住者から、国外に居住する親族等（非居住者）へ贈与、相続または遺贈によりその対象資産の一部または全部の移転があった場合にも、贈与、相続または遺贈の対象となった対象資産の含み益に所得税および復興特別所得税が課税されることとなりました（所法60の3）。

　上場株式等に係る譲渡損失の損益通算および繰越控除の特例の適用を受けることができる譲渡損失は、金融商品取引業者等への売委託により譲渡するなど、一定の譲渡により生じた譲渡損失であることが要件と

なっています（措法37の12の2②）。

　従って、国外転出時課税の適用により上場株式等の譲渡があったものとみなされることにより生じた譲渡損失（赤字）については、上場株式等に係る譲渡損失の損益通算および繰越控除の特例の適用を受けることはできません。

22 外国税額控除
（米国で課された所得税の取扱い等）

Q 私（米国籍）は、米国の本社から日本の子会社に4年前に初めて来日しました。そして今年、来日前から所有していた米国の上場株式を米国の証券会社を通じて2回に分けて売却しました。3月に売却した譲渡益については、日本の口座に送金されましたが、5月に売却した譲渡益は米国の証券会社で株式を購入する資金となっています。売却益と給与所得と合計して確定申告する際、株式の譲渡益に米国で課された所得税は控除できますか。

A あなたは、非永住者（居住者）に該当します。売却した上場株式は国外源泉所得に当たり、3月の譲渡所得は給与所得と合わせて確定申告します。その際、一定の計算による外国税額控除ができます。しかし、5月の譲渡所得は、国外で支払われているため、課税対象にも外国額控除の対象にもなりません。

居住者のうち日本国籍がなく、かつ、過去10年以内の間に日本国内に住所または居所を有する期間の合計が5年以下である個人を非永住者といいます（所法2①四）。非永住者は、国外源泉所得以外の所得（非国外源泉所得）と、国外源泉所得で国内において支払われたものまたは国内に送金されたものに対して課税されます（所法7①二）。また、非永住者には、永住者（居住者）と同様に外国税額控除が適用されます（所法95）。

外国税額控除は、国内で課税対象となっている所得について、外国内で生じた所得に対してその国の法令によって所得税などが課される場合における二重課税の調整をするための制度です。非永住者の場合には、永住者の課税範囲と異なり、国外源泉所得のうち、国外で支払われたものは課税対象とはならないので、二重課税の問題は発生せず、外国税額控除の対象にもなりません（所基通95－29）。

あなたの場合、米国籍で4年前に初めて来日されたとのことですので、非永住者になります。そして、売却した上場株式は国外にある資産の譲渡に当たり、国内に送金された3月の譲渡所得金額は課税対象として円換算の上、譲渡所得（分離課税）を申告することになり、米国で課された所得税相当額（円換算）は外国税額控除します。
　一方、5月の譲渡所得は、課税対象となりませんので、この所得に対して課された所得金額相当額も外国税額控除の対象になりません。

23 海外資産（株式売買）

Q 私（米国籍）は、米国の本社から日本の子会社に4年前に初めて来日しました。そしてこの度、来日前から所有していた米国の上場株式を、米国の証券会社を通じて売却しました。売却益に対する所得税は、給与所得と合計して確定申告するのでしょうか。

A あなたは、非永住者（居住者）に該当します。売却した上場株式は国外源泉所得に当たりますが、国外で支払われているか、または国内に送金もされていないようですので、日本では課税対象ではありません。

　居住者のうち日本国籍がなく、かつ、過去10年以内の間に日本国内に住所または居所を有する期間の合計が5年以下である個人を非永住者といいます（所法2①四）。非永住者は、国外源泉所得以外の所得（非国外源泉所得）と、国外源泉所得で国内において支払われたものまたは国内に送金されたものに対して課税されます（所法7①二）。

　国外源泉所得以外の所得（非国外源泉所得）は、いわゆる国内源泉所得を指します。これは、平成26年度の改正で非居住者の国内源泉所得として、恒久的施設帰属所得が設けられたことから、居住者の外国税額控除でも「国内源泉所得以外の所得」としていたものを「国外源泉所得」と規定する方式に変更したことにより、非永住者の課税範囲の規定の方法についても「国外源泉所得」を用いて特定する改正です。

　国外源泉所得は、国外にある恒久的施設を通じて事業を行う場合に生ずる所得および国外にある資産の運用、譲渡などにより生ずる所得をいい、17種類が個別に列挙されています（所法95④、所令225の四）。

　あなたの場合、米国籍で4年前に初めて来日されたとのことですので、非永住者になります。また、売却した上場株式は国外にある資産の譲渡に当たり、国外において売却していますが、国内に送金されていなければ課税対象になりません。

24 非居住者の課税関係

Q 非居住者が課税されるのは国内源泉所得だけで、その所得の種類や国内に事業の拠点となる施設を有するかどうかによって課税の方法が異なると聞いたのですが、概要を教えて下さい。

A 国内源泉所得の種類および恒久的施設の有無、さらに恒久的施設を有する者は、恒久的施設帰属所得とそれ以外の所得によって、課税方法が異なります。課税関係は次の表の通りです（図表）。

《図表　非居住者への課税関係》

所得の種類 ＼ 非居住者の区分	恒久的施設を有する者 恒久的施設帰属所得	その他の所得	恒久的施設を有しない者	所得税の源泉徴収
（事業所得）	総合課税	課税対象外	課税対象外	無
①資産の運用・保有により生ずる所得（⑦から⑭に該当するものを除く。）		総合課税（一部）	総合課税（一部）	
②資産の譲渡により生ずる所得				
③組合契約事業利益の配分		課税対象外	課税対象外	20%
④土地等の譲渡による所得		源泉徴収の上、総合課税	源泉徴収の上、総合課税	10%
⑤人的役務提供事業の所得				20%
⑥不動産の賃貸料等				20%
⑦利子等	源泉徴収の上、総合課税		源泉分離課税	15%
⑧配当等				20%
⑨貸付金利子				20%
⑩使用料等				20%
⑪給与その他人的役務の提供に対する報酬、公的年金等、退職手当等				20%
⑫事業の広告宣伝のための賞金				20%
⑬生命保険契約に基づく年金等				20%
⑭定期積金の給付補塡金等				15%
⑮匿名組合契約等に基づく利益の分配				20%
⑯その他の国内源泉所得	総合課税	総合課税	総合課税	無

(注1) 恒久的施設帰属所得が、上記の表①から⑯までに掲げる国内源泉所得に重複して該当する場合があることに留意する。
(注2) 上記の表②資産の譲渡により生ずる所得のうち恒久的施設帰属所得に該当する所得以外のものについては、所令281①一から八までに掲げるもののみ課税される。
(注3) 措置法の規定により、上記の表において総合課税の対象とされる所得のうち一定のものについては、申告分離課税または源泉分離課税の対象とされる場合があることに留意する。
(注4) 措置法の規定により、上記の表における源泉徴収税率のうち一定の所得に係るものについては、軽減または免除される場合があることに留意する。

ただし、租税条約によってこれと異なる定めがある場合には、その定めによります（所基通164－1）。

25 国内源泉所得

Q 私（米国籍）は、米国で主に活動する演劇俳優ですが、日本での映画出演のため１カ月滞在しました。非居住者に該当ということですが、非居住者が課税される国内源泉所得とはどのようなものですか。

A 非居住者が課税される国内源泉所得は、国内で発生する所得でその発生形態等によって17種類に区分されます。

非居住者に所得税が課される範囲は、国内源泉所得に限られています（所法７三）。国内源泉所得は、次の17種類が個別に列挙されています（所法161①）。特に、①の恒久的施設帰属所得は、非居住者が恒久的施設を通じて事業を行う場合に、本国の本店等との内部取引も独立企業間の価格で行われたものとして認識し、その所得金額を算定するもので、恒久的施設を通じた国外源泉所得については、国外で課された所得税額については居住者と同様の外国税額控除が創設され、平成29年分以降の申告から控除できるようになりました（所法165）。

① 恒久的施設に帰属する所得（恒久的施設帰属所得）
② 国内にある資産の運用または保有により生ずる所得
③ 国内にある不動産、不動産の上に存する権利、国内法人の発行する株式等の譲渡により生ずる所得（所令281）
④ 民法の組合契約等で恒久的施設を通じて行う事業から生ずる組合契約に基づく配分のうち一定のもの（所令281の２）
⑤ 国内にある土地、土地の上に存する権利、建物、附属設備または構築物の譲渡による対価（１億円以下で自己または親族の居住の用に供するため譲渡で、個人から支払われるものを除く）（所令281の３）
⑥ 国内で映画演劇の俳優など人的役務の提供を主たる内容とする事業で、人的役務の提供に係る対価（所令282）
⑦ 国内にある不動産や不動産の上に存する権利等の貸付けにより受

け取る対価
⑧　日本の国債、地方債などの利子、外国法人が発行する債券の利子のうち一定のもの、国内の営業所に預けられた預貯金の利子等
⑨　内国法人から受ける剰余金の配当、利益の配当、剰余金の分配等
⑩　国内の業務者への貸付金の利子で国内業務に係るもの（所令283）
⑪　国内の業務者からの業所有権等の使用料またはその譲渡の対価、著作権の使用料またはその譲渡の対価で国内業務に係るもの（所令284）
⑫　給与、賞与、人的役務の提供に対する報酬のうち国内において行う勤務、人的役務の提供に基因するもの、公的年金、退職手当等のうち居住者期間に行った勤務等に基因するもの（所令285）
⑬　国内で行う事業の広告宣伝のために賞として支払われる金品等
⑭　国内にある営業所等で締結した保険契約に基づく一定の年金
⑮　国内にある営業所等からの定期積金や相互掛金に係る給付填補金
⑯　国内の匿名組合への出資による利益分配金
⑰　国内において行う業務または資産に関して受け取る保険金、補償金、賠償金などの経済的利益（所令289）

　あなたの場合、恒久的施設の有無が不明ですが、有する場合には上記①に該当し総合課税による確定申告を行うことになります。有しない場合には、上記の⑥に該当し20.42％の源泉徴収の上、総合課税による確定申告を行うことになります（所基通164－1～2）。

　また、前記⑥対価には、人的役務を提供するために要する往復の旅費、国内滞在費等の全部または一部をその対価の支払者が負担する場合の費用が含まれます（その費用が、航空会社、旅館等に直接支払われ、かつ、その金額が通常必要であると認められる範囲内のものを除く）（所基通161－19）。

26 非居住者の納税地（譲渡所得）

Q 私は7年前に日本から出国し、現在、日本国内に住所も居所も恒久的施設もありません。この度、日本国内にある資産を譲渡しましたが、日本での所得税の申告と納税はどのように行えばよいでしょうか。

A 納税地とは、国税に関する納税者の申告、申請、請求等の行為の相手方となる税務官庁を決定する場合、または国税に関する更正、決定、承認等の納税者に対する行為の主体となる権限を有する税務官庁を決定する場合の基準になるものです。

納税地については、所得税法第15条、所得税法施行令第54条に規定されています。

納税地は、「国内に住所を有する場合はその住所地、国内に住所を有せず、居所を有する場合はその居所地」、「日本国内に恒久的施設を有する非居住者である場合は、事業に係る事務所等の所在地」、「かつての住所居所で納税地とされていた場所にその者の親族その他その者と特殊な関係を有する者として政令で定める者が引き続き又はその者に代わって居住しているときは、その納税地とされていた場所」、「これらに該当しないこととなった時の直前において納税地であつた場所」、「所得税に関する法律の規定に基づく申告、請求その他の行為をする場合にその者が選択した場所」、「以上のいずれにも該当しない場合は麹町税務署の管轄区域内の場所」等になります。

所得税法（納税地）

第十五条　所得税の納税地は、納税義務者が次の各号に掲げる場合のいずれに該当するかに応じ当該各号に定める場所とする。
一　国内に住所を有する場合　その住所地
二　国内に住所を有せず、居所を有する場合　その居所地
三　前二号に掲げる場合を除き、恒久的施設を有する非居住者である場合　その恒久的施設を通じて行う事業に係る事務所、事業所その他これらに準ずるものの所在地（これらが二以上ある場合には、主たるものの所在地）
四　第一号又は第二号の規定により納税地を定められていた者が国内に住所及び居所を有しないこととなった場合において、その者がその有しないこととなった時に前号に規定する事業に係る事務所、事業所その他これらに準ずるものを有せず、かつ、その納税地とされていた場所にその者の親族その他その者と特殊の関係を有する者として政令で定める者が引き続き、又はその者に代わって居住しているとき。その納税地とされていた場所
（五　省略）
六　前各号に掲げる場合以外の場合　政令で定める場所

所得税法施行令（特殊な場合の納税地）

第五十四条　法第十五条第六号（納税地）に規定する政令で定める場所は、次の各号に掲げる場合の区分に応じ当該各号に掲げる場所とする。
一　法第十五条第一号から第五号までの規定により納税地を定められていた者がこれらの規定のいずれにも該当しないこととなった場合（同条第二号の規定により納税地を定められていた者については、同号の居所が短期間の滞在地であつた場合を除く。）　その該当しないこととなった時の直前において納税地であつた場所
二　前号に掲げる場合を除き、その者が国に対し所得税に関する法律の規定に基づく申告、請求その他の行為をする場合　その者が選択した場所（これらの行為が二以上ある場合には、最初にその行為をした際選択した場所）
三　前二号に掲げる場合以外の場合　麹町税務署の管轄区域内の場所

個人の納税者は、日本国内に住所居所を有しない場合は、申告と納税については納税管理人を定めることとされています。

　納税管理人を定めた場合、税務署から発送する書類は納税管理人の住所地に届きますが、納税地はあくまでも上記により判定した非居住者の納税地になります。

国税通則法（納税管理人）
第百十七条　個人である納税者がこの法律の施行地に住所及び居所（事務所及び事業所を除く。）を有せず、若しくは有しないこととなる場合又はこの法律の施行地に本店若しくは主たる事務所を有しない法人である納税者がこの法律の施行地にその事務所及び事業所を有せず、若しくは有しないこととなる場合において、納税申告書の提出その他国税に関する事項を処理する必要があるときは、その者は、当該事項を処理させるため、この法律の施行地に住所又は居所を有する者で当該事項の処理につき便宜を有するもののうちから納税管理人を定めなければならない。
2　納税者は、前項の規定により納税管理人を定めたときは、当該納税管理人に係る国税の納税地を所轄する税務署長（保税地域からの引取りに係る消費税等に関する事項のみを処理させるため、納税管理人を定めたときは、当該消費税等の納税地を所轄する税関長）にその旨を届け出なければならない。その納税管理人を解任したときも、また同様とする。

　ところで、課税庁においても、納税地の判定は重要となります。

　納税地を誤った管轄外の税務署長の処分は、処分権限の無い税務署長による処分になってしまうことから、税務署長が更正処分や加算税の賦課決定処分等の課税処分を行う時は、納税地を慎重に見極めて行うことになります。

27 外国税額控除(アジア諸国で課された所得税の取扱い等)

Q 私(米国籍)は、米国で主に活動している俳優で、米国の事務所のほか、活動拠点が数か国にあり、日本にもアジア諸国の仕事を取り仕切るマネジャーを置く事務所を開設(平成29年3月)しました。アジア諸国での仕事はすべて日本事務所で行い、日本事務所に必要な費用も日本で賄い、毎月、米国の事務所では利益金の送金と収支等の報告を受けます。私自身は、日本には仕事で数カ月滞在するだけです。日本事務所の所得税の申告に当たり、アジア諸国で課された所得税に相当する税金について、外国税額控除は適用できますか。

A 恒久的施設帰属所得について日本で申告する際に、第三国であるアジア諸国で課された所得額のうち、一定額を限度として、所得税の額から控除できます。

恒久的施設帰属所得を有する非居住者が、恒久的施設帰属所得について外国所得税を納付する場合には、所得税の額から対象となる外国所得税の一定額を控除することができます(所法165の6)。

この規定は、平成29年分以降の申告から適用されます。

1 外国所得税額とは

恒久的施設帰属所得のうち、国外源泉所得に対して国外(第三国)で課される所得税に相当する額を外国所得税額(所法165の6④、所令292の7①)といいます。

そして、恒久的施設帰属所得のうちの国外源泉所得(国外所得金額)とは、恒久的施設を通じて第三国にある資産の運用等によって生じる所得をいいます(所令292の7①)。

2 外国税額控除限度額の計算

次の方法で計算します。

$$\text{その年分の恒久的施設帰属所得の所得税額} \times \frac{\text{その年分の調整国外所得金額}}{\text{その年分の恒久的施設帰属所得金額}}$$

① 恒久的施設帰属所得金額は、純損失の繰越控除、雑損失の繰越控除を適用しないで計算したその年分の恒久的施設所得の金額をいいます（所令292の8②）。
② 恒久的施設帰属所得の所得税額は、①を課税標準額として居住者の所得税額の計算に準じて算出した所得税の額（所法165の6①）。
③ 調整国外所得金額は、純損失の繰越控除、雑損失の繰越控除を適用しないで計算したその年分の国外所得金額をいい、恒久的施設帰属所得金額を限度とします（所法165の6①、所令292の8③）。

3 対象とならない外国所得税の額

恒久的施設帰属所得を有する非居住者に対する外国税額控除は、恒久的施設が第三国で獲得した所得について第三国と日本の両方で所得税が課されるものが対象となり、外国税額控除はこの所得税の二重課税を調整するために創設されたものです。

従って、居住者の本国で課される所得税など次のものは、控除対象となりません（所令292の9）。

① 通常行われると認めらない取引に係る外国所得税額
　特殊の関係のある者からの貸付債権の譲渡などの取引に係る外国所得税額（所令292の9①、所令222の2①・②）
② 非居住者の居住地国において課される外国所得税額
　例外として、非居住者が支払いを受ける利子、配当その他これに類するものの額を課税標準として源泉徴収等の方法で課される外国所得税のうち、居住地国の法令または租税条約の規定によって、その居住地国において外国税額控除をしないものは対象としています（所令292の9②一後段）[注]。
③ 第三国において課される外国所得税額のうち特定のもの
　第三国において課される所得税額のうち、その国との租税条約の規定が適用されるとした場合に軽減または免除されることによって課される額を超える部分または免除される額に相当する金額（所令292の9

②ニ)。

　あなたの場合、米国籍で1年以上の居所もありません、また、日本事務所は恒久的施設に該当（所法2①八の四、所令1の2①一）しますので、帰属所得を有する非居住者となります。従って、対象となる外国税額控除額は、恒久的施設帰属所得の所得税額のうち、恒久的施設帰属所得金額（全体）に対するアジア諸国での所得金額の割合に相当する金額が限度となります。

（注）居住地国において課される外国所得税額は、非居住者の居住地国において、二重課税の調整を行うものである（所令292の9②一前段）。

28 非居住者の国内株式の譲渡

Q 私は2年前から3年間の予定で日系企業の米国の支店に勤務していますが、日本に一時帰国し、その滞在中に、日本法人の株式を1,000万円で譲渡しました。この場合、譲渡所得に対する課税関係はどのようになるのでしょうか。なお、私は日本国内に恒久的施設を有していません。

A あなたは、国外において継続して1年以上居住することを通常必要とする職業を有しており、3年間の予定で米国において勤務していることから、国内に住所を有しない者と推定され、国内に住所を有せず、かつ、引き続いて1年以上国内に居所を有しない非居住者に該当します。非居住者の場合は日本で課税を受けるのは国内源泉所得のみとされています。

《図表》

課税所得の範囲 納税義務者の区分		国内源泉所得	国外源泉所得		
			国内払	国外払	
				国内送金部分	国内送金無い部分
居住者	永住者	課　税	課　税	課　税	課　税
	非永住者				非課税
非　居　住　者			非課税	非課税	非課税

　非居住者が内国法人の株式等の譲渡をした場合は、日本滞在中の株式の譲渡等、一定のケースの場合には課税されることになります。

　ただし、例外的に日本国内で課税される場合であっても租税条約の規定が優先する場合があるので、租税条約の内容を確認する必要があります。日米間においては、株式の譲渡は日米租税条約の規定により原則として、米国においてのみ課税となり、日本においては、租税条約に関す

る届出書を、納税地を所轄する税務署長に提出することで、課税されないとされています。

1　非居住者が国内において株式等を譲渡した場合の課税関係

恒久的施設を有しない非居住者が株式等を譲渡した場合で、「日本に滞在する間に行った内国法人の株式等の譲渡による所得」は、国内源泉所得として課税対象となり申告分離課税による所得税の確定申告が必要とされています。

あなたの場合、日本滞在中に株式を譲渡していることから、本来的には国内源泉所得として日本において課税の対象となり、申告分離課税により所得税の確定申告をする必要があります。

2　日米租税条約の規定

しかし、非居住者が、日本が締結した租税条約の相手国の居住者となっている場合には、その租税条約の規定を確認する必要があります。

日米租税条約においては、米国の居住者が株式の譲渡により得た譲渡利益に対しては、譲渡者が居住している米国においてのみ課税ができることとされています。

あなたの株式等の譲渡による所得については、あなたが米国の居住者であることから、日米租税条約の適用により、米国においてのみ課税されることとなります。

一方、日本の所得税については日米租税条約の規定に基づき免除を受けられることになりますので、租税条約に関する届出書を譲渡した年の翌年3月15日までにあなたの納税地の所轄税務署長に提出することで、日本においては課税されないこととなります。

29 非居住者の国内不動産の譲渡(1)

Q 私は日本法人の海外支店に2年間の予定で勤務することになっていて、現在は国外にいますが、この度、日本国内にある土地建物を譲渡しました。居住地国で譲渡利益に対して課税され納税も済ませましたが、この場合、日本での納税は必要なのでしょうか。日本でも納税が必要な場合は、税金の二重払いになるので外国税額控除はできるでしょうか。

A 日本国内の会社に勤めている者が日本法人の海外支店などに1年以上の予定で勤務する予定の場合は、一般的には、日本国内に住所を有しない者と推定され、所得税法上の非居住者となります。

非居住者は、その所得のうち日本の国内で発生したもの（国内源泉所得）についてのみ日本の所得税が課税されます。

《図表》

課税所得の範囲 納税義務者の区分		国内源泉所得	国外源泉所得		
			国内払	国外払	
				国内送金部分	国内送金無い部分
居住者	永住者	課　税	課　税	課　税	課　税
	非永住者				非課税
非　居　住　者			非課税	非課税	非課税

非居住者が日本国内にある不動産を売却したときの所得に対しては、所得税法第16条の規定により、日本で所得税が課税されることとなります。

所得税法（国内源泉所得）

第百六十一条　この編において「国内源泉所得」とは、次に掲げるものをいう。
一　非居住者が恒久的施設を通じて事業を行う場合において、当該恒久的施設が当該非居住者から独立して事業を行う事業者であるとしたならば、当該恒久的施設が果たす機能、当該恒久的施設において使用する資産、当該恒久的施設と当該非居住者の事業場等（当該非居住者の事業に係る事業場その他これに準ずるものとして政令で定めるものであつて当該恒久的施設以外のものをいう。次項及び次条第二項において同じ。）との間の内部取引その他の状況を勘案して、当該恒久的施設に帰せられるべき所得（当該恒久的施設の譲渡により生ずる所得を含む。）
二　国内にある資産の運用又は保有により生ずる所得（第八号から第十六号までに該当するものを除く。）
三　国内にある資産の譲渡により生ずる所得として政令で定めるもの
五　国内にある土地若しくは土地の上に存する権利又は建物及びその附属設備若しくは構築物の譲渡による対価（政令で定めるものを除く。）

(抜粋)

所得税法（総合課税に係る所得税の課税標準、税額等の計算）

第百六十五条　前条第一項各号に掲げる非居住者の当該各号に定める国内源泉所得について課する所得税（以下この節において「総合課税に係る所得税」という。）の課税標準及び所得税の額は、当該各号に定める国内源泉所得について、別段の定めがあるものを除き、前編第一章から第四章まで（居住者に係る所得税の課税標準、税額等の計算）(第四十四条の三（減額された外国所得税額の総収入金額不算入等）、第四十六条（所得税額から控除する外国税額の必要経費不算入）、第六十条の四（外国転出時課税の規定の適用を受けた場合の譲渡所得等の特例）、第七十三条から第七十七条まで（医療費控除等）、第七十九条（障害者控除）、第八十一条から第八十五条まで（寡婦（寡夫）控除等）、第九十五条（外国税額控除）及び第九十五条の二（国外転出をする場合の譲渡所得等の特例に係

> る外国税額控除の特例）を除く。）の規定に準じて計算した金額とする。
> （2～3項 省略）

　非居住者の場合は、所得税法第165条の規定により外国税額控除は出来ないこととされています。
　非居住者の国内不動産の譲渡による所得は譲渡所得とされ、原則として確定申告が必要になります。
　この場合、譲渡所得の金額の計算方法は、居住者の場合と同様ですが、確定申告の時期は、翌年2月16日から3月15日までです。
　納税地については、所得税法第15条、所得税法施行令第54条に規定により、判定することとされています。

30 非居住者の国内不動産の譲渡(2)

Q 私は2年前から3年間の予定で日系企業の米国の支店に勤務していますが、今般、日本国内にある土地を1億2,000万円で日本法人に譲渡しました。この場合、私の譲渡所得に対する課税関係はどうなりますか。なお、買主の日本法人は土地の譲渡代金1億2,000万円を私の日本国内の銀行口座に振り込むことで譲渡代金の支払いを行いました。なお、私は日本国内に恒久的施設を有してはいません。

A あなたは、国外において継続して1年以上居住することを通常必要とする職業を有しており3年間の予定で米国において勤務していることから国内に住所を有しない者と推定され、国内に住所を有せず、かつ、引き続いて1年以上国内に居所を有しない非居住者に該当します。日本国内にある土地建物等の譲渡による所得は国内源泉所得に該当しますが、非居住者であるあなたが支払いを受ける譲渡の対価1億2,000万円に対し、日本法人があなたに支払いをするときに10.21％の税率により源泉徴収を行うことになります。

さらに、あなたは所得税の確定申告において、土地の譲渡所得の申告をする必要がありますが、その際には既に源泉徴収されている金額を精算することになります。

1 非居住者が国内にある不動産を譲渡した場合の源泉徴収制度について

非居住者は国内源泉所得を有する場合には所得税の納税義務が生じますが、土地等を譲渡した場合、所得税法上その土地等の所在地が所得の源泉地とされていることから、国内にある土地等を譲渡したときの所得は国内源泉所得になります。そして、国内にある土地等を譲渡した非居住者に対してその譲渡の対価の額を国内において支払いをする個人または法人は、一定の要件に該当する場合は、所得税法212条によりその支払いの際にその対価の額に対し10.21％の税率により所得税を源泉徴収し

なければならないとされています。

2 土地の譲渡所得の申告について

　国内にある不動産を譲渡した非居住者は、その国内にある不動産の譲渡により生ずる所得について申告納税をする必要があります。

　この場合の非居住者の申告納税に当たっては、居住者の場合と同様に所得計算や税額計算を行い、源泉徴収された税額については、確定申告により精算することになります。なお、土地等を譲渡した場合には居住者と同じ様に、申告分離課税により申告を行うことになります。

　ただし、非居住者の所得控除は所得税法第165条により限定されており、雑損控除、寄付金控除および基礎控除に限られています。

　医療費控除、社会保険料控除、小規模企業共済等掛金控除、生命保険料控除、地震保険料控除、障害者控除、寡婦（寡夫）控除、配偶者控除、配偶者特別控除、扶養控除は適用できないこととされています。

　また、外国税額控除についても所得税法第165条の規定により、控除できないこととされています。

　非居住者が確定申告を行う場合、国税通則法第117条の規定により確定申告書を提出する時までにあらかじめ納税管理人を定め、「所得税の納税管理人の届出書」を非居住者の納税地を所轄する税務署長に提出しなければならないこととされています。

　この届出書を提出した後は、税務署が発送する書類等は納税管理人あてに送付されますが、確定申告は非居住者の納税地を所轄する税務署長に対して行うことになります。なお、納税管理人とは、確定申告書の提出や税金の納付などを非居住者に代わってする人のことで法人でも個人でも構わないことになっています。

31 非居住者の国内不動産の譲渡(3)

Q 私（オーストラリア国籍）は、10年前に来日して、居宅兼英会話教室としてマンションを購入しましたが、この度、家族とともにオーストラリアに9月に帰国することになりました。帰国後には、オーストラリアに新居を購入し生活の本拠を母国に移す予定です。日本のマンションは、帰国後に売却するよう不動産業者に依頼しています。日本での所得は、英会話教室による事業所得と学習塾の講師による給与所得ですが、今年の確定申告はどのようにすればいいのでしょうか。

A 帰国の翌日から恒久的施設を有しない非居住者となり、納税管理人の届出をすれば、来年の2月16日から3月15日までの間にマンションの譲渡所得も合わせて確定申告をすることになります。

納税管理人の届出を行わない場合には、1月1日から出国の日までの事業所得と給与所得を出国の時までに確定申告（準確定申告）し、さらに、準確定した所得と出国の翌日から12月31日までのマンションの譲渡所得を含むすべての所得について、来年の2月16日から3月15日までの間に確定申告する必要があります。

なお、この場合は確定申告によって、準確定申告で納付や還付の税額は精算されます。

出国することで住所および居所を有しなくなり、納税申告書の提出する必要があるときは、納税管理人を定めて納税地の税務署長に届け出なければならないこととされています（通則法117、通則令39）。

1 納税管理人届出を行った場合

居住者と同様に、翌年2月16日から3月15日までの間に1月1日から12月31日までのすべての所得について、申告および納税の手続きを納税管理人が行います（所法120、166）。

2 納税管理人届出を行わなかった場合

居住者は、年の中途において出国をする場合には、その年1月1日から

その出国の時までの間の総所得金額、退職所得金額および山林所得金額について、その出国の時までにその時の現況により記載した申告書を提出しなければなりません（所法127）(注)。

さらに、その年において、居住者と非居住者など2以上の区分に該当した場合には、それぞれの期間内に生じた所得税が課されます（所法8、164①、7）ので、1月1日から12月31日までのすべての所得を合わせて、翌年2月16日から3月15日までの間に確定申告する必要があります（所法164、161）。

3 年の途中で居住者から非居住者になった場合の税額計算（所法102、165①、所令258、所基通165－1～2）

居住者であった期間内に生じた所得と非居住者であった期間内に生じた総合課税の対象となる国内源泉所得を基礎として、それぞれ各種所得ごとに計算することになります。

医療費控除、社会保険料控除、小規模企業共済等掛金控除、生命保険控除、地震保険料控除、寄付金控除は、出国のときまでに払った金額により人的控除については、納税管理人の届出を行った時には12月31日の現況で、届出をしなかった時には出国の時の現況に基づいて計算します。

また、雑損控除および配当控除は、居住者および非居住者の期間の合計額で計算します。なお、外国税額控除は、居住者の期間および恒久的施設帰属所得を有する非居住者の期間についてそれぞれ計算します。

あなたの場合、恒久的施設を有しない非居住者となった後に不動産の譲渡を行いますので、10.21％の源泉徴収の対象となります（所法161①五、212①、213①ニ、復興財確法28、33③一、租税条約実施特例3の2、日豪租税条約13）が、納税管理人の届出の有無による確定申告の方法に従って申告することになります。

(注) 居住者であった者が、納税管理人の届出をしないで国内に住所および居所を有しないこととなることを「出国」といいます（所法2①四十二）。

32 非居住者の不動産貸付

Q 私は、3年の予定で英国に出向します。私はサラリーマンで給与以外に所得はありませんが、日本の自宅を会社に賃貸することになりました（不動産所得金額は、出国年▲30万円、翌年以降120万円）。海外勤務出向中の確定申告はどのようにすればよいでしょうか。所得控除は国内で申告するときと同じですか。

A その年1月1日から出国する日までの給与所得および出国した日の翌日からその年12月31日までの間に生じた不動産所得を、翌年2月16日から3月15日までの間に納税管理人を通して確定申告をする必要があります。翌年以後も、不動産所得が生じますので、翌々年2月16日から3月15日までの間に納税管理人を通して確定申告をすることになります。

日本国内の会社に勤めている給与所得者が1年以上の予定で海外の支店などに転勤すると、一般的には、日本国内に住所を有しない者と推定され、所得税法上の非居住者となります（所令15）。

このように海外勤務等により非居住者となる人は、海外に出発する日までに既に一定の所得があるときや、海外に出発した後国内にある不動産の貸付けによる所得（所法161①七）や国内にある資産の譲渡による所得などの、日本国内で生じた所得（以下「国内源泉所得」）があるときは、日本で確定申告が必要になる場合があります（所法7①三、164、166）。

なお、不動産の貸付けによる収入には、20.42％の源泉徴収がされます（所法212①、213①、復興財確法28、33③一、租税条約実施特例3の2、日豪租税条約13、日英租税条約6）。

確定申告が必要となる場合には、納税管理人を定め、「所得税の納税管理人の届出書」を、その人の納税地を所轄する税務署長に提出する必要があります（通則法117）。

納税管理人は、法人でも個人でも構いません。

年の中途で海外勤務となった年分は、その年1月1日から出国する日までの間に生じたすべての所得と、出国した日の翌日からその年12月31日までの間に生じた国内源泉所得を合計して確定申告を提出しなければいけません（所法127①）。

なお、年の中途で海外勤務となった年分の確定申告書の提出期限は、出国の時までに納税管理人の届出書を提出したかどうかによって、次のように異なります。

1　出国の時までに納税管理人の届出書を提出した場合

その年1月1日から出国する日までの間に生じたすべての所得および出国した日の翌日からその年12月31日までの間に生じた国内源泉所得（源泉分離課税となるものを除く）について、翌年2月16日から3月15日までの間に納税管理人を通して確定申告をする必要があります（通則法117、所法120、166）。

2　上記以外の場合

(1)　出国前に生じた所得のみに係る確定申告

その年1月1日から出国する日までの間に生じた所得について、その出国の時までに確定申告（準確定申告）をする必要があります（所法127①）。

なお、1月1日から3月15日までの間に出国する場合、前年分の所得に係る確定申告書についても、出国の時までに提出する必要があります（所法126①）。

(2)　出国前に生じた所得と出国後に生じた国内源泉所得に係る確定申告

海外勤務となった年の翌年以後も、日本国内で国内源泉所得が生じるときは、日本で確定申告が必要になる場合がありますので、翌年2月16日から3月15日までの間に納税管理人を通して確定申告をすることになります。

年の途中で非居住者となった者の人的控除については、居住者期間の所得と非居住者期間の所得の合計について行いますが、納税管理人

の届出をしている場合には、12月31日現在で、届出していない場合には、居住者でなくなった時（出国の時）の現況で判定して行うことになります（所基通165－1～2）。

　あなたの場合、出国年には不動産所得に損失が発生していますので、確定申告によって還付を受けることもできます。また、翌年は、雑損控除、寄付金控除および基礎控除を超えることと思われますので、確定申告を行う必要があると考えられます。

33 恒久的施設帰属所得を有する者の確定申告(1)

Q 私（フランス国籍）は、フランスの居住者でレストランを経営しています。この度日本に支店を開設しました。支店開設に当たり、フランス本店から1カ月間料理人を2名派遣しました。2人の給与など必要な費用はすべて本店で行っています。また、支店開店に際して来日した際に、長年の友人からかねてより依頼されていた講演を行い、講演料を受け取りました。私は、日本でどのような確定申告を行う必要がありますか。

A 日本のフランス料理店の所得は、恒久的施設帰属所得に該当し事業所得として、講演料は、雑所得（非居住者に対する源泉徴収（20.42％）済）として、確定申告する必要があります。

このとき、恒久的施設帰属所得の算定に当たり、本店から支給された金額は事業所得の雑収入とするとともに、2人の人的役務の提供に対する費用を本店と支店間における独立した企業間の取引（内部取引）として必要経費に算入します。なお、所得控除は、雑損控除、寄付金控除、および基礎控除のみ適用できます（所法165①）。

恒久的施設を有する非居住者が、恒久的施設帰属所得とその他の国内源泉所得がある場合の総合課税に係る所得税の課税標準は、恒久的施設帰属所得とその他の国内源泉所得に係る所得をそれぞれ各種所得に区分し、その各種所得ごとに計算した所得の金額を基礎として、総所得金額、退職所得金額および山林所得金額を計算することとなります（所法164、165、所令292の6）。

恒久的施設帰属所得の有する非居住者は、青色申告の申請（所法166）、上場株式の配当所得の分離課税などの措置法関係の特例も居住者と同様に適用されます（措法8の4ほか）。

恒久的施設帰属所得については、平成26年度改正において、恒久的施

設がその非居住者から独立して事業を行う事業者であるとしたならば、その恒久的施設が果たす機能、その恒久的施設において使用する資産、その恒久的施設とその「非居住者の事業場等」との間の内部取引その他の状況を勘案して、その恒久的施設に帰せられるべき所得」（所法161①一）と規定されました。また、その恒久的施設とその「非居住者の事業場等」との間の内部取引についても、特定のものを除いて企業間の取引と同様に扱う（所法161②、162②、所令291の2）こととし、その事実の明細を記載した書類を作成（所法166の2、所規68の2、68の3）し、証憑類と併せて保存する必要があります（所規102⑦）。

なお、「非居住者の事業場等」（本国の本店等）とは、その非居住者の事業に係る事業場その他これに準ずるもので、その恒久的施設以外のものとされています（所法161①一）。

これらの規定は、平成29年分以降の申告から適用されます。

あなたの場合、国内の支店は恒久的施設に該当しますので、恒久的施設を有する非居住者に該当します。恒久的施設帰属所得の計算は、支店を通じて行う事業所得として、居住者における算定方法と同様に行います。そして、フランスの本店で負担した2人の人件費および宿泊費、旅費等を含めた費用（外貨の部分は外国為替の売買相場により換算した金額（所法57の3））は、内部取引として本店から支給された金額は事業所得の雑収入とするとともに、費用として必要経費に算入することになります。

講演料については、恒久的施設帰属所得以外の所得として、居住者の場合と同様に雑所得として総合課税対象になります。必要経費は費用があれば算入できますが、交通費は、支店開設が主な目的で来日した折に行ったものですので国内での移動程度と考えられます。

34 恒久的施設帰属所得を有する者の確定申告(2)

Q 私（フランス国籍）は、フランスの居住者でオリジナル婦人服の製造販売をしています。この度東京のホテルのワンフロアを賃貸して3日間の展示即売会を行うことになりました。私は、日本で確定申告を行う必要がありますか。

A 日本のホテルの展示即売場は、恒久的施設に該当しますので、事業所得として所得税法に従って所得金額の算定、税額の計算をして確定申告をする必要があります。所得控除は、雑損控除、寄付金控除、および基礎控除のみ適用できます（所法165①）。恒久的施設（Q23参照）には、非居住者が資産を購入するためのみに使用する場所、資産を保管するためのみに使用する場所、市場調査など事業の補助的な機能を有する活動を行うためのみに使用する場所は含まれません（所令1の2②）。

しかし、農園、養殖場、貸ビル等のほか、非居住者が国内で行う事業活動の拠点としているホテルの一室、展示即売場その他これに類する場所は、「支店、出張所等に準ずるもの」と取り扱われます（所基通161－1）。

あなたの場合、国内に住所がなく、1年以上の居所もありませんので非居住者になります。日本のホテルの展示即売場は、国内でオリジナル婦人服の製造販売を行う事業の拠点と言えますので、わずか3日間であっても「支店または出張所等に準ずるもの」として恒久的施設に該当します。

従って、恒久的施設帰属所得を有する非居住者として、納税管理人の届出を行い、確定申告をする必要があります。届出をしない場合には、帰国するまでの間に確定申告をすることになります（Q26参照）。

35 恒久的施設帰属所得の計算

Q 私（フランス国籍）は、フランスの居住者でレストランを経営しています。この度日本に支店を開設しました。支店は、フランス本店で購入したワインを空輸していますが、費用はすべて本店で支払っています。支店は国内の恒久的施設に該当するということですが、支店を通じて生じた所得はどのように算定するのでしょうか。

A 日本のフランス料理店の所得は、恒久的施設帰属所得に該当し、事業所得扱いとなるため、本店から独立した事業として所得金額を算定することになります。その際、本店から空輸されたワインは、輸送に必要な費用も含めて仕入額に算入する必要があります。

恒久的施設帰属所得は、恒久的施設がその非居住者から独立して事業を行う事業者であるとしたならば、その恒久的施設が果たす機能、その恒久的施設において使用する資産、その恒久的施設とその「非居住者の事業場等」との間の内部取引その他の状況を勘案して、その恒久的施設に帰せられるべき所得（所法161①一）と規定されています。

○内部取引

「恒久的施設帰属所得における内部取引」とは、独立した企業間取引と擬制して、恒久的施設と「非居住者の事業場等」との間の資産の移動（販売、購入）、役務の提供そのたの取引が行われたと認められるもの（所法161②）ですので、一般の取引と同様に算定します[注1]。

内部取引の計算に当たり、内部取引の対価の額とした額が、独立企業間価格と異なることにより、恒久的施設帰属所得の所得金額の計算上、収入金額とすべき金額が過少または、必要経費に算入すべき金額が過大となるときは、その内部取引は独立企業間価格によるものとされています（措法40の3の3）[注2]。

また、国内にある資産、土地・建物、不動産等（所法165①三・五・七を生ずべき資産）の取得または譲渡が内部取引として行われた（非居

住者が国内に滞在中に行う国内にある資産の譲渡による所得を除く）場合には、その資産の直前の価額とし、恒久的施設におけるその資産の取得価額は取得に要し費用の額を加算した金額として計算します（所法165の5の2、所令292の4②・③）。

　内部取引を必要経費に算入する時期については、一般的な取引と異なり、「債務確定しないものを含む」（所法165②一）とされ、債務確定に相当する事実があれその時期に算入できるものとされています。

○共通費用

　恒久的施設を通じて行う事業およびそれ以外の事業に共通する販売費等がある場合には、その販売費等を収入金額、使用人の数など一定の合理的な基準によって配分することになります（所法165②ニ、所令292③）。この場合、国内に複数の事業拠点がある場合には一つの集合体として配分します。

　あなたの場合、国内の支店は恒久的施設に該当しますので、恒久的施設を有する非居住者になります。そして、あなたの恒久的施設帰属所得は、支店に関係する事業所得金額を居住者について算定する方法と同様に行い、本店から空輸されたワインは（内部取引を意識して）空輸など輸送に必要な費用も含めて仕入額に算入する（外貨の部分は外国為替の売買相場により換算した金額（所法57の3））ことになります。

　そして、これらの費用を本店が負担しているということですから、同額を事業所得の収入金額に算入することになります。

(注1)　内部取引に含まれないもの（売上や必要経費に含めないもの）として、債務の保証、再保険の引受け、手形割引（所法161②、所令291の2①）、減価償却資産となる無形資産の使用料、著作権の使用料（所法161②、所令291の2②）などがあります。

(注2)　内部取引の価格の算定方法等の細目（措令25の18の3①・③・④・⑤および算定に必要と認められる書類の提示または提出の細目（措規18の19の3））が整備されました。

36 恒久的施設を有しない非居住者の課税

Q 私（フィンランド国籍）は、昨年8月から日本で代理人を通じて北欧製の調度品を販売しています。販売を依頼している代理人は、日本の家具販売を行っている事業者で、私が販売依頼している調度品だけでなく、国内外の家具や調度品の販売を行っている方です。私は、この事業について所得税の確定申告をする必要があるのでしょうか。

恒久的施設を有しない非居住者に該当し、申告が必要な国内源泉所得がありませんので、確定申告をする必要はありません。

非居住者に所得税が課される範囲は、国内源泉所得に限られています（所7三）。国内源泉所得がある非居住者が、国内に支店や事業所などの恒久的施設を有するか否か、どのような国内源泉所得を有するかによって課税方法が異なります（所法161、164）。

「恒久的施設」は、一般的に「PE」（Permanent Establishment）と略称されており、次の3つの種類に区分されています（所法2①八の四、所令1の2）。

(1) 非居住者の国内にある支店、工場その他事業を行う一定の場所
(2) 非居住者の国内にある建設、据付け、組立て等の建設作業等のための役務の提供で、1年を超えて行うもの。
(3) 非居住者が国内に置く自己のために契約を締結する権限のある代理人等（代理人等が、その事業に関わる業務を非居住者に対して独立して行い、かつ、通常の方法により行う場合の代理人等を除く）。

非居住者に対する課税方法は、次の通りです（所法7①二、164、所基通164－1）（Q24参照）。

(1) 恒久的施設を有する非居住者
恒久的施設帰属所得と、恒久的施設を通じて行わない一定の国内資産

の運用保有所得および譲渡所得等については、それぞれネット所得を算定し申告納税し、これら以外の国内源泉所得は分離課税となります。

(2) 恒久的施設を有しない非居住者

　一定の国内資産の運用保有所得および譲渡所得等についてネット所得を算定し申告納税し、これら以外の国内源泉所得は分離課税となります。

　あなたの場合、「販売を依頼している代理人は、日本の家具販売を行っている事業者で、私が販売依頼している調度品だけでなく、国内外の家具や調度品の販売を行っている。」ということですので、あなたからの指示やあなたの監督などがなく代理人の裁量で販売しているとのことであれば「独立代理人」に当たり、恒久的施設となる代理人には当たらないと考えられます（所令1の2③、所基通161－3）。

　従って、あなたは恒久的施設を有しない非居住者となり、また、国内で得た所得は恒久的施設帰属所得に相当するものですから、恒久的施設を有しない非居住者が申告する必要がある国内源泉所得になりません。

(参考)「独立代理人」に該当する者（所基通161－3）

　次に掲げる要件のいずれも満たす者をいいます。

① 代理人として当該業務を行う上で、詳細な指示や包括的な支配を受けず、十分な裁量権を有するなど本人である非居住者または外国法人から法的に独立していること。

② その業務に係る技能と知識の利用を通じてリスクを負担し、報酬を受領するなど本人である非居住者または外国法人から経済的に独立していること。

③ 代理人として当該業務を行う際に、代理人自らが通常行う業務の方法または過程において行うこと。

第5章

国際課税と税務調査
［消費税編］

1 消費税の課税対象

Q 消費税の課税対象について教えて下さい。

A 消費税の課税対象は、国内取引としては、事業者が行った資産の譲渡等（特定資産の譲渡等を除く）および特定仕入れ（事業として他の者から受けた特定資産の譲渡等）、輸入取引としては、保税地域から引き取られる外国貨物――となります。

なお、非課税取引は消費税が課されませんから、結局、消費税の納税義務者は「国内において課税資産の譲渡等を行った事業者」、「国内において特定課税仕入れを行った事業者」、「外国貨物を保税地域から引き取る者」となります。

1 国内取引

国内取引に係る消費税の課税対象は、国内において事業者が行った資産の譲渡等（特定資産の譲渡等を除く）および特定仕入れ（事業として他の者から受けた特定資産の譲渡等）です。

従って、国内取引において実際に課税される取引は、次の要件のすべてを満たすものをいいます。

① 国内において行うものであること
② 事業者が事業として行うものであること
③ 対価を得て行われるものであること
④ 資産の譲渡、資産の貸付けおよび役務の提供（資産の譲渡等）または特定課税仕入れに該当するものであること
⑤ 非課税とされる資産の譲渡等に該当しないものであること

なお、現実に納税義務を課される「課税資産の譲渡等」から「特定資産の譲渡等（事業者向け電気通信利用役務の提供および特定役務の提供）」が除かれる一方、その「特定資産の譲渡」を受けた事業者には、その「特定課税仕入れ」について納税義務が課される仕組みとなっていま

す。これは、この「特定課税仕入れ」については、いわゆるリバースチャージ方式が適用され、納税義務が転換されるということです。

2　輸入取引

保税地域から引き取られる外国貨物（輸入貨物）は、有償取引であるか無償取引であるか、また、引取者が事業者であるか否かを問わず、消費税が課税されます。

2 納税義務者

 消費税の納税義務者について教えて下さい。

 国内取引についての納税義務者は、事業者（個人事業者および法人）、輸入取引についての納税義務者は、課税貨物を引き取る者（消費者も含む）です。

なお、国内取引については、免税事業者は消費税の納税義務が免除されますから、現実には、免税事業者を除く事業者、すなわち、課税事業者が納税義務者となります。

1 原則的な納税義務者

消費税の原則的な納税義務者は、国内取引については事業者（個人事業者および法人）、輸入取引については、課税貨物を引き取る者（消費者も含む）です。

2 例外的な納税義務者

国外事業者が日本の事業者に行う「事業者向け電気通信利用役務の提供」については、その提供を受ける日本の事業者（その特定課税仕入れを行った国内事業者）が納税義務者となります。すなわち、いわゆるリバースチャージ方式で課税されます（納税義務の転換が行われ、売上課税ではなく仕入課税される）。

また、外国人タレント等の国外事業者が国内で行う特定役務の提供については、その特定課税仕入れを行った事業者が、納税義務者となり、これも、いわゆるリバースチャージ方式で課税されます。

3 課税事業者、免税事業者の判定

課税事業者とは、課税期間の基準期間（個人事業者については前々年、法人については前々事業年度）の課税売上高が1,000万円を超える事業者、または、課税期間の特定期間（個人事業者については前年1月1日から6月30日までの期間、法人については前事業年度前半6カ月の期間）の課

税売上高が1,000万円を超える事業者をいいます。

　従って、このいずれにも該当しない事業者は免税事業者となります。

　この場合における課税売上高は、その期間の課税資産の譲渡等の対価の額（みなし譲渡等に係る対価の額を含む）を基礎として算出しますが、輸出売上高を含み、消費税および地方消費税の額を含まず、売上対価の返還等の金額を控除した金額をいいます。

　次に、特定期間における課税売上高により納税義務の有無を判定する場合には、特定期間中に支払った所得税法第231条第1項《給与等、退職手当等又は公的年金等の支払明細書》に規定する支払明細書に記載すべき給与等の金額を特定期間における課税売上高とすることができますが、この場合は、給与等の金額には、未払額または退職手当等の金額は含まれません。

　なお、免税事業者に該当する事業者は、課税事業者を選択することができます。

4　その他の特例

　新規に設立された法人、すなわち、その事業年度の基準期間がない法人であっても、その事業年度の開始の日における資本金の額または出資の金額が1,000万円以上である新設法人、または、資本金等の額が1,000万円未満の法人のうち同族グループ等で支配されている特定新規設立法人については、納税義務は免除されないこととされています。

　次に、相続、合併、分割等があった場合については、次のような特例規定が設けられています。

① 免税事業者である個人事業者が相続により課税事業者である被相続人の事業を承継した場合には、納税義務は免除されません。

② 免税事業者である法人が合併により課税事業者の事業を承継した場合（吸収合併）や合併により新たに法人を設立した場合（新設合併）には、被合併法人（合併により消滅した法人）の課税売上高を含めたところで、免税事業者になるかどうかを判定します。

③ 法人が分割等（新設分割、現物出資、事後設立）により新たに法人を設立した場合の新設分割子法人（分割により設立された法人、

資産の譲渡を受けた法人）の納税義務の判定に当たっては、新設分割親法人（分割等を行った法人）の課税売上高を含めたところで判定し、新設分割親法人の納税義務の判定に当たっては、新設分割子法人の課税売上高を含めたところで判定します。

なお、新設分割の場合における分割子法人および分割親法人の翌々事業年度以後の納税義務の有無については、端的にいうと、特定要件に該当する状態が続く限り、その合計額で判断するという縛りがエンドレスに続くことになります。

④ 吸収分割により課税事業者の事業の全部または一部を承継した法人（分割承継法人）の基準期間における課税売上高が1,000万円以下であるかどうかの判定に当たっては、分割法人（吸収分割をした法人）の課税売上高を加味して判定します。

3 非居住者への役務提供

Q 消費税の課税方法は、所得税と同じように居住者と非居住者で異なるのでしょうか。

A 非居住者に対する役務の提供は、一般的には輸出免税の規定が適用され、消費税が免除されます。しかし、非居住者に対する役務の提供であっても、次のものは消費税が免除されません（消令17②七）。

(1) 国内に所在する資産の運送や保管
(2) 国内における宿泊や飲食
(3) (1)および(2)に準ずるもので、国内において直接便益を受けるもの

例えば、国内に所在する建物などの管理や修繕、理容または美容、医療または療養、鉄道やバスなどによる旅客の運送、劇場や映画館などにおける観劇などの役務の提供、国内間の電話や郵便、非課税とされていない日本語学校やビジネス学校などにおける語学教育やビジネス研修などの役務の提供は免税の対象から除かれています。

非居住者であっても、国内において課税資産の譲渡等を行い、かつ、その課税期間（特定期間を含む）の前々年の課税売上高が1,000万円を超える場合には、消費税の納税義務者となります。

④ 国内取引の判定方法

Q 消費税が課税される国内取引の判定基準について教えて下さい。

A 原則として、資産の譲渡または貸付けについては、その譲渡または貸付けが行われる時においてその資産が所在していた場所がどこかにより判定します。また、役務の提供については、その役務の提供が行われた場所がどこかにより判定します。

ただし、必ずしもこの判定基準になじまない、例えば、国際運輸、国際通信などについては、別の判断基準が設けられています。

消費税は、内国消費税といわれており、国内で消費される財貨やサービスに対して負担を求める税です。従って、国外で行われる取引は、課税対象にはなりません。

そこで、ある取引が、国内で行われたのか、国外で行われたのかを判定することは、とても重要なことになってきます。これを「内外判定」といいます。

1 資産の譲渡または貸付け

資産の譲渡または貸付け取引については、その譲渡または貸付けが行われる時においてその資産が所在していた場所がどこかにより判定します。

しかし、資産には、船舶や航空機のように所在場所を移動するものや、無体財産権のように目に見えた形で資産の所在が明らかにできないものもあります。

そこで、次の資産については、次に掲げるところにより、個別に判定場所として特定する場所が定められています。

① 登録を受けた船舶

譲渡については、日本船の場合で、譲渡者が居住者のときは登録をした機関の所在地、非居住者のときは譲渡を行う者の住所地、日本船

以外の場合は登録をした機関の所在地。貸付けについては、日本船の場合で、貸付者が居住者のときは登録をした機関の所在地、非居住者のときは貸付けを行う者の住所地、日本船以外の場合で、貸付者が居住者のときは貸付けを行う者の住所地、非居住者のときは登録をした機関の所在地
② 登録を受けていない船舶
　譲渡または貸付けを行う者の譲渡または貸付けに係る事務所等の所在地
③ 登録を受けた航空機
　登録をした機関の所在地
④ 登録を受けていない航空機
　譲渡または貸付けを行う者の譲渡または貸付けに係る事務所等の所在地
⑤ 鉱業権、租鉱権、採石権その他土石を採掘、採取する権利
　鉱業権に係る鉱区、租鉱権に係る租鉱区、採石権等に係る採石場の所在地
⑥ 特許権、実用新案権、意匠権、商標権、回路配置利用権、育成者権
　権利の登録をした機関の所在地（同一の権利について２以上の国において登録をしている場合には、これらの権利の譲渡または貸付けを行う者の住所地）
⑦ 公共施設等運営権
　公共施設等運営権に係る民間資金等の活用による公共施設等の整備等の促進に関する法律に規定する公共施設等の所在地
⑧ 著作権またはノウハウ
　譲渡または貸付けを行う者の住所地
⑨ 営業権、漁業権、入漁権
　権利に係る事業を行う者の所在地
⑩ 有価証券（ゴルフ場利用株式を除く）
　有価証券が所在していた場所
⑪ 登録国債

登録をした機関の所在地
⑫　合名会社、合資会社、合同会社の社員の持分等
　　持分に係る法人の本店または主たる事務所の所在地
⑬　貸付金、預金、売掛金その他の金銭債権（ゴルフ場等利用の預託に係る金銭債権を除く）
　　金銭債権に係る債権者の譲渡に係る事務所等の所在地
⑭　ゴルフ場利用株式等、ゴルフ場等利用の預託に係る金銭債権
　　ゴルフ場その他の施設の所在場所
⑮　①～⑭以外の資産でその所在場所が明らかでないもの
　　譲渡または貸付けを行う者の譲渡または貸付けに係る事務所等の所在地

2　役務の提供（電気通信役務の提供を除く）

　役務の提供取引については、その役務提供が行われた場所がどこかにより判定します。
　しかし、運輸、通信のように一点に特定できないものなどもあります。そこで、次に掲げる役務の提供については、次に掲げるところにより、個別に判定場所として特定する場所が定められています。
①　国内および国内以外の地域にわたって行われる旅客または貨物の輸送（国際運輸）
　　➡旅客または貨物の出発地、発送地または到着地
②　国内および国内以外の地域にわたって行われる通信（国際通信）
　　➡発信地または受信地
③　国内および国内以外の地域にわたって行われる郵便または新書便（国際郵便）
　　➡差出地または配達地
④　保　険
　　➡保険に係る事業を営む者の保険の契約の締結に係る事務所等の所在地
⑤　専門的な科学技術に関する知識を必要とする調査、企画、立案、助言、監督、検査に係る役務の提供で生産設備等の建設または製

造に関するもの
➡生産設備等の建設または製造に必要な資材の大部分が調達される場所
⑥ ①〜⑤以外のもので国内および国内以外の地域にわたって行われる役務の提供その他の役務の提供が行われた場所が明らかでないもの
➡役務の提供を行う者の役務の提供に係る事務所等の所在地

3　電気通信利用役務の提供

電気通信利用役務の提供については、その電気通信利用役務の提供を受ける者の住所もしくは居所または本店もしくは主たる事務所の所在地となります。

4　金融取引

金融取引の場合は、その貸付けまたは行為を行う者の貸付けまたは行為に係る事務所等の所在地となります。

⑤ 資産の譲渡等の範囲

Q 消費税の課税対象となる資産の譲渡または貸付け、役務提供とは、具体的にどのような取引のことをいうのでしょうか。

A 資産の譲渡とは、資産をその同一性を保持しつつ、他人に移転させること。資産の貸付けとは、資産を他の者に貸し付けたり、使用させたりする行為。役務の提供とは種々のサービスを提供することをいいます。

　資産の譲渡等とは次のような取引をいいます。なお、消費税法では、「資産の譲渡等」とは「事業として対価を得て行われる資産の譲渡および貸付け並びに役務の提供」をいうと定義されていますから、次のいずれかの取引に該当するものであっても、事業性および対価性がなければ、結局は「資産の譲渡等」には該当せず、消費税は課税されないことになります。

1　資産の譲渡

　資産の譲渡とは、資産についてその同一性を保持しつつ、他人に移転させることをいいます。なお、資産の譲渡は、その原因を問いませんから、例えば、他の者の債務の保証を履行するために行う資産の譲渡や強制換価手続により換価された場合の資産の譲渡であっても、資産の譲渡に該当します。

2　資産の貸付け

　資産の貸付けとは、賃貸借、消費貸借等の契約に基づき、資産を他の者に貸し付けたり、使用させたりする行為をいい、資産に係る権利の設定その他、他の者に資産を使用させる一切の行為もこれに含まれます。

3　役務の提供

　役務の提供とは、工事、建築、修繕、運送、保管、印刷、広告、仲介、興行、宿泊、飲食、技術援助、情報の提供、出演、著述その他種々のサービスを提供することをいい、弁護士、公認会計士、税理士、作家、

スポーツ選手、映画監督、棋士等によるその専門知識、技能等に基づく役務の提供もこれに含まれます。

6 仕入税額控除

Q 消費税の仕入税額控除について概要を教えて下さい。

A 消費税の仕入税額控除は、課税資産の譲渡等に対応する課税仕入れに係る消費税額だけを控除する仕組みです。従って非課税売上げに対応する課税仕入れに係る消費税額については、控除できないことになっています。

1 仕入税額控除の趣旨

　消費税の仕入税額控除については、課税仕入れの全額が控除できるのではなく、控除できるのは、課税資産の譲渡等に対応する部分だけになります。

　消費税は、流通の各段階で課税されることから、二重、三重に税が課税されることのないよう、前段階で課税された消費税については、納付税額の計算に当たり売上に係る消費税額から控除する仕組み（前段階税額控除制度）が採られています。すなわち、消費税の仕入税額控除は、流通段階における税の累積を排除するために設けられている制度ですから、納税が発生しない非課税取引に対応する課税仕入れの取引については、いわば最終消費段階の取引ともいえるので、仕入税額控除はできないということになります。

　従って、通常の事業会社は、預金利息などの非課税収入がありますし、財テクに力を入れている会社は、有価証券の譲渡収入などの非課税収入がありますが、これらの取引に係る経費等の中に課税仕入れに該当する支払いがあったとしても、その課税仕入れに係る消費税額は仕入控除することができないことになります。

2 仕入控除税額の計算方法の概要

　簡易課税適用者以外の事業者については、「課税資産の譲渡等だけを行っている事業者」と「課税売上高が5億円以下で、かつ、課税売上割

合が95％以上の事業者」は、課税仕入れ等に係る消費税額の全額を仕入控除することができます。また、「課税売上高が5億円超の事業者」と「課税売上割合が95％未満の事業者」は、個別対応方式と一括比例配分方式のいずれかを選択して仕入控除税額を計算することになります。

　個別対応方式とは、その課税期間の課税仕入れ等に係る消費税額を、①課税売上にだけ要するもの、②非課税売上にだけ要するもの、③課税売上と非課税売上に共通して要するものに区分し、控除する消費税額は、①の消費税額と③の消費税額に「課税売上割合」を乗じて算出した金額を加算した金額となります。

　一括比例配分方式とは、個別対応方式のような区分をせずに、控除する消費税額は、課税仕入れ等に係る消費税額の総額に「課税売上割合」を乗じて算出した金額となります。

　「課税売上割合」とは、平たくいえば、総売上高に占める課税売上高の割合をいいますが、正確には、その課税期間中の国内における資産の譲渡等の対価の合計額のうちに、その課税期間中の国内における課税資産の譲渡等の対価の合計額の占める割合をいいます。

　すなわち、分母には、国内の課税売上（税抜）と非課税売上と免税売上を加算した金額を、分子には、国内の課税売上（税抜）と免税売上を加算した金額を算入し、計算した割合をいいます。

　従って、国外取引に係る対価の額や、資産の譲渡等の対価に該当しない取引の受取金額（例えば、受取配当金、受取保険金など）は、分母、分子の金額には含まれません。

3　仕入控除税額の計算方法の特例

　この計算に際しては、分母と分子に含める取引、分母に含めない取引、分母に算入するが一定の調整計算をする取引、などの特例規定が設けられています。

(1)　分母と分子に含める取引

　「国内において行った非課税資産の譲渡等で輸出取引等に該当するものの対価（例えば、非居住者に対する貸付金の利子）」については、非課税取引のコストとなる部分の消費税も国境税調整するという観点から、ま

た、「海外における販売や自己が海外で使用するために輸出する資産の価額（FOB価格）」については、資産の譲渡等には該当しないものの輸出取引であり、やはり国境税調整するという観点から、いずれも、分母と分子に含めることとされています。

なお、これはあくまでも課税売上割合を計算する上の取扱いであり、これらの金額は、基準期間の課税売上高またはその課税期間の課税売上高には含まれないことに留意する必要があります。

(2) **分母に含めない取引**

「通貨、小切手等の支払手段または国際通貨基金の特別引出権の譲渡の対価」については、対価を得る取引ではないという観点から、また、「資産の譲渡等の対価として取得した金銭債権の譲渡の対価」については、売上げの二重計上的な事象を排除する観点から、さらに、「現先取引債券等の売現先の譲渡の対価」については、実質的に資金の借入れと同じであるという観点から、いずれも、分母に含めないこととされています。

(3) **分母に算入するが一定の調整計算をする取引**

「現先取引債券等の買現先の譲渡の対価」については利子相当額を、「有価証券の譲渡」については譲渡対価の額の5％相当額を、「国債等について償還差損が生ずる場合の譲渡」については償還差損を控除した額を、「金銭債権の譲渡」については譲渡対価の5％相当額を、それぞれ分母に算入することになります。

これらについては、原則通り取引の対価たる金額の全額を分母に算入するとなると、課税売上割合による仕入控除税額の計算を設けた趣旨、目的等からみて、不合理な結果を導くこととなり適当ではない、という理由から設けられている措置です。

なお、前述の「金銭債権の譲渡対価」について補足しますと、貸付金、預金、売掛金その他の金銭債権（資産の譲渡等の対価として取得したものを除く）の譲渡については、従来はその譲渡に係る対価の額の全額を分母に算入することとされていましたが、平成26年の消費税法令の改正により、平成26年4月1日以後に行う取引については、その譲渡対価の5％相当額を分母に算入することとされました。

すなわち、分母に算入する金額については、従来、①自己売上に係る金銭債権についてはカウントしない、②その他の金銭債権についてはその譲渡金額の全額とされていましたが、この②の金銭債権については、譲渡金額の5％相当額を非課税売上額としてカウントするということに改正され、有価証券等の譲渡と同様の取扱いになったものです。

7 輸出免税制度

 消費税の輸出免税制度の概要について教えて下さい。

 事業者が国内において課税資産の譲渡等を行った場合に、それが「輸出取引等」に該当する場合には消費税が免除されます。

この「輸出取引等」には、典型的な貨物の輸出以外に、国際輸送・国際通信・国際郵便、非居住者に対する無形固定資産等の譲渡・貸付け、非居住者に対する一定の役務の提供などがあります。

そして、輸出免税は、売上に係る納税義務は免除されますが、その仕入れ等に係る税額は仕入税額控除をすることができますから、輸出専門事業者の場合は、結果として、累積された消費税の還付を受けることができます。

なお、免税事業者に該当するかどうかを判定する場合の基準期間等における「課税売上高」には、この輸出売上の対価の額が含まれます。また、この輸出売上の対価の額は、課税売上割合の計算上、分母・分子に含まれます。

1 輸出免税制度

消費税は、事業者が国内において課税資産の譲渡等を行った場合であっても、それが輸出取引等に該当する場合には消費税が免除されます。

輸出取引等を免税としているのは、輸出された物品についてはその物品の輸入国においてその国の租税を課税するという「消費地課税主義」が国際ルールとなっているからです。そして、輸出免税の対象となる取引でも、仕入れに係る消費税額は控除することができるため、税の負担が一切ない状態で輸出されることになります。この点において、仕入税額控除をすることができない「非課税」とは性格を異にするものです。

資産の譲渡等のうち、輸出免税等の規定により消費税が免除されるのは、次の要件をすべて満たす場合です。

①　資産の譲渡等が、課税事業者によって行われるものであること
②　資産の譲渡等が、国内において行われるものであること
③　資産の譲渡等が、課税資産の譲渡等に該当するものであること
④　資産の譲渡等が、輸出取引または輸出類似取引に該当するものであること
⑤　④に該当するものであることの証明がなされたものであること

　次に、非課税資産の輸出を行った場合および資産を海外支店等に移動するための輸出を行った場合等については、③の要件である「課税資産の譲渡等」には該当せず、従って輸出免税の対象にはなりません。そして、これらの対価の額等は、課税売上げに該当しないことから、基準期間等の課税売上高には含まれないことになりますが、課税売上割合の計算上は、次の2で述べる「輸出取引等」に該当することとされ、その計算式の分母および分子に含めることとされています。

2　輸出取引等の範囲

　免税とされる輸出取引等は、次に掲げるものです。
①　輸出として行われる資産の譲渡・貸付け
　典型的な貨物の輸出取引ですが、輸出とは、内国貨物を外国に向けて送り出すことをいいます。
②　外国貨物の譲渡・貸付け
　外国貨物とは、輸出の許可を受けた貨物および外国から本邦に到着した貨物で輸入を許可される前のものをいいます。
　なお、譲渡等の目的物が外国貨物である場合には、これを輸入するときの貨物の譲受者が輸入手続（課税通関）を踏むことになります。また、譲受者が国外に譲渡する場合には、内国貨物を輸出する場合の手続が準用されることになっています。
③　国際輸送・国際通信・国際郵便等
　国際輸送等とは、国内および国内以外の地域にわたって行われる輸送等をいいます。
　そして、旅客、貨物等の出発地等または到着地等のいずれかが国内である場合は国内取引に該当し、輸出免税の対象となります。

④　外航船舶等の譲渡・貸付け・修理

　外航船舶等とは、専ら国内および国内以外の地域にわたって行われる旅客もしくは貨物の輸送の用に供される船舶または航空機、および専ら国内以外の地域間で行われる旅客もしくは貨物の輸送の用に供される船舶または航空機をいいます。

　なお、船舶の譲渡または貸付けに係る内外判定はやや複雑になっていますが、国内取引に該当した場合に輸出免税の対象となるということは、他の取引と同様です。

⑤　国際輸送用のコンテナーの譲渡・貸付け・修理

⑥　外航船舶等の水先等の役務の提供

　水先、誘導、入出港もしくは離着陸の補助または入出港、離着陸、停泊もしくは駐機のための施設の提供に係る役務の提供等をいいます。

⑦　外国貨物の荷役等

　荷役、運送、保管、検数、鑑定等の役務の提供をいいます。

⑧　非居住者に対する無形固定資産等の譲渡・貸付け

　無形固定資産とは、鉱業権、租鉱権、採石権その他土石を採掘し、もしくは採取する権利、特許権、実用新案権、意匠権、商標権、回路配置利用権もしくは育成者権、著作権、ノウハウ、営業権または漁業権もしくは入漁権等をいいます。

⑨　非居住者に対する役務の提供

　非居住者に対して行われる役務の提供で、

　　イ．国内に所在する資産に係る運送または保管

　　ロ．国内における飲食または宿泊

　　ハ．これらに準ずるもので、国内において直接便益を享受するもの

——の3つの役務の提供を除き、免税となります（これらの3つの役務提供は免税されません）。

　消費税は、内国消費税ともいわれており、国内で消費される財貨やサービスに対して負担を求めるものです。従って国内において直接便益を享受するものは、たとえ非居住者に対する役務の提供等であっても、免税にはならないということです。

なお、非居住者に対する役務の提供のうち、免税とならない取引を例示しますと、国内に所在する不動産の管理や修理、国内での建物の建築請負、国内での電車、バス、タクシー等による旅客の輸送、国内における理容または美容、医療または療養、スポーツの観戦または演劇の鑑賞などが挙げられます。

3 その他の輸出免税

輸出物品販売場（免税ショップ）を経営する事業者が、外国人旅行者などの非居住者に対して物品（輸出携帯品）を販売する場合には、消費税が免除されます。

なお、輸出物品販売場とは、事業者が経営する販売場で、非居住者に対し物品を免税で販売することができるものとして、その事業者の納税地の所轄税務署長の許可を受けた販売場をいいます。

また、輸出物品販売場において非居住者に対し免税で販売できるのは、通常生活の用に供する物品で、輸出するために一定の方法により購入されるものに限られます。従って、国外の事業者が国外において販売するために自ら輸出する目的で購入するものは、輸出物品販売場免税の対象とはなりません。

この他、消費税法に規定する輸出免税以外に、日本国籍の外航船等（本邦と外国の間を往来する船舶または航空機）に積み込む酒、たばこ、船用品または機用品等の免税などがあります。

⑧ 国境を越えた電気通信役務の提供に係る内外判定

Q 電子書籍、音楽、広告の配信など、インターネット等を介して行われる役務提供（電気通信利用役務の提供）については消費税の課税関係が変更されたと聞きましたが、これについて教えて下さい。

A インターネット等の電気通信回線を介して国内の事業者または消費者に対して行われる電子書籍の配信等の役務の提供（電気通信利用役務の提供）に係る消費税の課税関係は、従来は国内事業所等から配信される場合は課税、国外事業所等から配信される場合は不課税とされていました。

これについては、国内外の事業者間で競争条件が異なり、不公平であるとの指摘がなされていましたが、平成27年度の税制改正で、消費税の課税関係の見直しがなされ、平成27年10月1日から適用されています。

1 国内取引か国外取引かの判定方法

電子書籍・音楽・広告の配信などの電気通信回線（インターネット等）を介して行われる役務の提供を「電気通信利用役務の提供」と位置付け、その役務の提供が消費税の課税対象となる国内取引に該当するかどうかの判定基準（内外判定基準）が、「役務の提供を行う者の役務の提供に係る事務所等の所在地」から、「役務の提供を受ける者の住所等」に改正されました。

従って、従来は、①国内事業者から国外事業者へ配信する取引は国内取引となり課税（ただし、輸出免税の適用あり）、②国外事業者から国内事業者へ配信する取引は国外取引となり不課税、③国内事業者から国外消費者へ配信する取引は国内取引となり課税（ただし、輸出免税の適用あり）、④国外事業者から国内消費者へ配信する取引は国外取引となり不課税——とされていました。ですが、改正後は、①は国外取引として不課税、②は国内取引として課税、③は国外取引として不課税、④は国内

取引として課税——というように、いずれも、課税関係が真逆になりました。

　国内事業者が電気通信利用役務の提供者である場合は、その役務の提供を行った取引相手の住所等が国内にあるかどうかにより内外判定を行いますが、この判定は、客観的かつ合理的な基準に基づいて行う必要があります。例えば、インターネットを通じて電子書籍、音楽、ゲーム等をダウンロードさせるサービスなどにおいては、顧客がインターネットを通じて申し出た住所地と顧客が決済で利用するクレジットカードの発行国情報を照合して確認する等、各取引の性質等に応じて合理的かつ客観的に判定する必要があります。

2　電気通信利用役務の提供に該当する取引

　今回、課税方式が見直された、「電気通信利用役務の提供」に該当する取引は、対価を得て行われるもので、具体的には、以下のものが該当します。

① インターネットを通じて行われる電子書籍・電子新聞・音楽・映像・ソフトウェア（ゲームなどの様々なアプリケーションを含む）の配信
② 顧客に、クラウド上のソフトウェアやデータベースを利用させるサービス
③ 顧客に、クラウド上で顧客の電子データの保存を行う場所の提供を行うサービス
④ インターネット等を通じた広告の配信・掲載
⑤ インターネット上のショッピングサイト・オークションサイトを利用させるサービス
⑥ インターネット上でゲームソフト等を販売する場所を利用させるサービス
⑦ インターネットを介して行う宿泊予約、飲食店予約サイト（宿泊施設、飲食店等を経営する事業者から掲載料等を徴するもの）
⑧ インターネットを介して行う英会話教室

　なお、「電気通信利用役務の提供」に該当しない取引は、通信そのもの、

若しくは、その電気通信回線を介して行う行為が他の資産の譲渡等に付随して行われるもので、具体的には、以下のものが該当します。

- ・電話、FAX、電報、データ伝送、インターネット回線の利用など、他者間の情報伝達を単に媒介するもの（いわゆる通信）
- ・国外事業者に依頼するソフトウェアの制作等
  ➡その成果物（著作物）の受領や制作過程の指示が、インターネット等を介して行われる場合は、著作物の制作という他の資産の譲渡等に付随して行われるものですから、これには該当しません。
- ・国外事業者に依頼する情報の収集・分析等
  ➡情報の収集・分析等の結果報告等の連絡が、インターネット等を介して行われる場合は、情報の収集・分析等という他の資産の譲渡等に付随して行われるものですから、これには該当しません。ただし、他の事業者の依頼によらず自身が収集・分析した情報について対価を得て閲覧に供したり、インターネットを通じて利用させる場合は、これに該当します。
- ・国外の法務専門家等に依頼する国外での訴訟遂行等
  ➡訴訟の状況報告及びそれに伴う指示等が、インターネット等を介して行われる場合は、国外における訴訟遂行という他の資産の譲渡等に付随して行われるものですから、これには該当しません。

3　納税義務の転換（リバースチャージ方式の採用）

　国外事業者が国内事業者または消費者へ提供する電気通信利用役務の提供については、「事業者向け電気通信利用役務の提供」とそれ以外のもの（消費者向け電気通信利用役務の提供）に区分されることになりました。

　そして、「事業者向け電気通信利用役務の提供」については、国外事業者からその役務の提供を受けた国内事業者が申告・納税を行うという、いわゆる「リバースチャージ方式」が導入されました。

　なお、「消費者向け電気通信利用役務の提供」については、リバースチャージ方式が採用されず、原則通り、役務を提供する者が納税義務者となります。

⑨ 事業者向け電気通信役務の提供

Q 国外事業者が国内事業者または消費者へ提供する電子書籍、音楽、広告の配信など、インターネット等を介して行われる電気通信利用役務の提供については、「事業者向け電気通信利用役務の提供」とそれ以外のもの（「消費者向け電気通信利用役務の提供」）に区分され、「事業者向け電気通信利用役務の提供」については、国外事業者からその役務の提供を受けた国内事業者が申告・納税を行うという、いわゆる「リバースチャージ方式」が導入されたということですが、これについて教えて下さい。

「リバースチャージ方式」とは、納税義務を転換することを意味します。

すなわち、本来は、役務を提供する側が納税義務を負うことになるのですが、役務の提供を受ける側に納税義務を課すというものです。

1 事業者向け電気通信役務の提供の内容

「事業者向け電気通信利用役務の提供」とは、国外事業者が行う電気通信利用役務の提供のうち、その電気通信利用役務の提供に係る役務の性質または当該役務の提供に係る取引条件等からその役務の提供を受ける者が通常事業者に限られるものをいいます。

そして、国内事業者が国外事業者から受けた「事業者向け電気通信利用役務の提供」などの特定課税仕入れについては、その納税義務者を、役務の提供をする者から受けた者に転換する課税方式とされました。言い換えれば、売上課税ではなく仕入課税という特例的な課税方式を採用したということです。

リバースチャージ方式の課税方式が適用される「事業者向け電気通信利用役務の提供」とは、役務の性質からみて、例えば、インターネット上での広告の配信やゲームをはじめとするアプリケーションをインターネット上のWebサイトで販売する場所を提供するサービスなどがありま

す。

　また、取引条件等からみて、例えば、クラウドサービス等のうち、取引当事者間において提供する役務の提供の内容を個別に交渉し、取引当事者間固有の契約を結ぶもので、契約において役務の提供を受ける事業者が事業として利用することが明らかなものなどがあります。

　なお、インターネット上のWebサイトから申込みを受け付けるようなクラウドサービス等において、「事業者向け」であることをそのWebサイトに掲載していたとしても、消費者をはじめとする事業者以外の者からの申込みが行われた場合に、その申込みを事実上制限できないものは、取引条件等から、「その役務の提供を受ける者が通常事業者に限られるもの」には該当しません。従って、このような取引は、「消費者向け電気通信利用役務の提供」に該当します。

2　課税標準、仕入控除税額

　リバースチャージ方式による申告の際の課税標準額は、その特定課税仕入れに係る支払対価の額となります。また、仕入税額控除の対象となる消費税額は、その支払対価の額に100分の6.3を乗じた金額となります（地方消費税を含めると8％）。従って、個別対応方式を適用する事業者については、その特定課税仕入れが、例えば、課税対象資産に係る広告のように、課税資産の譲渡等にのみ要するものに該当するのであれば、全額控除が可能となりますから、課税額と控除額はイコールとなり、実質的な税負担は生じないことになります。また、企業広告のように、課税資産の譲渡等と非課税資産の譲渡等に共通して要するものに該当するのであれば、課税売上割合に応じた控除税額となりますから、全額控除はできないことになります（一括比例配分方式を適用する事業者も同様）。

　なお、一般課税で、かつ、課税売上割合が95％以上の課税期間または簡易課税制度が適用される課税期間については、当分の間、リバースチャージ方式による申告を行う必要はないことになっています（その特定課税仕入れについて仕入税額控除を行うこともできません）。

10 消費者向け電気通信役務の提供

Q 国外事業者が国内事業者または消費者へ提供する電子書籍、音楽、広告の配信など、インターネット等を介して行われる電気通信利用役務の提供のうち、「消費者向け電気通信利用役務の提供」については、いわゆる「リバースチャージ方式」は採用されず、原則課税されるということですが、これについて教えて下さい。

A 「消費者向け電気通信利用役務の提供」については、役務の提供を行う国外事業者が日本の税務署に申告・納税を行うことになります。

また、その役務の提供を受けた国内事業者は、当分の間、その役務の提供に係る課税仕入れについて仕入税額控除が制限されることになります。ただし、その国外事業者が、国税庁長官の登録を受けた者（「登録国外事業者」）である場合には、仕入税額控除ができることとされています。

「消費者向け電気通信利用役務の提供」とは、正確にいいますと、「事業者向け電気通信利用役務の提供に該当しない電気通信利用役務の提供」をいいます。

従って、「事業者向け電気通信利用役務の提供」、すなわち、役務の性質またはその役務の提供に係る取引条件等からその役務の提供を受ける者が通常事業者に限られるものには該当しない電気通信利用役務の提供をいいますから、例えば、広く消費者を対象に提供されている電子書籍・音楽・映像の配信等の取引をいいます。

そして、リバースチャージ方式が適用される電気通信利用役務の提供は、「事業者向け電気通信利用役務の提供」に限られますから、この「消費者向け電気通信利用役務の提供」については、リバースチャージ方式の適用はありません。従って、原則通り、役務の提供を行う国外事業者が納税義務を負うことになります。そして、当分の間、その役務の提供を受けた国内事業者の仕入税額控除が制限されることとなっています。

しかしながら、「登録国外事業者」からの役務の提供に限り、仕入税額控除が可能とされています。
　なお、「登録国外事業者」の申請は、既に、平成27年7月1日から始まっています。そして、国税庁長官は、国外事業者登録簿に登載された事項を、インターネットを利用して公衆の閲覧に供すること されています（「登録国外事業者」に該当する者については国税庁のホームページで公表されています）。

11 消費税の課税事業者

Q 私（フィンランド国籍）は、昨年8月から日本で代理人を通じて北欧製の調度品を販売しています。代理人は私の事業のためだけの代理人ですので、昨年は、所得税の確定申告をしました。昨年は消費税の申告については何も言われませんでした。ところが、友人から日本の消費税についても申告する必要があると聞いたのですが、必要でしょうか。昨年は、課税売上が1,200万円ほどあり、今年はそれ以上になると考えています。

A 昨年の1月1日から6月30日までの課税売上がありませんので、今年は、消費税の確定申告をする必要がありません。

消費税の納税義務者は、事業者が国内において行った課税資産の譲渡等と特定課税仕入れについて納税義務があるとしているので、所得税の納税義務者のように居住形態や国内の恒久的施設の有無による違いはありません。従って、国内に住所等がない個人や国籍の別を問わず、国内において課税資産の譲渡等を行い、かつ、その課税期間の前々年の課税売上高が1,000万円を超える場合（特定期間については、給与等の金額を含む）には、消費税の納税義務者となります（消法5）。

あなたの場合は、所得税法上の恒久的施設（代理人）を有する非居住者に該当しますが、消費税の課税事業者に該当するかは、基準課税期間または特定期間の課税売上が1,000万円を超えるが否かによることになります（消法9、9の2②・③）。

昨年8月から事業を開始していますので、1月1日から6月30日までのいわゆる特定期間の課税売上および給与等の支払いがありません。

従って、今年分については、消費税の申告は必要がありません。

なお、「納税管理人の届出書」（通則法117）はすでに提出済みだと思われますが、来年は、課税事業者に該当することになりますので、「消費税課税事業者届出」を提出してください（消法57）。

12 国内資産の国外事業者への譲渡と国外資産の国内事業者への譲渡

国内に所在するビルを国外事業者に譲渡する場合および国外に所在するビルを国内事業者に譲渡する場合の消費税の課税関係について教えてください。

国内に所在するビルを国外事業者に譲渡する場合は、消費税が課税されます。また、輸出免税の適用はありません。
　国外に所在するビルを国内事業者に譲渡する場合については、日本の消費税は課税されません。

1　国内に所在する不動産の譲渡

　消費税の課税要件の一つに、「国内取引に該当するもの」という要件があります。これは、消費税は内国消費税であり、国内で消費される財貨やサービスに対して負担を求めているからです。
　この「国内取引」に該当するかどうかの判定方法については、Q4で解説しましたが、不動産についていえば、その所在場所がどこかにより判定することになります。従って、国内に所在する不動産の譲渡であれば、譲渡者が居住者または内国法人であるかどうかにかかわらず、消費税は課税されることになります。
　なお、非居住者に譲渡しても、輸出される資産の譲渡ではありませんから、輸出免税の適用はありません。
　次に、譲渡者が非居住者または外国法人の場合（課税事業者の場合）の納税地は、①不動産、不動産の上に存する権利、採石権の貸付けまたは租鉱権の設定である場合はこれらの所在地、②①以外の場合は事業者が選択した場所、③①および②による納税地がない場合は麹町税務署の管轄区域内の場所——となります。
　また、国内に住所または居所を有しない個人事業者、国内に事務所等を有しない外国法人については、納税手続を代行させるため、納税管理

人を選任し、所轄する税務署長に届け出ることとされています。

2　国外に所在する不動産の譲渡

　国外に所在する不動産の譲渡については、国外取引に該当しますから、譲渡者および譲受人がいずれも居住者または内国法人であっても、消費税は課税されません。

　なお、例えば、外国で所有している土地の売却に際して、日本国内のコンサル会社に譲渡価格の相場等を調べてもらい、コンサルティング料を支払った場合の、そのコンサルタント料に係る課税仕入れは、「課税資産の譲渡にのみ要するもの」として、仕入控除税額を計算することになります（Q15参照）。

13 国外事業者へのノウハウの提供

Q 製造技術に関するノウハウを、国内に事務所等を有しない国外事業者に有償で提供する場合の消費税の課税関係について教えて下さい。

また、ノウハウの開示時に技術者を国外事業者の工場（国外）に派遣し、その技術指導に係る派遣料等の対価を受領する場合はどうなるのでしょうか。併せて教えて下さい。

A 国内取引に該当しますが、輸出免税の適用があります。

国内法人がノウハウを提供する場合の内外判定については、ノウハウの提供を行う者の住所地で判定することになります（Q4参照）。

従って、消費税は課税されることになりますが、非居住者に対する無形固定資産等の貸付けとして、「輸出取引等」に該当することになり、輸出免税の適用を受けることができます（Q7参照）。

次に、ノウハウ開示のために、技術者を国外事業者の工場（国外）に派遣し、派遣料等の対価を受領する場合における、技術指導という役務の提供は、一般的にはノウハウを提供するための一連の行為として、ノウハウの提供に包含されるものと思われます。従って、この対価も国内取引に該当し、輸出免税の適用を受けることができるものと思われます。

なお、この派遣料を、ノウハウの提供とは別の独立した対価と考えた場合は、その役務提供は国外で行われるものですから、国外取引に該当し、消費税は課税されません。そして、この派遣料部分は、「輸出取引等」には該当しないことになります。

14 海外プラント工事に対する人材派遣

Q 当社は、海外で行うプラント工事について、技術的な指導、助言、監督に関する業務を受託し、それに必要な人材を工事場所である海外に派遣し、遂行することになりました。役務の提供場所は国外ですから、消費税は課税されないと考えてよろしいのでしょうか。

A プラント工事の建設に必要な資材の大部分が国内で調達されるか、国外で調達されるかにより、消費税の課税関係が異なります。前者であれば、国内取引に該当し消費税は課税されます。後者であれば、国外取引に該当し、消費税は課税されません。

1 内外判定

専門的な科学技術に関する知識を必要とする調査、企画、立案、助言、監督、検査に係る役務の提供で生産設備等の建設または製造に関するものについては、生産設備等の建設または製造に必要な資材の大部分が調達される場所がどこかにより、内外判定を行います。

従って、その場所が国内であれば国内取引に該当し、消費税は課税されます。また、国外であれば国外取引に該当し、消費税は課税されないことになります。

なお、この場合における「大部分」とは、全資材の数量または価格の50％超のことをいいます。

また、「生産設備等」とは、次のものをいいます。

① 建物（その付属設備を含む）または構築物（②を除く）
② 鉱工業生産施設、発電および送電施設、鉄道、道路、港湾設備その他の運輸施設または漁業生産施設
③ 変電および配電施設、ガス貯蔵および供給施設、石油貯蔵施設、通信施設、放送施設、工事用水道施設、上水道施設、下水道施設、汚水処理施設、農業生産施設、林業生産施設、ヒートポンプ施設、ばい煙処理施設、窒素酸化物抑制施設、粉じん処理施設、廃棄物

処理施設、船舶、鉄道用車両または航空機

2　輸出免税の適否

　ご質問のような取引は、一般的に、国内建設業者（甲）が外国法人（乙）からプラント工事を受注し、その建設工事に係る専門的な知識に基づく助言、監督等を国内事業者（丙）に委託するケースではないかと思われます。この場合における役務の提供は、居住者（丙）が居住者（甲）に対して行うものでありますから、輸出免税の対象にはなりません。

　なお、現実的かどうかは別にして、この役務の提供が、非居住者に対して行われるものであれば、国内において直接便益を享受する取引ではありませんから、輸出取引等に該当し、輸出免税の適用があると考えます。

15 国外取引に係る国内仕入れの仕入税額控除

Q 外国で所有している土地の売却に際して、日本国内のコンサル会社に譲渡価格の相場等を調べてもらい、コンサルティング料を支払いました。このコンサルティング料に関しては、国内取引であり消費税を別途支払っています。

ところで、当社は、課税売上割合が95％に満たないことから、仕入控除税額の計算に当たっては個別対応方式を採用していますが、このコンサルティング料に含まれる消費税額は仕入税額控除の対象にならないのでしょうか。

A 消費税の仕入控除税額については、課税仕入れの全額が控除できるのではなく、控除できるのは課税資産の譲渡等に対応する部分だけということになります。従って、非課税収入の経費等の中に課税仕入れに該当する支払いがあったとしても、その課税仕入れに係る消費税額は仕入税額控除できません。

しかし、外国に所在する土地の譲渡に要する課税仕入れについては、「課税資産の譲渡にのみ要するもの」として、仕入控除税額を計算することができます。

1 仕入税額控除の概要

仮に、国内において土地を売却したとするならば、それは、非課税取引ですから、その取引のみに要した課税仕入れは、仕入税額控除の対象にはならないことになります。従って、日本の消費税が課税されないこととなる外国における土地の譲渡についても、同じような考え方になるのではないかという疑義も生じます。

ところで、課税事業者は、その課税期間における課税標準額に対する消費税額から、その課税期間中に国内において行った課税仕入れに係る消費税額およびその課税期間中に保税地域から引き取った課税貨物につ

き課された、または課されるべき消費税額（課税仕入れ等の税額）の合計額を控除することされています。従って、一次的な解釈としては、国内における資産の譲渡等のために必要な課税仕入れ等に限らず、国外において行う資産の譲渡等（国外取引）のために国内において行った課税仕入れ等についても、仕入税額控除の対象となります。

次に、個別対応方式により仕入控除税額を計算する場合には、課税仕入れ等について、①課税資産の譲渡等のみに要するもの、②課税資産の譲渡等以外の資産の譲渡等のみに要するもの、③課税資産の譲渡等とその他の資産の譲渡等に共通して要するものの3類型に区分することとされており、控除する消費税額は、①の消費税額と③の消費税額に「課税売上割合」を乗じて算出した金額を加算した金額となります。

従って、国外において行う資産の譲渡等のために国内において行われた課税仕入れ等については、この①から③の区分のいずれに該当するかが問題となってくるわけです。

①に該当すれば、全額控除可。②に該当すれば、全額控除不可。③に該当すれば、課税売上割合により一部控除可ということになります。

2　課税資産の譲渡等の意義

個別対応方式により仕入控除税額を計算する場合における、「課税資産の譲渡等のみに要するもの」の意義について考えてみます。

その前に、消費税法における「資産の譲渡等」について検討しますと、「資産の譲渡等」とは、「事業として対価を得て行われる資産の譲渡および貸付け並びに役務の提供」をいいます。また、「課税資産の譲渡等」とは、「資産の譲渡等のうち法第6条第1項の規定により消費税を課さないこととされるもの以外のもの」をいいます。

そして、法第6条第1項（非課税）では、「国内において行われる資産の譲渡等のうち、別表第一に掲げるものには、消費税を課さない」と規定されています。

これらの規定から判断すると、「資産の譲渡等」および「課税資産の譲渡等」には、国内のみならず国外において行われるものも含まれることになります。

すなわち、「課税資産の譲渡」とは、(国内、国外を問わず) 事業として対価を得て行われる資産の譲渡等から、国内における非課税となる資産の譲渡等を除いたものをいいますから、逆にいえば、国外において行われる不課税となる資産の譲渡等の取引も含まれるということになります。従って、国外において行う資産の譲渡等については、消費税法の適用上はすべて「課税資産の譲渡等」に該当することになり、結局は、仕入税額控除の対象になるということになります。

16 国外事業者に支払う情報提供料

Q 当社は、米国に商品を輸出していますが、米国における商品開発等に資するため、米国の事業者に情報提供を委託しています。ところでこの委託先の国外事業者は、国内に事務所等を有していませんが消費税の課税関係について教えて下さい。なお、情報はメールにより提供を受けることになっています。

　国外取引に該当し、消費税は課税されません。従って、仕入税額控除の対象とはなりません。

　役務の提供に係る内外判定は、役務の提供場所（役務の提供場所が明らかでないものについては役務の提供を行う者の役務提供に係る事務所等の所在地）、電気通信利用役務の提供の場合は、役務の提供を受ける者の住所地等となります（Q4参照）。

　ところで、情報の提供は通常、役務の提供場所が明らかでないため、情報提供者の情報の提供に係る事務所等の所在地により内外判定を行います。

　従って、国内に事務所等を設けていない外国法人等に、情報提供の委託をする場合は、その取引は国外取引に該当し、消費税は課税されず、また、仕入税額控除の対象とはなりません。

　なお、収集した情報をメールで配信することは、電気通信回線を介した取引ではありますが、情報提供という他の資産の譲渡等に付随して行われるものですから、電気通信利用役務の提供には該当しません（Q8参照）。

17 海外支店への貨物の輸出

Q 米国にある自社の海外支店へ、米国内で販売するための商品（国内で仕入れたもの）を輸出した場合の消費税の課税関係について教えて下さい。

A 商品の課税仕入れおよび輸出に要した課税仕入れに係る消費税額については、仕入税額控除の対象となるほか、課税売上割合を計算する場合には、その商品の輸出に係るFOB価格（甲板渡し価額）を、その分子、分母の金額に含め計算することになります。

1　課税資産の輸出取引等とみなす場合

①非課税資産の譲渡等が輸出取引等に該当する場合と、②事業者が国外で資産の譲渡等を行うためまたは自己使用するために輸出する場合は、国境税調整を行うという観点から、これらを輸出取引等とみなし、次のように取り扱うこととされています。

(1)　仕入税額控除

個別対応方式により仕入控除税額を計算する場合は、その輸出取引等とみなされる取引に要する課税仕入れは課税資産の譲渡等のみに要する課税仕入れとして取り扱われます。この結果、この非課税資産の輸出等に対応する課税仕入れに係る消費税は仕入税額控除の対象になりますから、消費税の負担がまったくない状態で輸出されることになります。

(2)　課税売上割合

課税売上割合を計算するときは、その対価の額（非課税資産の譲渡等の対価の額）を課税資産の譲渡等の対価としてカウントします。この結果、課税売上割合が高く調整されることになりますから、納税者有利な結果となります。

2　社内移動における輸出の場合

自己の海外支店へ商品を輸出した場合、それは社内移動であり、譲渡ではないため、消費税の納税義務は発生しません。従って、輸出免税の

適用もないということになります。

　しかし、資産の譲渡等には該当しない取引といえども、海外で消費するために輸出するものですから、国境税調整を行うという観点から1のように取り扱われます。

　なお、課税売上割合を計算する場合における分母、分子に含める金額は、その貨物の輸出に係るFOB価格（甲板渡し価額）となります。

　参考までに、輸入取引の場合における消費税の課税標準は、関税課税価格、すなわち、CIF価格（保険料込み価格）であり、FOB価格ではありません。

(注)　1の(1)の詳細についてはQ18参照。

18 非課税資産の輸出等を行った場合の仕入税額控除

Q 消費税の課税売上割合を計算する場合で、非課税資産の輸出等を行ったときは、その金額を課税売上割合の分母、分子に加算し、納税者有利となる計算ができると聞きました。これについて詳しく教えて下さい。

A
1 非課税資産の輸出等を行った場合

　国内で行う非課税資産の譲渡等においては、その取引に要する課税仕入れに係る消費税は、仕入税額控除の対象とはならず、その取引のコストを構成するものとなります。

　しかし、非課税資産を輸出する場合でも、消費税の負担がまったくない状態で国境税調整を行う必要があることから、その輸出取引等に要した課税仕入れに係る消費税額についても、仕入税額控除の対象にすることとされています。

　すなわち、次のような特別の取扱いがあります（Q17参照）。

　第一点目として、個別対応方式により仕入控除税額を計算する場合は、その輸出取引等とみなされる取引に要する課税仕入れは課税資産の譲渡等のみに要する課税仕入れとして取り扱われます。この結果、この非課税資産の輸出等に対応する課税仕入れに係る消費税が仕入税額控除の対象になりますから、消費税の負担がまったくない状態で輸出されることになります。

　第二点目として、課税売上割合を計算するときは、その対価の額（非課税資産の譲渡等の対価の額）を課税資産の譲渡等の対価としてカウントします。この結果、課税売上割合が高く調整されることになりますから、納税者有利な結果となります。

2 金融取引の場合

　貨物の輸出の伴わない一定の金融取引については、本来的な輸出では

ありませんが、「輸出取引等」とみなすこととされています。

　例えば、①非居住者に金銭を貸し付けた場合の利子、②非居住者発行の国債等を取得した場合の利子相当額、③非居住者に預金または貯金を預け入れた場合の利子、④非居住者に合同運用信託等を行った場合の信託分配金、⑤非居住者に対して行う有価証券または登録国債等の貸付けに伴う貸付料などは、その対価の額（利子相当額）を課税売上割合の計算式の分母、分子に算入することになります。

　なお、有価証券、支払手段および金銭債権の譲渡（輸出）については、この非課税資産の輸出等には含まれないこととされています。

第6章

国際課税と税務調査
［印紙税編］

1 印紙税の課税文書

Q 印紙税の課税文書とは、どのような文書をいうのでしょうか。

A 印紙税法の課税物件表に掲げられた、20種類の文書をいいます。
なお、契約書については、契約の成立等を証明する目的で作成された文書が課税の対象になりますが、その作成目的に係る判断は、文書の形式、内容等を取引社会の一般通念に照らして客観的に判断することになります。

　印紙税の課税文書とは、印紙税を納めなければならない文書をいいますが、その課税の対象となる文書は、印紙税法の「課税物件表」に掲げられた第一号文書（不動産の譲渡契約書など）から第二十号文書（判取帳）のことをいいます。

　従って、例えば、個別の物品売買契約書や一般的な委任契約書のように、この「課税物件表」に掲げられていない文書には、印紙税は課税されません。このことから、印紙税の課税の対象は、限定列挙主義を採用しているともいえます。

　ところで、課税文書に掲げられた文書のうち、例えば、手形、株券、定款のように法令または慣行等により形式および内容がある程度定型化されているものと、契約書のように、形式、内容等とも作成者の自由に任されているものがあります。

　定型化された文書については、「課税物件表」に掲げられた文書の名称と現実に作成される文書の名称がおおむね一致しますから、容易に課否を判断することができるといえますが、契約書のように定型化されていない文書は、作成される文書の名称も様々ですから、その名称だけで課否を判断することができにくい状況にあります。

　そこで、具体的に課税文書に該当するかどうかの判断に当たっては、課税事項（不動産の譲渡や請負に関する約定など）が記載され、かつ、

当事者間において課税事項を証明する目的で作成された文書かどうかにより判断することになります。

　例えば、「印紙税が課税される契約書」とは、契約証書、協定書、約定書、その他名称の如何を問わず、契約の成立等を証すべき文書をいい、念書、請書その他契約の当事者の一方のみが作成する文書もしくは契約の当事者の全部または一部の署名を欠く文書で、当事者間の了解または商慣習に基づき契約の成立等を証することとされているものを含むということになっています。

　そして、課税事項を証明する目的で作成された文書であるかどうかという作成目的の判断は、その文書の形式、内容等から客観的に行うこととされており、作成者の恣意的な判断で行うものではないとされています。すなわち、文書の形式、内容等を取引社会の一般通念に照らして客観的に判断することになります。

② 印紙税の納税義務の発生時期

Q 印紙税の納税義務の発生時期はいつですか。

A 相手方に交付する文書については、その交付の時が、契約当事者の意思の合致を証明する文書についてはその証明の時が、一定事項の付込みを証明する文書についてはその最初の付込みの時が、納税義務の発生時期となります。

1 「作成の時」とは

　印紙税法では、課税文書を作成した時に印紙税を納める義務を課していますが、この「作成の時」とは、単なる課税文書の調整行為をいうのではなく、課税文書となるべき用紙等に課税事項を記載し、これをその文書の作成目的に従って行使することをいいます。

　従って「作成の時」とは、①相手方に交付する目的で作成される課税文書についてはその交付の時、②契約当事者の意思の合致を証明する目的で作成される課税文書についてはその証明の時、③一定の付込みを証明する目的で作成される課税文書についてはその最初の付込みの時、④認証を受けることにより効力が生ずることとなる課税文書についてはその認証の時、⑤新設分割計画書については本店に備え置く時—をいいます。

　①について補足しますと、領収証についていえば、相手方に交付する時をいいますから、まだ交付せずに領収者が所持している状態では、納税義務は発生していないということになります。

　②について補足しますと、一般的な契約書のような共同作成文書については、契約当事者の署名または捺印が出揃った時をいいますから、一方の当事者の署名または捺印だけの状態では、納税義務は発生していないことになります。

　③について補足しますと、通帳のような付込証明をする文書について

は、最初の入金等の付込みがなされた時をいいますから、未記帳のいわば通帳としての冊子を交付しただけの状態では、納税義務は発生していないことになります。

④について補足しますと、定款については認証の時をいいますから、認証前の文書を所持している状態では、納税義務は発生していないことになります。

⑤について補足しますと、本店に備え置く前の状態では、納税義務は発生していないことになります。

2　印紙のちょう付（納税）時期

印紙税の課税文書の作成者は、現金納付等の特例納付の場合を除き、その文書に課されるべき印紙税に相当する金額の印紙を、その課税文書の作成の時までに、その文書に貼り付ける方法により、印紙税を納付しなければならないこととされています。

従って、1で述べた「作成の時」の前段階の時点では、厳密にいえば納税義務が発生していませんが、実務としては、領収証を除き、その前段階の時点で印紙を貼っておくということが一般的かもしれません。

なお、印紙税の課税対象となる文書に収入印紙を貼り付けた場合は、自己または代理人、使用人その他の従業者の印章または署名により、その文書と収入印紙の彩紋とにかけて判明に収入印紙を消さなければならないこととされています。

3 海外で作成する文書の課否

Q 当社は、米国のA社と、日本国内に所在する不動産の売買契約を締結することになりました。その契約書は、まず当社において、あらかじめ合意した内容の契約書を2通作成し、その2通に代表者の署名・押印をして、相手方に郵送します。相手方は、この2通に署名し、1通は相手方保存、残りの1通を当社に返送してきます。このような方法で作成する契約書については、印紙税の課税関係はどうなるのでしょうか。

A 2通とも、米国において作成されたものと判断され、日本の印紙税は、課税されません。

印紙税法は日本の国内法ですから、その適用地域は日本国内に限られます。従って、課税文書の作成が国外で行われる場合には、たとえその文書に基づく権利の行使が国内で行われる場合や、その文書の保存が国内で行われる場合であっても、印紙税は課されないことになります。

また、印紙税は、国内において作成した課税文書を課税の対象とするものですから、仮に、海外に所在する不動産の売買に関する契約書であったとしても、その文書が国内で作成される場合は、課税されることになります。一方、国内に所在する不動産の売買に関する契約書であったとしても、その文書が国外で作成される場合は、課税されないことになります。

従って、ご質問のような方法で作成する文書は、いつの時点で作成されたことになるのか、そして、その場所はどこであるかを判断すれば、結論が導かれることになります。

前問（Q2）で説明しましたが、印紙税の納税義務が発生する「課税文書の作成の時」とは、一般的な契約書のような共同作成文書については契約当事者の署名または捺印が出揃った時をいいます。

従って、貴社が課税事項を記載し、これに署名・押印した段階では、契約当事者の意思の合致を証明することにはならず、A社が署名した時

点で課税文書が作成されたことになります。そして、その場所は日本の法施行地外ですから、結局は、日本における印紙税法は適用されず、印紙税は課税されないことになります。

また、文書の作成方法がご質問の場合と逆の場合は、署名等が出揃う場所、すなわち、貴社が署名・押印した場所が日本となりますから、A社に返送する分を含めた2通とも、日本の印紙税が課税されることになります。

なお、ご質問の方法で作成する文書については、後日の税務調査における事実認定上のトラブルを回避する観点から、文書上に作成場所を明記することや、郵送した封書のコピーおよび返信された封書を一体として保存しておくことが望ましいと思われます。ただし、文書上、法施行地外で作成されたことが記載されていても、現実に日本国内で作成される課税文書は、当然日本の印紙税法が適用されます。

次に、例えば、内国法人間の契約で、それぞれの契約担当者が国外に出向いて作成する場合は、その署名・押印が出揃う場所が国外ですから、仮に、契約書のすべてが国内で保存することになっても、印紙税は課税されないことになります。この場合は、なおさら後日の税務調査における事実認定上のトラブルを回避する観点から、文書上に作成場所を明記することや、パスポート、航空券の写し等を一体として保存しておくべきと思われます。

第7章

国際課税と税務調査
［資産税編］

① 相続税の納税義務者（非居住無制限納税義務者）

Q 私（日本国籍）は4年前に日本を出国し、現在日本国内に住所はありません。今般、10年前に日本を出国した父が亡くなり、父から日本国外にある財産を相続しましたが、この財産は相続税の課税対象になるのでしょうか？

A 相続税法第1条の3第1項二号イの規定に該当（図表の⑥）して非居住無制限納税義務者となり、財産の所在を問わず日本国内の財産、日本国外の財産のすべてが課税対象になります。

なお、無制限納税義務者が国外財産の所在地国で「相続税（相続税に相当する税）」が課せられた場合には外国税額控除により、相続税が軽減されます。

相続税法第1条の3第1項の規定は次の通りです。

相続税法（相続税の納税義務者）

第一条の三　次の各号のいずれかに掲げる者は、この法律により、相続税を納める義務がある。

一　相続又は遺贈（贈与をした者の死亡により効力を生ずる贈与を含む。以下同じ。）により財産を取得した個人で当該財産を取得した時においてこの法律の施行地に住所を有するもの

二　相続又は遺贈により財産を取得した次に掲げる者であって、当該財産を取得した時においてこの法律の施行地に住所を有しないもの

　イ　<u>日本国籍を有する個人（当該個人又は当該相続若しくは遺贈に係る被相続人（遺贈をした者を含む。以下同じ。）が当該相続又は遺贈に係る相続の開始前五年以内のいずれかの時においてこの法律の施行地に住所を有していたことがある場合に限る。）</u>

　ロ　日本国籍を有しない個人（当該相続又は遺贈に係る被相続人が当該相続又は遺贈に係る相続開始の時においてこの法律の施行地に住所を有していた場合に限る。）

三　相続又は遺贈によりこの法律の施行地にある財産を取得した個人で当該財産を取得した時においてこの法律の施行地に住所を有しないもの（前号に掲げる者を除く。）
四　贈与（贈与をした者の死亡により効力を生ずる贈与を除く。以下同じ。）により第二十一条の九第三項の規定の適用を受ける財産を取得した個人（前三号に掲げる者を除く。）

　一号の規定に該当する者は居住無制限納税義務者、二号の規定に該当する者は非居住無制限納税義務者、三号の規定に該当する者は制限納税義務者、四号の規定に該当する者は特定納税義務者となります。

　なお、住所や国籍の有無、5年以内か5年を超えているかの居住期間の計算の判定の時期は、財産の取得時期が基準となります。

　これを表にすると次の通りです（図表）（四号の特定納税義務者を除く）。

《図表》

被相続人（遺贈者） \ 相続人（受遺者）		国内に住所有	国内に住所無		
			日本国籍有		日本国籍無
			5年以内に国内に住所有	5年超、国内に住所無	
国内に住所有		①居住	④非居	⑦住無	⑩制限
国内に住所無	5年以内に国内に住所有	②無　制　限	⑤納	⑧税	⑪制　限
	5年超、国内に住所無	③納税義務者	⑥義　務　者	⑨納　税	⑫義　務　者

　また、相続税法第2条には次の通り規定されています。

相続税法（相続税の課税財産の範囲）
第二条　第一条の三第一項第一号又は第二号の規定に該当する者については、その者が相続又は遺贈により取得した財産の全部に対し、相続税を課する。
　2　第一条の三第一項第三号の規定に該当する者については、その者が相続又は遺贈により取得した財産でこの法律の施行地にあるものに対し、相続税を課する。

相続税法第1条の3第1項一号の居住無制限納税義務者は、相続税法第2条第1項の規定により相続または遺贈で取得した日本国内、国外を問わず全ての財産が課税対象になります。

　相続税法第1条の3第1項二号の非居住無制限納税義務者も、相続税法第2条第1項の規定により相続または遺贈で取得した日本国内、国外を問わず全ての財産が課税対象になります。

　相続税法第1条の3第1項三号の制限納税義務者は、相続税法2条第2項の規定により相続または遺贈で取得した財産のうち、日本国内にある財産のみが課税対象になります。

　相続税の非居住無制限納税義務者の規定は平成12年度の改正において創設され、租税特別措置法に定められていましたが、平成15年度の改正おいて相続税法に納税義務の範囲として設けられました。

　なお、財産が日本国内にあるか、国外にあるかの財産の所在については、相続税法第10条の規定により判定するとされています。

　このように相続税の課税対象となる財産の範囲は、相続税法第1条の3に規定する「納税義務者（人的基準）」と相続税法第10条に規定する「財産の所在（財産基準）」により課税対象となるか否かが決まります。

　「財産の所在」の観点から相続税の課税対象となるか否かをみると、「日本国内にある財産」については、誰が相続又は遺贈により取得しても全て課税対象になりますが、「日本国外にある財産」については、被相続人と相続又は遺贈により財産を取得した者の「住所」や「国籍」により課税対象となるか否かが決まります。

② 贈与税の納税義務者
　（非居住無制限納税義務者）(1)

Q 私（日本国籍）は6年前に日本を出国し、現在日本国内に住所はありません。今般、4年前に日本から出国した父から日本国外にある財産の贈与を受けました。この国外にある財産は贈与税の課税対象になるのでしょうか？

A 相続税法第1条の4第1項二号イの規定に該当（図表の⑧）して非居住無制限納税義務者となり、贈与により取得した全ての財産が課税対象になります。

なお、国外財産の所在地国で「贈与税（贈与税に相当する税）」が課せられた場合には外国税額控除により、贈与税が軽減されます。

相続税法第1条の4第1項二号イの規定は次の通りです。

相続税法（贈与税の納税義務者）

第一条の四　次の各号のいずれかに掲げる者は、この法律により、贈与税を納める義務がある。
一　贈与により財産を取得した個人で当該財産を取得した時においてこの法律の施行地に住所を有するもの
二　贈与により財産を取得した次に掲げる者であって、当該財産を取得した時においてこの法律の施行地に住所を有しないもの
　イ　日本国籍を有する個人（当該個人又は当該贈与をした者が当該贈与前五年以内のいずれかの時においてこの法律の施行地に住所を有していたことがある場合に限る。）
　ロ　日本国籍を有しない個人（当該贈与をした者が当該贈与の時においてこの法律の施行地に住所を有していた場合に限る。）
三　贈与によりこの法律の施行地にある財産を取得した個人で当該財産を取得した時においてこの法律の施行地に住所を有しないもの（前号に掲げる者を除く。）

一号の規定に該当する者は居住無制限納税義務者、二号の規定に該当する者は非居住無制限納税義務者、三号の規定に該当する者は制限納税義務者となります。

なお、住所や国籍の有無、5年以内か5年を超えているかの居住期間の計算の判定の時期は、財産の取得時期が基準となります。

これを表にすると次の通りです（図表）。

《図表》

贈与者＼受贈者		国内に住所有	国内に住所無		
			日本国籍有		日本国籍無
			5年以内に国内に住所有	5年超、国内に住所無	
国内に住所有		① 居住	④ 非居住無	⑦	⑩ 制限
国内に住所無	5年以内国内に住所有	② 無制限	⑤ 納税	⑧ 税	⑪ 制限
	5年超、国内に住所無	③ 納税義務者	⑥ 義務者	⑨ 納税	⑫ 義務者

また、相続税法第2条の2には次の通り規定されています。

相続税法（贈与税の課税財産の範囲）

第二条の二　第一条の四第一項第一号又は第二号の規定に該当する者については、その者が贈与により取得した財産の全部に対し、贈与税を課する。

2　第一条の四第一項第三号の規定に該当する者については、その者が贈与により取得した財産でこの法律の施行地にあるものに対し、贈与税を課する。

相続税法第1条の4第1項一号の居住無制限納税義務者は、相続税法第2条の2第1項の規定により贈与で取得した日本国内、国外を問わず全ての財産が課税対象になります。

相続税法第1条の4第1項二号の非居住無制限納税義務者も、相続税法第2条の2第1項の規定により贈与で取得した日本国内、国外を問わず全ての財産が課税対象になります。

相続税法第1条の4第1項三号の制限納税義務者は、相続税法第2条の2第2項の規定により贈与で取得した財産のうち、日本国内にある財産のみが課税対象になります。
　贈与税の非居住無制限納税義務者の規定は平成12年度の改正において創設され、租税特別措置法に定められていましたが、平成15年度の改正おいて相続税法に納税義務の範囲として設けられました。
　なお、財産が日本国内にあるか、国外にあるかの財産の所在については、相続税法第10条の規定により判定するとされています。
　平成12年度の改正が行われた背景には、富裕層の間で国際的租税回避の事例が広まってきたからだと言われています。相続や贈与の直前に住所を日本国外に移し、財産も国外に移転させて相続や贈与させる租税回避策が一般化し、税制に対する信頼が損なわれる状況になっていました。そこで国内に住所が無くても日本国籍を有する者であれば、一定のケースにおいては、国外の財産についても課税対象とする措置を講じた改正が行われました。

3 贈与税の納税義務者
（非居住無制限納税義務者）(2)

Q 私（日本国籍なし）は現在、日本国外に住所がありますが、日本国内に住所のある父から日本国内や国外にある財産の贈与を受けました。贈与税の課税対象となる財産はどのようになるのでしょうか。

A 贈与者が日本国内に住所がある場合は、相続税法第1条の4第1項二号ロの規定に該当（図表の⑩）して、贈与により財産を取得した者が日本国内に住所と日本国籍を有しない場合でも、非居住無制限納税義務者となり、贈与により取得したすべての財産が課税対象になります。

贈与者が日本国内に住所を有する場合は、贈与により財産を取得した者は全て（居住、非居住）無制限納税義務者になります。

仮に、日本国内に住所を有しない贈与者から贈与により財産を取得した場合は、制限納税義務者となり、日本国内にある財産のみが課税対象となります。

相続税法第1条の4第1項二号ロの規定は次の通りです。

相続税法（贈与税の納税義務者）

第一条の四　次の各号のいずれかに掲げる者は、この法律により、贈与税を納める義務がある。
一　（省略）
二　贈与により財産を取得した次に掲げる者であって、当該財産を取得した時においてこの法律の施行地に住所を有しないもの
　イ　日本国籍を有する個人（当該個人又は当該贈与をした者が当該贈与前五年以内のいずれかの時においてこの法律の施行地に住所を有していたことがある場合に限る。）
　ロ　日本国籍を有しない個人（当該贈与をした者が当該贈与の時においてこの法律の施行地に住所を有していた場合に限る。）
三　（省略）

二号の規定に該当する者は非居住無制限納税義務者になります。
これを表にすると次の通りです（図表）。

《図表》

贈与者 \ 受贈者		国内に住所有	国内に住所無		
			日本国籍有		日本国籍無
			5年以内に国内に住所有	5年超、国内に住所無	
国内に住所有		① 居　住	④ 非　居	⑦ 住　無	⑩ 制　限
国内に住所無	5年以内に国内に住所有	② 無　制　限	⑤ 納	⑧ 税	⑪ 制　限
	5年超、国内に住所無	③ 納税義務者	⑥ 義　務　者	⑨ 納　税	⑫ 義　務　者

また、相続税法第2条の2には次の通り規定されており、

相続税法（贈与税の課税財産の範囲）
第二条の二　第一条の四第一項第一号又は第二号の規定に該当する者については、その者が贈与により取得した財産の全部に対し、贈与税を課する。
2　第一条の四第一項第三号の規定に該当する者については、その者が贈与により取得した財産でこの法律の施行地にあるものに対し、贈与税を課する。

相続税法第1条の4第1項二号の非居住無制限納税義務者は、相続税法第2条の2第1項の規定により贈与により取得した日本国内、国外を問わず全ての財産が課税対象になります。

財産を国外に移転したところで、日本国籍を取得しなかった子や孫に相続や贈与をさせる国際的租税回避策が広まってきたことから、平成25年度の税制において、日本国外に居住する日本国籍を有しない者についても、一定の場合は贈与で取得した国外の財産について課税対象とする措置を講じた改正が行われました。

ところで、納税義務の有無の判定の際は、日本国籍と外国国籍とを併

有する重国籍者については、日本国籍を有する個人として取り扱うこととしています。

相続税法基本通達（日本国籍と外国国籍とを併有する者がいる場合）
1の3・1の4共－7
　法第1条の3第1項第2号イ又は第1条の4第1項第2号イに規定する「日本国籍を有する個人」には、日本国籍と外国国籍とを併有する重国籍者も含まれるのであるから留意する。

④ 相続税の納税義務者
（制限納税義務者）

Q 私（日本国籍）は6年前に父と一緒に日本を出国し、日本国内に私も父も住所がありません。今般、父が亡くなり日本国内にある財産と日本国外にある財産を相続しました。相続税の課税対象となる財産はどのようになるのでしょうか？

A 相続税法第1条の3第1項三号の規定に該当（図表の⑨）して制限納税義務者となり、日本国内の財産のみが相続税の対象になります。国外にある財産は課税対象外となります。

相続または遺贈により財産を取得した者が、制限納税義務者となるケースは、「被相続人と相続又は遺贈により財産を取得した日本国籍を有する者が共に5年を超えて日本国内に住所を有しない場合（図表の⑨）」か「被相続人と相続又は遺贈により財産を取得した日本国籍を有しない者が共に日本国内に住所を有しない場合（図表の⑪⑫）」に限られることになります

相続税法第1条の3第1項三号の規定は次の通りです。

相続税法（相続税の納税義務者）
第一条の三　次の各号のいずれかに掲げる者は、この法律により、相続税を納める義務がある。
一　（省略）
二　相続又は遺贈により財産を取得した次に掲げる者であって、当該財産を取得した時においてこの法律の施行地に住所を有しないもの
　イ　日本国籍を有する個人（当該個人又は当該相続若しくは遺贈に係る被相続人（遺贈をした者を含む。以下同じ。）が当該相続又は遺贈に係る相続の開始前五年以内のいずれかの時においてこの法律の施行地に住所を有していたことがある場合に限る。）
　ロ　日本国籍を有しない個人（当該相続又は遺贈に係る被相続人が当該相続又は遺贈に係る相続開始の時においてこの法律の施行地に住

所を有していた場合に限る。)
三　相続又は遺贈によりこの法律の施行地にある財産を取得した個人で当該財産を取得した時においてこの法律の施行地に住所を有しないもの（前号に掲げる者を除く。)
四　(省略)

二号の規定に該当する者は非居住無制限納税義務者、三号の規定に該当する者は制限納税義務者になります。

これを表にすると次の通りです（図表）。

《図表》

被相続人（遺贈者） \ 相続人（受遺者）	国内に住所有	国内に住所無		
		日本国籍有		日本国籍無
		5年以内に国内に住所有	5年超、国内に住所無	
国内に住所有	① 居住	④ 非居住	⑦	⑩ 制限
国内に住所無　5年以内国内に住所有	② 無制限	⑤ 納税	⑧ 住無	⑪ 制限
国内に住所無　5年超、国内に住所無	③ 納税義務者	⑥ 義務者	⑨ 納税	⑫ 義務者

また、相続税法第2条には次の通り規定されています。

相続税法（相続税の課税財産の範囲）
第二条　第一条の三第一項第一号又は第二号の規定に該当する者については、その者が相続又は遺贈により取得した財産の全部に対し、相続税を課する。
　2　第一条の三第一項第三号の規定に該当する者については、その者が相続又は遺贈により取得した財産でこの法律の施行地にあるものに対し、相続税を課する。

相続税法第1条の3第1項三号の制限納税義務者は、相続税法第2条第

2項の規定により相続または遺贈で取得した財産のうち、日本国内にある財産のみが課税対象になります。

　平成12年度改正において、日本国内に住所を有しない者の納税義務の判断基準に日本国籍の有無も加えられましたが、子や孫を外国籍とし、かつ、財産を国外に移転してから相続させる、新たな租税回避策に対応することが出来ませんでした。このことから、平成25年度に再度、日本国内に住所と日本国籍を有しない者に対する改正が行われました。

　相続または遺贈により財産を取得した者が日本国内に住所を有する場合は、日本国籍の有無を問わず全てが居住無制限納税義務者となります。

　課税当局は近年、国外財産の保有や運用について、国外財産調書や租税条約等に基づく資料情報収集の体制の整備を進めています。相続税法第1条の3第1項の条文の規定をしっかりと理解して対応していかないと、日本国内に住所を有しない者の無申告や国外財産についての過少申告等を課税当局から指摘されることになります。

5 贈与税の納税義務者
（制限納税義務者）

Q 私（日本国籍なし）は現在、日本国外に住所がありますが、半年前に日本から出国した父から日本国内や国外にある財産の贈与を受けました。贈与税の課税の対象となる財産はどのようになるのでしょうか。

A 贈与により財産を取得した、日本国内に住所を有しない者が日本国籍も有せず、かつ贈与者も日本国内に住所が無い場合は、相続税法第1条の4第1項三号の規定に該当（図表の⑪⑫）して、制限納税義務者となり、贈与により取得した財産のうち、日本国内の財産のみが贈与税の対象になります。国外にある財産は日本では課税されません。

贈与により財産を取得した者が、制限納税義務者となるケースは、「贈与者と贈与により財産を取得した日本国籍を有する者が共に5年を超えて日本国内に住所を有しない場合（図表の⑨）」か「贈与者と贈与により財産を取得した日本国籍を有しない者が共に日本国内に住所を有しない場合（図表の⑪⑫）」に限られることになります。

相続税法第1条の4第1項三号の規定は次の通りです。

相続税法（贈与税の納税義務者）
第一条の四　次の各号のいずれかに掲げる者は、この法律により、贈与税を納める義務がある。
　一　（省略）
　二　贈与により財産を取得した次に掲げる者であって、当該財産を取得した時においてこの法律の施行地に住所を有しないもの
　　イ　日本国籍を有する個人（当該個人又は当該贈与をした者が当該贈与前五年以内のいずれかの時においてこの法律の施行地に住所を有していたことがある場合に限る。）
　　ロ　<u>日本国籍を有しない個人（当該贈与をした者が当該贈与の時においてこの法律の施行地に住所を有していた場合に限る。）</u>

第7章　国際課税と税務調査［資産税編］

三　贈与によりこの法律の施行地にある財産を取得した個人で当該財産を取得した時においてこの法律の施行地に住所を有しないもの（前号に掲げる者を除く。）

二号の規定に該当する者は非居住無制限納税義務者、三号の規定に該当する者は制限納税義務者となります。
これを表にすると次の通りです（図表）。

《図表》

贈与者 \ 受贈者		国内に住所有	国内に住所無		
			日本国籍有		日本国籍無
			5年以内に国内に住所有	5年超、国内に住所無	
国内に住所有		①居住	④非居住	⑦無	⑩制限
国内に住所無	5年以内国内に住所有	②無制限	⑤納	⑧税	⑪制限
	5年超、国内に住所無	③納税義務者	⑥義務者	⑨納税義務者	⑫義務者

また、相続税法第2条の2には次の通り規定されています。

相続税法（贈与税の課税財産の範囲）
第二条の二　第一条の四第一項第一号又は第二号の規定に該当する者については、その者が贈与により取得した財産の全部に対し、贈与税を課する。
2　第一条の四第一項第三号の規定に該当する者については、その者が贈与により取得した財産でこの法律の施行地にあるものに対し、贈与税を課する。

相続税法第1条の4第1項三号の制限納税義務者は、相続税法第2条の2第2項の規定により贈与で取得した財産のうち、日本国内にある財産のみが課税対象になります。
贈与により財産を取得した者と贈与者の住所国籍の有無から、ケース

403

毎に見てみると、贈与により財産を取得した日本国籍を有する者が、日本国内に住所を有していなくても5年以内に日本国内に住所を有していれば、贈与により取得した全ての財産が課税対象になります（図表の④⑤⑥の非居住無制限納税義務者）。

　贈与により財産を取得した日本国籍を有する者が日本国内に住所を有しておらず、かつその期間が5年を超えていたとしても、贈与者が日本国内に住所を有するか、または5年以内に日本国内に住所を有していた場合は、贈与により取得した全ての財産が課税対象になります（図表の⑦⑧の非居住無制限納税義務者）。

　贈与により財産を取得した日本国籍を有しない者が日本国内に住所を有せず、かつ贈与者も日本国内に住所を有していない場合は、日本国内の財産のみが贈与税の対象になります。国外にある財産は課税対象外になります（図表の⑪⑫の制限納税義務者）。

6 相続税の納税義務者
（特定納税義務者）

Q 私は父から贈与を受け、相続時精算課税を適用して贈与税の申告を行った後、出国して6年が経過しました。現在も住所は日本国外にあります。今回、日本国外に住所がある父が亡くなりましたが、財産は相続しませんでした。相続税の申告を行う必要があるのでしょうか。また、申告をする場合はどこにすればよいでしょうか。

A 相続または遺贈により財産を取得しなかった者で、相続時精算課税を受けていた者は、相続税法第1条の3第1項四号の規定により相続税の申告を行う必要があります。

相続または遺贈により財産を取得した場合は、相続税法1条の3第1項一号から三号の規定のいずれに該当するかを判定しますが、特定納税義務者については、日本国内の住所や日本国籍の有無の判定を行うまでもなく納税の義務を負います。

相続税の申告を行う場合の納税地については、日本に住所を有しない特定納税義務者の納税地は、納税地を定めて納税地を所轄する税務署長に申告をすることになっています。

相続税法第1条の3第1項四号の規定は次の通りです。

相続税法（相続税の納税義務者）
第一条の三　次の各号のいずれかに掲げる者は、この法律により、相続税を納める義務がある。
一　相続又は遺贈（贈与をした者の死亡により効力を生ずる贈与を含む。以下同じ。）により財産を取得した個人で当該財産を取得した時においてこの法律の施行地に住所を有するもの
二　相続又は遺贈により財産を取得した次に掲げる者であって、当該財産を取得した時においてこの法律の施行地に住所を有しないもの
　イ　日本国籍を有する個人（当該個人又は当該相続若しくは遺贈に係

> る被相続人（遺贈をした者を含む。以下同じ。）が当該相続又は遺贈に係る相続の開始前五年以内のいずれかの時においてこの法律の施行地に住所を有していたことがある場合に限る。）
> 　ロ　日本国籍を有しない個人（当該相続又は遺贈に係る被相続人が当該相続又は遺贈に係る相続開始の時においてこの法律の施行地に住所を有していた場合に限る。）
> 三　相続又は遺贈によりこの法律の施行地にある財産を取得した個人で当該財産を取得した時においてこの法律の施行地に住所を有しないもの（前号に掲げる者を除く。）
> 四　贈与（贈与をした者の死亡により効力を生ずる贈与を除く。以下同じ。）により第二十一条の九第三項の規定の適用を受ける財産を取得した個人（前三号に掲げる者を除く。）

　四号の規定に該当する者が特定納税義務者となります。
　ところで相続税の納税義務の成立の日は、国税通則法第15条第2項四号の規定により、相続または遺贈による財産の取得の時とされており、財産の取得の時については相続税基本通達1の3・1の4共－8の定めにより取り扱われています。

> **相続税法基本通達（財産取得の時期の原則）**
> 1の3・1の4共－8
> 　相続若しくは遺贈又は贈与による財産取得の時期は、次に掲げる場合の区分に応じ、それぞれ次によるものとする。
> (1)　相続又は遺贈の場合　相続開始の時（失踪の宣告を相続開始原因とする相続については、民法第31条《失踪宣告の効力》に規定する期間満了の時又は危難の去りたる時）
> (2)　贈与の場合　書面によるものについてはその契約の効力の発生した時、書面によらないものについてはその履行の時

　しかし、特定納税義務者は相続または遺贈により財産を取得していないことから、納税義務の成立の日を国税通則法第15条第2項四号の規定から判定できません。

このため、特定納税義務者については、国税通則法施行令第5条第1項7号の規定を設け、特定贈与者の死亡の時が納税義務の成立の日とされています。

国税通則法（納税義務の成立時期の特例）(抄)

第五条　法第15条第二項（納税義務の成立時期）に規定する政令で定める国税は、次の各号に掲げる国税（第一号から第十号までにおいて、附帯税を除く。）とし、同項に規定する政令で定める時は、それぞれ当該各号に定める時とする。

七　相続税法第二十一条の十六第一項（相続時精算課税に係る相続税額）の規定により、相続又は遺贈により取得したものとみなされる財産に係る相続税

　　同法第二十一条の九第五項（相続時精算課税の選択）に規定する特定贈与者の死亡の時

7 住所の判定

Q 相続税において住所の判定は重要だと聞きましたが、相続税法上、住所はどのように規定されているのでしょうか。住所とは住民登録している住民票があるところと理解すればよいですか。

A 住所が日本国内にあるのか、国外にあるのかによって納税義務の範囲が異なり、相続税の課税対象とされる財産の範囲が日本国内のみか、国外の財産も含めた全ての財産になるかの違いが生じてきます。

従って住所の判定は課税上大変重要になりますが、相続税法等には住所についての明文の規定はありません。

だからと言って、単に住民登録地により形式的に判断できるものでもありません。一般的には住民登録地に住所があると推認されますが、実際の住所と異なる場合は、実質で判断することになります。

住所により課税対象財産が異なることから、住所についての慎重な判断が求められます。

住所について「相続税基本通達」1の3・1の4共－4では、居住無制限納税義務者を判定する場合、相続により法施行地にある財産を取得した者で当該財産を取得した時において法施行地に住所を有しないものは、たとえ、その財産を取得した時において法施行地に居所を有していても、居住無制限納税義務者には該当しないこととして、居所は住所ではないと取り扱っています。

この場合における居所とは、人が相当期間継続して居住しているものの、生活の本拠までには至らないものとされています。

相続税法基本通達（居住無制限納税義務者の判定）
1の3・1の4共－4
　相続税又は贈与税の納税義務者が居住無制限納税義務者であるかどうかの判定は、その者が相続若しくは遺贈又は贈与により財産を取得した時

において、法施行地に住所を有するかどうかによるのであつて、被相続人（遺贈をした者を含む。以下同じ。）又は贈与をした者の住所が法施行地にあるかどうかは問わないのであるから留意する。
したがつて、相続若しくは遺贈又は贈与により法施行地にある財産を取得した者で当該財産を取得した時において法施行地に住所を有しないものは、たとえ、当該財産を取得した時において法施行地に居所を有していても、居住無制限納税義務者には該当しないのであるから留意する。

住所について相続税法は、民法の「住所」の概念を借用して（借用概念）課税要件を定めています。

民法上の住所は「各人の生活の本拠」であり、生活の本拠とは「人の生活の中心となっている場所」とされていますが、民法上の住所はさらに「定住という客観的な事実（客観主義）」の他に「定住の意思が必要（意思主義）」との考え方もあるとされています。

また、住所は1カ所に限られるとする「単数説」と、2カ所以上でもいいとする「複数説」があるとされています。

住所について、相続税法基本通達1の3・1の4共－5では、民法の住所の概念である「各人の生活の本拠」を借用しています。

しかし、「定住の意思が必要（意思主義）」という民法上の考え方については、外部から確認できないことから「定住という客観的な事実（客観主義）」に基づいて判定を行うこと、また、同時に2箇所以上住所は無いものとして1カ所のみとして判定を行うこととしています。

相続税法基本通達（住所の意義）
1の3・1の4共－5
　法に規定する「住所」とは、各人の生活の本拠をいうのであるが、その生活の本拠であるかどうかは、客観的事実によって判定するものとする。この場合において、同一人について同時に法施行地に2箇所以上の住所はないものとする。

また、国外勤務者等の取扱いについて「相続税法基本通達」1の3・1の4共－6では、留学生等のように、日本国内の親族からの送金により生

活して者や国外で勤務する期間が短期間の者など一時的に日本を離れている者については、日本国内に住所があるものとしています。

相続税法基本通達（国外勤務者等の住所の判定）
1の3・1の4共－6
　日本の国籍を有している者又は出入国管理及び難民認定法（昭和26年政令第319号）別表第二に掲げる永住者については、その者が相続若しくは遺贈又は贈与により財産を取得した時において法施行地を離れている場合であっても、その者が次に掲げる者に該当する場合（1の3・1の4共－5によりその者の住所が明らかに法施行地外にあると認められる場合を除く。）は、その者の住所は、法施行地にあるものとして取り扱うものとする。
　(1)　学術、技芸の習得のため留学している者で法施行地にいる者の扶養親族となっている者
　(2)　国外において勤務その他の人的役務の提供をする者で国外における当該人的役務の提供が短期間（おおむね1年以内である場合をいうものとする。）であると見込まれる者（その者の配偶者その他生計を一にする親族でその者と同居している者を含む。）
　(注)　その者が相続若しくは遺贈又は贈与により財産を取得した時において法施行地を離れている場合であっても、国外出張、国外興行等により一時的に法施行地を離れているにすぎない者については、その者の住所は法施行地にあることとなるのであるから留意する。

第7章　国際課税と税務調査［資産税編］

⑧ 住所についての裁判所の判断

Q 贈与税が課税されるか課税されないか、納税義務の有無に関して、住所がどこにあるのかをめぐる裁判があったと聞いたことがあります。裁判では住所についてどのように判断したのでしょうか。

A 現在の相続税法の規定では、日本国内に住所を有しなくても一定のケースにおいては、相続税法第1条の4第1項二号の非居住無制限納税義務者として相続または遺贈、贈与で取得した財産は日本国内、国外を問わず全ての財産が課税の対象になります。

しかし、平成12年度の税制改正前の相続税法では、贈与により財産を取得した者で日本国内に住所を有しない者は制限納税義務者として贈与により取得した財産のうち、日本国内にある財産のみが課税の対象になるとされていました。

このため、相続や贈与の直前に子や孫の住所を日本国外に移し、財産も国外に移転させて相続や贈与させる租税回避策が一般化し、税制に対する信頼が損なわれる状況になっていました。

このことから、国内に住所を有しなくても日本国籍を有する者であれば、一定のケースにおいては、国外の財産についても課税の対象とする措置を講じた改正が平成12年度に行われました。

ところで、相続税法では住所についての規定はありませんが、相続税法基本通達1の3・1の4共－5おいて住所の意義について明らかにしています。相続税法基本通達1の3・1の4共－5では、法に規定する「住所」とは、民法の住所の概念である「各人の生活の本拠」としています。また、「定住の意思が必要（意思主義）」という民法上の考え方については、外部から確認できないことから「定住という客観的な事実（客観主義）」に基づいて判定を行うこと、また、同時に2カ所以上住所は無いものとして1カ所のみとして判定を行うこととしています。

相続税法基本通達（住所の意義）
1の3・1の4共－5
　法に規定する「住所」とは、各人の生活の本拠をいうのであるが、その生活の本拠であるかどうかは、客観的事実によって判定するものとする。この場合において、同一人について同時に法施行地に2箇所以上の住所はないものとする。

　この贈与税の住所地をめぐる裁判は、平成12年度の税制改正前の年分の贈与税の課税処分についてのものでした。この裁判は最高裁まで争われ、納税者の住所が日本国内にあるのか国外にあるのかについて、日本国内や国外の滞在場所や滞在日数、日本国内や国外の仕事上の役職や職務の状況等についても審理されています。

　住所についての最高裁の判断は、「住所とは、反対の解釈をすべき特段の事由はない以上、生活の本拠、その者の生活に最も関係の深い一般生活、全生活の中心を指すものであり、一定の場所がある者の住所であるか否かは、客観的に生活の本拠たる実体を具備しているか否かにより決すべきものと解するのが相当」としています。

　納税義務の有無に関する住所判定に当たっては、住所は相続税や贈与税の課税財産の範囲に大きく影響します。住所判定に当たっては、住所判定のための諸要素、「納税者の住居がどこにあるか、配偶者や生計を一にする親族を有するか否か、有する場合は配偶者や生計を一にする親族の住居がどこにあるか、職業、資産の所在地」等を総合勘案して判定を行う必要があります。そしてその住所が、客観的に生活の本拠たる実体を具備しているのかの慎重な判断が求められます。

⑨ 納税地（非居住無制限納税義務者、制限納税義務者、特定納税義務者）

Q 私（日本国籍なし）は現在、日本国外に住所がありますが、日本国内に住所のある父から日本国内や国外にある財産の贈与を受けました。日本での贈与税の申告はどこにすればよいでしょうか。

A あなたは、相続税法第1条の4第1項二号ロの規定に該当して、非居住無制限納税義務者となり、贈与により取得した全ての財産が課税対象になります。

　贈与税の納税地については、あなたのような非居住無制限納税義務者や制限納税義務者は、相続税法第62条第2項の規定により納税地を定めて納税地を所轄する税務署長に申告をすることとされています。

　納税地の定めが無い場合には、国税庁長官が納税地を指定して通知することとされています。

　居住無制限納税義務者の納税地は、相続税法第62条第1項の規定により日本国内にある住所地を持ってその納税地とすることとされています。

　また、相続税の納税地については、居住無制限納税義務者や日本に住所を有する特定納税義務者は、日本国内にある住所地をもってその納税地とすることとされています。

　非居住無制限納税義務者および制限納税義務者と日本に住所を有しない特定納税義務者の納税地は、納税地を定めて納税地を所轄する税務署長に申告をすることとされています。

　納税地の定めが無い場合には、国税庁長官が納税地を指定して通知することとされています。

相続税法（納税地）
第六十二条　相続税及び贈与税は、第一条の三第一項第一号若しくは第四号又は第一条の四第一項第一号の規定に該当する者については、この法律の施行地にある住所地（この法律の施行地に住所を有しないことと

なった場合には、居所地）をもって、その納税地とする。
2 <u>第一条の三第一項第二号若しくは第三号又は第一条の四第一項第二号若しくは第三号の規定に該当する者及び第一条の三第一項第一号若しくは第四号又は第一条の四第一項第一号の規定に該当する者でこの法律の施行地に住所及び居所を有しないこととなるものは、納税地を定めて、納税地の所轄税務署長に申告しなければならない。その申告がないときは、国税庁長官がその納税地を指定し、これを通知する。</u>
3 （省略）

なお、相続税の納税地については相続税法附則3により、被相続人の死亡時の住所が日本国内にある場合は、当分の間、被相続人の死亡時の住所地が納税地とされています。

附則（抄）
2 この法律は、本州、北海道、四国、九州及びその附属の島（政令で定める地域を除く。）に、施行する。
3 相続又は遺贈により財産を取得した者（当該相続に係る被相続人から第二十一条の九第三項の規定の適用を受ける財産を贈与により取得した者を含む。以下この項において同じ。）の当該被相続人の死亡の時における住所がこの法律の施行地にある場合においては、当該財産を取得した者については、当分の間、第二十七条第一項若しくは第三項又は第二十九条第一項の規定により申告すべき相続税に係る納税地は、第六十二条第一項及び第二項の規定にかかわらず、被相続人の死亡の時における住所地とする。
　ただし、当該納税地の所轄税務署長がした当該相続税に係る処分は、その者の住所地の所轄税務署長がしたものとみなして、当該住所地の所轄税務署長又は国税局長に対し不服申立をし、又は訴えを提起することを妨げない。

ところで、納税地を誤った管轄外の税務署長の処分は、処分権限の無い税務署長による処分になってしまうことから、納税地とされる住所がどこになるのかについては、課税当局にとっても重要な事項になります。税務署長が更正処分や加算税の賦課決定処分等の課税処分を行う時は、納税地（住所地）を慎重に見極めて行うことになります。

相続税法等に住所についての明文の規定はありませんが、住所について、相続税法基本通達1の3・1の4共－5では、

> **相続税法基本通達（住所の意義）**
> 1の3・1の4共－5
> 　法に規定する「住所」とは、各人の生活の本拠をいうのであるが、その生活の本拠であるかどうかは、客観的事実によって判定するものとする。この場合において、同一人について同時に法施行地に2箇所以上の住所はないものとする。

として、住所は客観主義により、また、同時に2カ所以上住所は無いものとして、1カ所のみとして、納税者の住居、職業、配偶者や生計を一にする親族の住所、資産の所在地等の客観的事実に基づいて総合的に判定を行うこととしています。

10 財産の所在

Q 相続税、贈与税の課税においては、日本国内に住所があるか日本国外に住所があるかによって、国外の財産も含めた全ての財産が課税対象になる場合と、日本国内の財産のみが課税対象になる場合があると聞きました。日本国内にある財産か日本国外にある財産かについては、どのように判定すればいいのでしょうか。

A 相続税および贈与税においては、無制限納税義務者が取得した財産は、その所在が日本国内、国外を問わず全ての財産が課税対象となりますが、制限納税義務者は取得した財産が、相続税法の施行地内（国内）の財産のみが課税対象となります。

従って、相続税および贈与税の課税上、納税義務者の判定とともに取得した財産の所在の判定も必要になりますが、財産の所在については、相続税法第10条第1項から3項に規定されています。

相続税および贈与税の課税上、取得した財産の所在の判定は重要となりますので、財産の所在については、相続税法第10条に規定に従って適切に判定する必要があります。

相続税法（財産の所在）
第十条　次の各号に掲げる財産の所在については、当該各号に規定する場所による。
　一　動産若しくは<u>不動産又は不動産の上に存する権利</u>については、その動産又は不動産の所在。
　　　ただし、船舶又は航空機については、船籍又は航空機の登録をした機関の所在
　（二、三　省略）
　四　金融機関に対する<u>預金、貯金、積金又は寄託金</u>で政令で定めるものについては、その預金、貯金、積金又は寄託金の受入れをした営業所又は事業所の所在
　五　<u>保険金</u>については、その保険（共済を含む。）の契約に係る保険会社

等（保険業又は共済事業を行う者をいう。第五十九条第一項において同じ。）の本店又は主たる事務所（この法律の施行地に本店又は主たる事務所がない場合において、この法律の施行地に当該保険の契約に係る事務を行う営業所、事務所その他これらに準ずるものを有するときにあっては、当該営業所、事務所その他これらに準ずるもの。次号において同じ。）の所在

（六、七 省略）

八 <u>社債</u>（特別の法律により法人の発行する債券及び外国法人の発行する債券を含む。）若しくは<u>株式、法人に対する出資又は政令で定める有価証券</u>については、当該社債若しくは株式の発行法人、当該出資のされている法人又は当該有価証券に係る政令で定める法人の本店又は主たる事務所の所在

（九～十三 省略）

（2～3項　省略）

4　前三項の規定による<u>財産の所在の判定は、当該財産を相続、遺贈又は贈与により取得した時の現況による。</u>

　財産の所在の判定に当たっては、当該財産を相続、遺贈または贈与により取得した時の現況によると相続税法第10条第4項に規定されています。

　また、相続税法基本通達10－1から10－6には、財産の所在の判定に当たって留意すべき事項が示されています。

　外貨建て預金の財産の所在については、預金を預け入れした金融機関の営業所または事業所の所在地になりますが、外国銀行の日本の支店に預け入れした場合は国内財産になります。

　また、外国法人の発行する株式の財産の所在については、外国法人の本店または主たる事務所の所在地になるため国外財産になりますので、たとえ外国法人の発行する株式を日本国内の証券会社を通じて取得したとしても、国外財産になります。

　なお、日米相続税条約では、両締結国がともにその財産に対し租税を課す場合は、別途、財産の所在についての定めがあることから、日本とアメリカにある財産の所在の判定は租税条約の規定が優先されることになります。

11 外国税額控除（相続・贈与）

Q 私は日本国内に住所を有していますが、国外に住んでいる父から日本国外にある不動産の贈与を受けました。父の住んでいる国では、贈与税については、日本のように受贈者でなく贈与者である父に贈与税が課せられることになっています。この場合、本件贈与について日本における私の贈与税を計算する上で、父の住んでいる国で父に課せられた贈与税額を控除することができるのでしょうか。

また、相続の場合の外国税額控除はどのようになっているのでしょうか。

A 相続税法第21条の8には、在外財産に対する贈与税額の控除として、贈与により国外にある財産を取得した場合に、「当該財産につきその国（地）の贈与税に相当する租税が課せられた場合」、その財産に係る日本の贈与税額を限度としてその国（地）の贈与税額を控除すると定めており、「受贈者に贈与税が課せられたこと」とは規定されていません。

あくまで、「贈与財産に贈与税が課せられたこと」と規定されていますので、日本において受贈者に課せられる贈与税額の計算上、その地において贈与者に課せられる贈与税額（外国税額）であっても、この外国税額を控除することができるとされています。

相続税法（在外財産に対する贈与税額の控除）
第二十一条の八　贈与によりこの法律の施行地外にある財産を取得した場合において、<u>当該財産についてその地の法令により贈与税に相当する税が課せられたとき</u>は、当該財産を取得した者については、前条又は第二十一条の十三の規定により計算した金額からその課せられた税額に相当する金額を控除した残額をもって、その納付すべき贈与税額とする。ただし、その控除すべき金額が、その者についてこれらの規定により計算した金額に当該財産の価額が当該財産を取得した日の属する年分の贈

与税の課税価格に算入された財産の価額のうちに占める割合を乗じて計算した金額を超える場合においては、その超える部分の金額については、当該控除をしない。

　また、相続税の外国税額控除については、相続税第20条の2に規定されています。
　その要件は、相続または遺贈によりこの法律の施行地外にある財産を取得した場合において、当該財産についてその地の法令により相続税に相当する税が課せられたときは、日本において相続または遺贈により財産を取得した者に課せられる相続税額の計算上、その地において相続または遺贈により財産を取得した者に課せられる相続税に相当する税（外国税額）を控除することができます。
　なお、日本国内にある財産のみに課税される制限納税義務者については、外国税額控除の適用はできないとされています。

相続税法（在外財産に対する相続税額の控除）
第二十条の二　相続又は遺贈（第二十一条の二第四項に規定する贈与を含む。以下この条において同じ。）によりこの法律の施行地外にある財産を取得した場合において、<u>当該財産についてその地の法令により相続税に相当する税が課せられたとき</u>は、当該財産を取得した者については、第十五条から前条までの規定により算出した金額からその課せられた税額に相当する金額を控除した金額をもつて、その納付すべき相続税額とする。ただし、その控除すべき金額が、その者についてこれらの規定により算出した金額に当該財産の価額が当該相続又は遺贈により取得した財産の価額のうち課税価格計算の基礎に算入された部分のうちに占める割合を乗じて算出した金額を超える場合においては、その超える部分の金額については、当該控除をしない。

12 相続税の債務控除等

Q 私（18歳、日本国籍なし）は現在、日本国外に住所がありますが、半年前に日本から出国した父が出国後すぐに亡くなりました。父から日本国内や国外にある財産の相続を受けましたが、父には多額の借入金もありました。この負債は相続税の申告上、財産から控除できるのでしょうか。

A 相続税法第13条の規定に基づいた債務控除については、あなたは相続により財産を取得した日本国内に住所を有しない者が日本国籍も有せず、かつ被相続人も日本国内に住所が無い場合の相続税法第1条の3第1項三号の規定に該当する制限納税義務者ですから、相続税法第13条第2項の規定により、日本国内ある財産に付随した債務で、あなたが負担するもののみが対象になります。

相続税法第1条の3第1項三号の規定に該当する制限納税義務者は、相続により取得した財産のうち、日本国内の財産のみが贈与税の対象になり、国外にある財産は日本では課税されないからです。

仮にあなたが相続税法第1条の3第1項三一号または二号に規定する無制限納税義務者に該当する場合は、相続税法第13条第1項の規定により、被相続人の債務で相続開始日現在現存するもののうち、あなたが負担するものを控除することができます。

相続税法（債務控除）
第十三条　相続又は遺贈（包括遺贈及び被相続人からの相続人に対する遺贈に限る。以下この条において同じ。）により財産を取得した者が第一条の三第一項第一号又は第二号の規定に該当する者である場合においては、当該相続又は遺贈により取得した財産については、課税価格に算入すべき価額は、当該財産の価額から次に掲げるものの金額のうちその者の負担に属する部分の金額を控除した金額による。
一　被相続人の債務で相続開始の際現に存するもの（公租公課を含む。）

二　被相続人に係る葬式費用
2　相続又は遺贈により財産を取得した者が第一条の三第一項第三号の規定に該当する者である場合においては、当該相続又は遺贈により取得した財産でこの法律の施行地にあるものについては、課税価格に算入すべき価額は、当該財産の価額から被相続人の債務で次に掲げるものの金額のうちその者の負担に属する部分の金額を控除した金額による。
　一　その財産に係る公租公課
　二　その財産を目的とする留置権、特別の先取特権、質権又は抵当権で担保される債務
　三　前二号に掲げる債務を除くほか、その財産の取得、維持又は管理のために生じた債務
　四　その財産に関する贈与の義務
　五　前各号に掲げる債務を除くほか、被相続人が死亡の際この法律の施行地に営業所又は事業所を有していた場合においては、当該営業所又は事業所に係る営業上又は事業上の債務
3　前条第一項第二号又は第三号に掲げる財産の取得、維持又は管理のために生じた債務の金額は、前二項の規定による控除金額に算入しない。ただし、同条第二項の規定により同号に掲げる財産の価額を課税価格に算入した場合においては、この限りでない。

　また、未成年者控除についても、相続税法第1条の3第1項三号の規定に該当する制限納税義務者は、相続税法第19条の3第1項の規定によりその対象から除かれているので、控除することが出来ません。

相続税法（未成年者控除）
第十九条の三　相続又は遺贈により財産を取得した者（第一条の三第一項第三号の規定に該当する者を除く。）が当該相続又は遺贈に係る被相続人の民法第五編第二章相続人）の規定による相続人（相続の放棄があつた場合には、その放棄がなかつたものとした場合における相続人）に該当し、かつ、二十歳未満の者である場合においては、その者については、第十五条から前条までの規定により算出した金額から十万円にその者が二十歳に達するまでの年数（当該年数が一年未満であるとき、又はこれに一年未満の端数があるときは、これを一年とする。）を乗じて算出した金額を控除した金額をもつて、その納付すべき相続税額とする。

2　（省略）
3　（省略）

　因みに、障害者控除については相続税法第1条の3第1項三号の規定に該当する制限納税義務者の外に、相続税法第1条の3第1項二号の規定該当する非居住無制限納税義務者も相続税法第19条の4第1項の規定によりその対象から除かれています。

相続税法（障害者控除）
第十九条の四　相続又は遺贈により財産を取得した者（第一条の三第一項第二号又は第三号の規定に該当する者を除く。）が当該相続又は遺贈に係る被相続人の前条第一項に規定する相続人に該当し、かつ、障害者である場合には、その者については、第十五条から前条までの規定により算出した金額から十万円（その者が特別障害者である場合には、二十万円）にその者が八十五歳に達するまでの年数（当該年数が一年未満であるとき、又はこれに一年未満の端数があるときは、これを一年とする。）を乗じて算出した金額を控除した金額をもつて、その納付すべき相続税額とする。
2　（省略）
3　（省略）

13 国外不動産の相続税評価

Q 日本国外にある土地を相続で取得しましたが、どのように評価するのでしょうか。また、国外財産の評価について示された評価基本通達5-2において、課税上弊害がない限り「その財産の取得価額等を基に時点修正等を行なった価額で評価する」としていますが、課税上弊害がある場合とは、どのような場合をいうのでしょうか。

A 財産評価基本通達では、国外にある財産の価額についても、この通達に定める評価方法により評価するとしています。

また、この通達の定めによって評価することができない財産については、この通達に定める評価方法に準じて、売買実例価額や精通者意見価格等を参考にして評価するとしています。

土地については、原則として、売買実例価額や地価の公示制度に基づく価格及び鑑定評価額等を参考にして評価することになります。

財産評価基本通達5-2では、この通達の定めによって評価することができない国外財産については、課税上弊害がない限り、その財産の取得価額を基にその財産が所在する地域若しくは国におけるその財産と同一種類の財産の一般的な価格動向に基づき課税時期までの時点修正をして求めた価額により評価することが出来るとされています。

また、課税時期後にその財産を譲渡した場合における譲渡価額を基に課税時期現在の価額として算出した価額により評価することもできるとされています

この場合の合理的な価額変動率は、公表されている諸外国における不動産に関する統計指標等を参考に求めることになります。

このような評価方法が可能なのは、その財産の取得価額や譲渡価額が、その譲渡や取得の時におけるその財産の適正な時価と認められることが前提となっています。

従って、その財産を親族から低額で譲り受けた場合や債務の返済等の

ため売り急ぎがあった場合など、その価額がその時の適正な時価であると認められない場合において、その価額を基として評価することは、課税上弊害があることになります。

また、この国外財産の取得価額または譲渡価額を時点修正するための合理的な価額変動率が存しない場合についても、この評価方法を適用する前提を欠いていることから、取得価額や譲渡価額を基に評価することはできないことになります。

財産評価基本通達（国外財産の評価）

5－2　国外にある財産の価額についても、この通達に定める評価方法により評価することに留意する。なお、この通達の定めによって評価することができない財産については、この通達に定める評価方法に準じて、又は売買実例価額、精通者意見価格等を参酌して評価するものとする。（平12課評2－4外追加）

(注)　この通達の定めによって評価することができない財産については、課税上弊害がない限り、その財産の取得価額を基にその財産が所在する地域若しくは国におけるその財産と同一種類の財産の一般的な価格動向に基づき時点修正して求めた価額 又は課税時期後にその財産を譲渡した場合における譲渡価額を基に課税時期現在の価額として算出した価額により評価することができる。

また、相続財産である土地が所在する国において、相続税に相当する税が課せられた場合には、その外国の税の計算の基礎となった土地の価額（例えば、その価額が鑑定評価に基づいたものである場合など、課税時期における時価として合理的に算定された価額）をもって相続税法第22条に定める時価として差し支えないとされています。

国外財産である土地に外国で相続税または贈与税に相当する税が課されたとしても、その税の計算の基となった価額については、例えば、その価額が「小規模宅地等についての相続税の課税価格の計算の特例」のような課税上の特例を適用した後のものである場合も考えられることから、全ての場合に相続税法第22条に定める時価として相当であるとはいえないとされています。

14 国外株式の相続税評価

 外国の証券取引所に上場されている株式はどのように評価するのでしょうか。

また、外国の証券取引所に上場されていない、取引相場のない外国法人の株式を評価する場合、国税庁が公開している類似業種株価等通達の1株当たりの配当、利益、純資産価額等の指数を使用して類似業種比準方式に準じて評価することはできるのでしょうか。

 外国の証券取引所に上場されている株式は、財産評価基本通達に定める「上場株式」の評価方法に準じて評価することになります。

外国の証券取引所に上場されている株式は、課税時期現在の客観的な価額が明らかとなっていますから、財産評価基本通達に定める上場株式の評価方法に準じて評価することができるとされています。

評価額は、原則として、課税時期における最終価格になりますが、その最終価格が課税時期の属する月以前3カ月の最終価格の月平均額のうち最も低い価額を超える場合には、その最も低い価額によることができるとされています。

ところで、株式の邦貨換算については、原則的には納税者の取引する金融機関が公表する課税時期における最終の為替相場（邦貨換算を行う場合の外国為替の売買相場のうち、いわゆる対顧客直物電信買相場またはこれに準ずる相場）によるとされています。

次に、取引相場のない外国法人の株式を評価する場合は、類似業種株価等の計算の基となる指数は、日本の金融商品取引所に株式を上場している内国法人を対象としているため、外国法人との比準の対象にするのにはなじまないことから、原則として、類似業種比準方式に準じて評価することはできないこととされています。

評価する取引相場のない外国法人の株式の発行会社が、評価上の国内

法人の大会社に該当するとしても、純資産価額方式に準じて評価することになります。

その場合に控除すべき「評価差額に対する法人税額等」は、その国において、日本の法人税、事業税、道府県民税及び市町村民税に相当する税が課されている場合には、評価差額に、それらの税率の合計に相当する割合を乗じて計算することができるとされています。

取引相場のない外国法人の株式を、純資産価額方式に準じて評価する場合の邦貨換算は、原則として「1株当たりの純資産価額」を計算した後、「対顧客直物電信買相場」により邦貨換算するとされています。

ただし、資産・負債が2カ国以上にまたがっている場合などについては、資産については「対顧客直物電信買相場」により、負債については、「対顧客直物電信売相場」によりそれぞれ邦貨換算した上で「1株当たり純資産価額」を計算することもできるとされています。

財産評価基本通達（邦貨換算）
4－3　外貨建てによる財産及び国外にある財産の邦貨換算は、原則として、納税義務者の取引金融機関（外貨預金等、取引金融機関が特定されている場合は、その取引金融機関）が公表する課税時期における最終の為替相場（邦貨換算を行なう場合の外国為替の売買相場のうち、いわゆる対顧客直物電信買相場又はこれに準ずる相場をいう。また、課税時期に当該相場がない場合には、課税時期前の当該相場のうち、課税時期に最も近い日の当該相場とする。）による。

　なお、先物外国為替契約（課税時期において選択権を行使していない選択権付為替予約を除く。）を締結していることによりその財産についての為替相場が確定している場合には、当該先物外国為替契約により確定している為替相場による。（平11課評2－2外追加、平12課評2－4外改正）

（国外財産の評価）
5－2　国外にある財産の価額についても、この通達に定める評価方法により評価することに留意する。なお、この通達の定めによって評価することができない財産については、この通達に定める評価方法に準じて、又は

売買実例価額、精通者意見価格等を参酌して評価するものとする。(平12課評2－4外追加)

(注) この通達の定めによって評価することができない財産については、課税上弊害がない限り、その財産の取得価額を基にその財産が所在する地域若しくは国におけるその財産と同一種類の財産の一般的な価格動向に基づき時点修正して求めた価額又は課税時期後にその財産を譲渡した場合における譲渡価額を基に課税時期現在の価額として算出した価額により評価することができる。

15 外貨の相続税評価

Q 被相続人が所有していた外貨（現金）を相続した場合、相続した財産が海外不動産などではなく外貨そのものなので、外貨を円に交換するときの相場である外国通貨買相場（Cash Buying）の価額で評価してもいいのでしょうか。取引金融機関の課税時期の対顧客直物電信買相場（TTB）は、外国通貨買相場よりも高くなっていることから、有利な外国通貨買相場の価額で評価しようと考えています。

A 相続した財産が外貨の現金の場合であっても、納税義務者の取引金融機関が公表する対顧客直物電信買相場またはこれに準ずる相場により評価することとされています。

　対顧客直物電信買相場は、外貨預金の支払いやトラベラーズ・チェックの買取りや電信送金された外貨を円に交換する場合に適用される為替相場です。金融機関の公表する為替レートには、対顧客直物電信売相場（TTS）、対顧客直物電信買相場（TTB）、外国通貨売相場（Cash Selling）、外国通貨買相場（Cash Buying）、一覧払い買相場（At Sight Buying）等があるとされていますが、外貨建てによる財産の邦貨換算は、財産評価基本通達においては、対顧客直物電信買相場またはこれに準ずる相場によるとしています。

　なお、対顧客直物電信買相場という名称は、従来、外国為替公認銀行が使っていたもので、証券会社等では使われていないことから、採用する相場について、通達上、「対顧客直物電信買相場又はこれに準ずる相場」と定めています。

　また、金融機関の決める為替相場であれば、どのようなものでもよいということではなく、対顧客直物電信買相場と同様に顧客から外貨を買うときの邦貨建ての為替相場として公表される指標性のある為替相場という意味で、通達上、「これに準ずる相場」（その日のうちに複数の相場がある場合には、最終の相場による）と定めています。

相続税法の施行地外にある財産の邦貨換算については、外貨預金と異なり金融機関を特定することができないため、相続人が既に取引している金融機関において為替相場を確認することが最も一般的で、簡便であることから、相続人の取引している金融機関の公表する対顧客直物電信買相場により邦貨換算することとしています。

　なお、この場合の取引金融機関には、被相続人が取引していた金融機関の預金等を相続した場合のその金融機関を含み、取引金融機関が複数ある場合には相続人の選択した取引金融機関の対顧客直物電信買相場によります。また、外貨建てによる債務を邦貨換算する場合には、「対顧客直物電信売相場」を適用することとされています。

（出典　国税庁HP質疑応答事例から抜粋）

財産評価基本通達（邦貨換算）

4－3　外貨建てによる財産及び国外にある財産の邦貨換算は、原則として、納税義務者の取引金融機関（外貨預金等、取引金融機関が特定されている場合は、その取引金融機関）が公表する課税時期における最終の為替相場（邦貨換算を行なう場合の外国為替の売買相場のうち、いわゆる対顧客直物電信買相場又はこれに準ずる相場をいう。また、課税時期に当該相場がない場合には、課税時期前の当該相場のうち、課税時期に最も近い日の当該相場とする。）による。

　なお、先物外国為替契約（課税時期において選択権を行使していない選択権付為替予約を除く。）を締結していることによりその財産についての為替相場が確定している場合には、当該先物外国為替契約により確定している為替相場による。（平11課評2－2外追加、平12課評2－4外改正）

(注)　外貨建てによる債務を邦貨換算する場合には、この項の「対顧客直物電信買相場」を「対顧客直物電信売相場」と読み替えて適用することに留意する。

16 海外資産への税務調査

Q 相続税などの調査では、海外資産の調査をどのようにして行うのですか。税務署の調査担当者が直接海外に出張して調査することもあるのでしょうか。

A 税務職員の国税通則法第74条の3に定められた質問検査権は、法施行地内（日本国内）に限られ法施行地外（日本国外）に及ばないことから、国外に出て直接税務調査をすることはできません。

このため、国税庁は各国の税務当局との間において、租税条約や情報交換協定など情報交換ネットワークを拡大し、情報交換を積極的に行っているとされています。

また、国際的租税回避スキームへの取組みについては、国税庁では、東京、大阪、名古屋、関東信越の各国税局に国際担当の「統括国税実査官」を配置し、国外送金調書等の資料情報の収集・分析を行い、富裕層の国際的租税回避スキーム等国際取引を利用して租税の回避を図ろうとする納税者の調査に積極的に取り組んでいるとされています。

国税庁が発表している平成26事務年度の相続税の実地調査事績によると、海外資産関連事案にかかる実地調査件数は847件。このうち112件から申告漏れ等の非違が見つかっており、非違1件当たりの申告漏れ課税価格は4,034万円となっています（図表1）。

ここでいう「海外資産関連事案」とは、①相続または遺贈により取得した財産のうちに海外資産が存するもの、②相続人、受遺者または被相続人が日本国外に居住する者であるもの、③海外資産等に関する資料情報があるもの、④外資系金融機関との取引のあるもの―等のいずれかに該当する事案をいいます。

申告漏れ財産の種類では、現金預貯金等や有価証券の申告漏れが約60％を占めています（図表2）。

また、申告漏れ財産の所在地域別では北米地域が最も多く、次いで多

第7章　国際課税と税務調査［資産税編］

《図表1　海外関連事案にかかる調査事績》

項　目		平成25事務年度		平成26事務年度	
①	海外資産関連事案に係る実地調査件数		件 753		件 847
②	海外資産に係る申告漏れ等の非違件数	580	件 124	640	件 112
③	海外資産に係る重加算税賦課件数	65	件 17	63	件 14
④	海外資産に係る申告漏れ課税価格	370	億円 163	382	億円 45
⑤	④のうち重加算税賦課対象	27	億円 2	25	億円 10
⑥	非違1件当たりの申告漏れ課税価格（④／②）	6,371	万円 13,146	5,965	万円 4,034

（注）左肩数は、国内資産に係る非違も含めた計数を示す。

《図表2　海外資産関連事案にかかる財産別非違件数の推移》

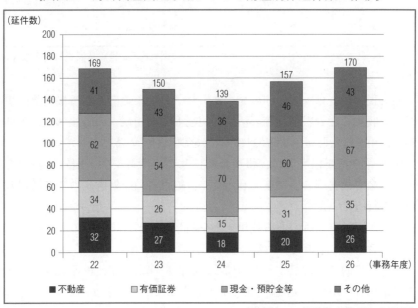

（国税庁HP報道発表資料から抜粋）

いのがアジア地域でこの2地域で約71％を占めています。

《図表3　海外資産関連事案にかかる地域別非違件数の推移》

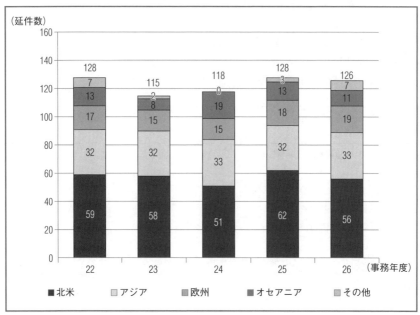

（国税庁HP報道発表資料から抜粋）

　相続税の調査は、国税庁の発表によれば租税条約による情報交換に基づいて収集した資料情報等の活用と相続人や被相続人の居住形態に着目して、相続した財産の申告漏れの有無を調査しているとされています。
　税務署の調査担当者は、租税条約に基づく情報交換、国外財産調書、国外送金等調書等の各制度を利用して、納税者の国外財産の資料情報の収集を行っています。
　また、国外に住所のある被相続人や贈与者、国外に住所のある相続人や受贈者についての資料情報の収集を行っています。
　これらに的確に対処するためには、申告書作成の際、税理士は、相続人（納税者）から事実関係をしっかり確認しておく必要があります。
　税務署の調査担当者が租税条約に基づく情報交換等で入手した資料情

報は、間接的に収集した資料情報であり、日本の税務調査担当者が日本国内で質問検査権を行使して直接収集した資料情報でありません。このため相続税調査に至った場合の対応として、資料情報の具体的な内容や資料情報に誤りがないかよく確認する必要があります。

　相続税調査において調査担当者は、入手している資料情報に基づき、国外財産の保有の有無、保有があれば具体的な管理運用の状況を聴取し、財産の運用についてのステートメント等の提示を求めてきます。

　納税者に国外財産を隠ぺいしている素振りを調査担当者が感じ取れば、事実関係が解明されるまで繰り返し質問を受けることになります。これらに的確に対処するためには、税務調査の際に事実関係をしっかり整理しておくことが重要です。また税理士は、相続人（納税者）からしっかりと聞取りして対応する必要があります。

17 諸外国の相続税制

Q 日本で相続税が課税された場合、国外財産について国外財産の所在地国で相続税（相続税に相当する税）が課せられた場合には、外国税額控除により相続税が軽減されるそうですが、相続税や相続税に相当する税が課税される国はどこで、どのような仕組みになっているのでしょうか。また、相続税が課税されない国もあるのですか。

A 日本で相続税が課税された場合、国外財産について国外財産の所在地国で相続税（相続税に相当する税）が課せられた場合には、外国税額控除ができますので、相続税や相続税に相当する税が課せられる国を把握しておく必要があります。

相続税が課税される主な国は、米国（遺産税）、英国、フランス（登録税）、ドイツ、イタリア、ブラジル、スペインなどになります。

米国の連邦遺産税は、被相続人から相続人への財産の移転を課税原因として、遺産自体に税を課す遺産課税方式で、遺産の管理者または遺言執行者が納税義務を負うとされています。納税義務については、被相続人が米国市民または米国居住者である場合は、全世界の財産が連邦遺産税の課税対象となり、被相続人が非居住外国人である場合は、米国にある財産のみが課税対象となります。

米国の連邦贈与税は、贈与による財産の移転を課税原因として、贈与者に税を課す財産移転税です。納税義務については、贈与者が米国市民または米国居住者である場合は、全世界の財産が連邦贈与税の課税対象となり、贈与者が非居住外国人である場合は、米国にある財産のみが課税対象となります。

英国の相続税も米国と同じように遺産課税方式を採用していますが、英国の制度で特徴的なのは、相続税の対象となる贈与は相続開始前7年間に贈与があった財産とされていることです。

ドイツの相続税は遺産取得税方式で、相続または遺贈により取得した

財産が課税対象とされており、納税義務者は財産を取得した相続人または受遺者とされています。

　納税義務については、被相続人または相続人が国内に住所または居所を有する場合は、全世界の財産が課税対象となり、また、ドイツ国籍を有し、外国に5年を超えて継続して滞在していない者も全世界の財産が課税対象となります。

　フランスの相続税は、財産の移転を課税原因とする登録税とされており、ドイツと同じように遺産取得課税方式を採用しています。

　相続税がない国としては、カナダ、シンガポール、オーストラリア、ニュージーランド、ロシア、インドが主な国になります。

　カナダにはかつては遺産税等が存在していましたが、廃止され遺産税の廃止に伴い死亡時譲渡所得課税制度が導入されました。死亡時譲渡所得課税制度とは、被相続人の財産が死亡時に市場価格で譲渡されたものとみなして譲渡所得を課税する制度です。納税義務者は被相続人であり、その申告手続きは遺言執行者または遺産管理人が行うことになっています。なお、この死亡時譲渡所得課税制度により納税した税額は、相続税に相当する税ではないため、日本での相続税の納税額の算定においては、外国税額控除はできないとされています。

第8章

国際課税と税務調査
［酒税編］

1 酒税の免税

Q 酒類には酒税が課されているとのことですが、条件によっては酒税が免除される場合があると聞いています。どのような場合に酒税は免除されるのでしょうか。

A 酒税は、原則として、酒類を製造場から移出した時、または保税地域から引き取られた時（輸入した時）に課税されます。

ただし、次のような場合には酒税が免除されます。

① 製造場から移出され、または引き取られた酒類であっても、消費のための流通段階に入らず、その酒類を酒類製造者が他の酒類の原料として使用する場合（未納税移出・未納税引取り）

② 酒類製造者や酒類輸出業者が海外に輸出する目的で、酒類を製造場または蔵置場（酒税が課税されていない状態で酒類を保管する場所）から移出する場合（輸出免税・未納税移出）

酒税法は、その納税義務の発生を、原則として酒類がその製造場から移出され、または保税地域から引き取られる時としており、移出または引取課税の建前を取っています。これは酒税法が、日本国内（法施行地内）において酒類を消費する者に対して、税を負担させることを予定して立法された法律だからです。

しかし、たとえ製造場から移出されまたは保税地域から引き取られた酒類であっても、①の場合には、まだ消費のための流通段階に入らない中間の段階において酒税を課することは、二重課税の問題が生じかねないこと、②の場合には、酒税法施行地外で消費される場合には、酒税を免除することが相当とする理由があり、また、海外に輸出される酒類に酒税を課税することは、国際市場における競争力が弱まり、輸出が困難となる恐れもあります。

そこで、酒税法は、このような場合については酒税を免除することとしているのです。

酒税の免除を受けるには、法定の期限までに、その酒類が移入先に移入された、あるいは海外に輸出されたことについての明細を記載した書類を提出することなど一定の手続が必要です。これらの手続がなされない場合には、その移出または引取りの事実に基づいて酒税の納税義務が成立することになります。

② 酒類販売の免許

Q 当社では、この度、海外から酒類を輸入し、町の酒販店や料理飲食店に販売したいと考えています。酒類については、自由に販売することができないと聞きましたが、何か手続が必要なのでしょうか。

A 海外から酒類を輸入して消費者や料飲店営業者または菓子等製造業者に販売する場合には「一般酒類小売業免許」が、また、酒販店など酒類販売業者に販売する場合には「輸入酒類卸売業免許」などの卸売業免許が必要になります。

ご質問の場合、料飲店営業者に販売するとともに、酒類販売業者にも酒類を販売したいとのことなので、「輸入酒類の販売業免許」を取得することが必要です。

酒税法では、勝手に酒類を製造したり、販売したりすることを禁止しています。酒類の製造または販売業を行おうとする者は、事前に所轄税務署長の免許を受けなければなりません。

従って酒類の販売業をしようとする場合には、酒税法に基づき、販売場ごとに、その販売場の所在地の所轄税務署長から販売業免許を受ける必要があります。

販売業免許を受けるためには、まず、税務署に販売業免許の申請書を提出します。税務署では、申請書に基づいて申請者の法律の遵守状況や経営の基礎の状況、販売設備の状況などが審査され、これらの要件を満たしていれば販売業免許が付与されます。

酒類販売業免許とは、酒類を継続的に販売することを認められる免許のことで、販売形態により、酒類小売業免許と酒類卸売業免許に大別区分されます。

酒類小売業免許とは、消費者、料飲店営業者または菓子等製造業者に対し、酒類を継続的に販売することを認める酒類販売業免許のこと。酒類卸売業免許とは、酒類販売業者または酒類製造者に対して酒類を継続

的に販売することを認める酒類販売業免許のことをいいます。

　酒類小売業免許には、①店舗において酒類を販売することができる「一般小売業免許」や、②通信手段により酒類を販売することができる「通信酒類小売業免許」等があり、また、酒類卸売業免許には、①すべての酒類を卸売することができる「全酒類卸売業免許」、②ビールを卸売することができる「ビール卸売業免許」、③輸出される酒類または輸入される酒類を卸売することができる「輸出入酒類卸売業免許」等、多くの種類の卸売業免許があります。

　免許の相談・手続については、最寄りの税務署の酒類指導官にご相談下さい。

3 酒類の輸出

Q 和食がユネスコ無形文化遺産に登録されるなど、近年、和食文化が諸外国で高く評価され、同時に日本産の酒類（清酒、日本ワイン、しょうちゅう、梅酒）に対する関心も高まっています。これら日本産酒類の輸出をしようかと考えているのですが、輸出の方法や諸手続等について教えて下さい。

A 酒類を輸出する場合、酒類製造者が自己の製造した酒類を自ら直接輸出する場合（直接輸出）と、輸出業者を通じて、あるいは輸出業者が酒類製造者から酒類を購入し輸出する場合（間接輸出）があります。直接輸出と間接輸出とでは、輸出の流れも手続も異なります。

1 直接輸出

直接輸出とは、輸出業者（貿易商社）を通さないで輸入者（相手国のバイヤー）と直接交渉を行い、酒類製造者が自社の商品（酒類）を海外に輸出する貿易形態をいいます。

酒類製造者は輸入者と直接商談を行い、売買契約を締結します。売買契約が締結すると、船会社に船腹予約を行うとともに、輸出通関業者（乙仲業者）に輸出の通関手続の依頼をします。

税関で輸出の許可を受け、貨物が船積みされ、輸出されます。

2 間接輸出

間接輸出とは、輸出業者を通じて商品を輸出することで、輸出者と輸入者の間に、輸出業者を介在させて、商品を輸出する貿易形態をいいます。

酒類製造者は、日本の輸出業者と商談を行い、売買契約を締結し、輸出業者は、輸入者と商談を行い、売買契約を締結します。

輸出業者は、船会社に船腹予約を行うとともに、輸出通関業者（乙仲業者）に輸出の通関手続の依頼をします。

税関で輸出の許可を受け、貨物が船積みされ、輸出されます。

3　酒税の免税手続

　直接輸出の場合には、酒類製造者が酒類を製造場から移出する場合に輸出免税の適用があります。

　間接輸出の場合は、輸出業者が指定する倉庫＝蔵置場（酒税が課税されない状態で酒類を保管する場所）に酒類製造者が酒類を製造場から移出するときは、未納税移出が適用され、輸出業者が蔵置場から輸出するときに輸出免税が適用されます

　酒類の輸出免税等の手続については、国税庁ホームページ（http://www.nta.go.jp）をご覧下さい。

　なお、輸出業者は、輸出卸売業免許を取得していることが必要です。

④ 免税店の種類

Q 最近、大手百貨店が銀座の店舗に「免税売店」をオープンしたと聞きましたが、消費税が免税になる「輸出物品販売場」と何が違うのでしょう？

A 輸出物品販売場とは、消費税法第8条に定める「輸出物品販売場」のことで、訪日外国人観光客等が、商品購入の際に一定の手続きを行うことで消費税が免除される小売店舗のことをいいます。「タックスフリーショップ（tax-free）」や「消費税免税店」という場合もあります。

一方、ご質問の免税売店は、消費税だけでなく、関税、酒税、たばこ税なども免税になる売店のことをいいます。「デューティフリーショップ（duty-free）」、「保税免税店」あるいは「空港型免税店」という場合もあります。

免税店は、出国する旅行者等に対して、商品にかかる税金（酒税、たばこ税、消費税や輸入品の関税など）を免除して販売する小売店のことをいいます。

この免税店には、「デューティフリーショップ」と「タックスフリーショップ」の大きく2種類に分かれます。

【デューティフリーショップ（duty-free）】
国際空港の出国手続き後のエリアには必ず免税店が出店しています。ウイスキー・ブランデー（高額の酒税）やたばこ（たばこ税）、香水（関税）などの商品を、税金のかからない本体価格のみの価格で購入することができます。購入された商品はそのまま国外に持ち出されます。もちろん入国手続前のエリアにも免税売店はありますが、いずれも空港内に売店があることから「空港型免税店」といわれます。

日本には、空港型免税店を除き、市中（市街地）にはduty-freeショップはありませんでしたが（歴史的経緯から沖縄県内には存在）、近年の訪

日外国人観光客等（インバウンド）の著しい増加に伴い、ご質問のような市中免税売店の需要が今後増えるものと予想されます。

【タックスフリーショップ（tax-free)】

　消費税法第8条に定められている「輸出物品販売場」のことです。購入商品にかかる消費税が免除されることから、「消費税免税店」といういい方をすることもあります。

　訪日外国人観光客等の増加に伴い、百貨店や量販店、専門店等多くの小売店が、許可を受け、設置しています。

　商品購入の際に、パスポートなど免税で購入することのできる人物であることを証明する書類を提示し、購入した商品を必ず国外に持ち出すことを誓約した書類を提出して、消費税が免除された価格で、商品を購入することができます。

　出国の際、購入明細書どおりの商品を所持していない場合には、日本国内で消費されたものとみなされて、消費税が追徴されます。

第9章

国際課税と税務調査
［査察編］

1 査察調査とは

Q 新聞やテレビの脱税に関する報道で、「〜が法人税法違反の疑いで○○国税局から△△地検に告発されていたことが分かった」といった内容のニュースをよく見かけます。これは「査察調査」の結果の告発ということですが、そもそも査察調査とは何ですか。

A 法人税法違反で告発されたとのことですので、査察調査が行われ、その結果として告発されたということになります。

　査察調査とは、「社会的非難に値する大口・悪質な脱税者について検察官に告発し、刑事訴追を求めるため、犯則事実や犯則行為者、脱税額等の脱税の実態を明らかにし、裁判において脱税を立証可能とする証拠を収集することを目的とした調査」です。

　つまり、脱税の充分な証拠を収集して検察官に告発し、さらに起訴を経て、結果として裁判で脱税を立証できる証拠を収集するということです。

　なお、査察調査の位置づけは「行政手続」とされていますが、実質的には「刑事手続」に準ずる手続と解されています。

　査察調査の手続は、「国税犯則取締法」というわずか22の条文からなる法律に基づいて行われています。第1条では「質問・検査・領置」という任意調査の方法が、第2条では裁判所の令状である「許可状」を必要とする「臨検・捜索・差押」という強制調査の方法が規定されています。

　また査察官は、第12条の2における「収税官吏ハ間接国税以外ノ国税ニ関スル犯則事件ノ調査ニ依リ犯則アリト思料スルトキハ告発ノ手続ヲ為スヘシ」(注)との規定により、告発を行います。

　査察調査の解説には「犯則」という言葉が頻繁に出てきますが、これは各税法の罰則に規定のある「偽りその他不正の行為により税を免れ、還付を受けた」こと、つまり脱税の構成要件をいいます。従って告発さ

れるのは「偽りその他不正の行為で税を免れた場合」ということになります。

そして、ここでいう「偽りその他不正の行為」については、判例などにより「ほ脱（脱税）の意図をもって、その手段として税の賦課徴収を不能もしくは著しく困難ならしめるような、なんらかの偽計その他の工作を行うこと」という解釈が示されています。具体的には、収入の除外や、架空人件費および架空外注費などの計上が一般的のようです。

（注）間接国税の定義…国税犯則取締法施行規則
　　　第1条：国税犯則取締法二於イテ間接国税ト称スルハ左ノ国税トス
　　　　　　一号：課税貨物に課サル消費税、二号：酒税、三号：たばこ税、四号：揮発油税、五号：地方道路税、六号：石油ガス税、七号：石油石炭税

2 海外取引を利用した脱税事件

 脱税事件に関して、海外取引等を利用した不正事例にはどのようなものがあるのでしょうか。

 脱税に係る不正行為は、国内取引でも海外取引でもその形態は概ね同じです。特に海外取引に関して特別な方法があるということはありません。

損益面においては、収入の除外や圧縮、架空原価や経費の計上。貸借においては、簿外資金の海外での保管や海外での運用等が考えられます。

具体的には、次のような手口があるようです。

① 海外に設立した稼働実態のない法人の口座に入金させ、その法人の収入であるかのように仮装する
② 海外で得た収入を海外で保管した上、海外で運用する
③ 海外からの仕入れに関して、現地にダミー法人を設立し、正規の仕入金額に水増しした金額を送金することで、ダミー法人に差額をプールする
④ 海外の法人や個人に、業務委託手数料や支払手数料を計上する
⑤ 国内に居住実態がありながらも、住民票を海外に移すことで、海外移住者を装い、その所在を明らかにせず、国内所得を申告しない
⑥ 海外不動産や海外株式等の海外相続財産の除外
⑦ 輸出免税制度を悪用した消費税の受還付

例えば、「防衛フィクサー」と呼ばれていた者の脱税報道をみると、国内の防衛関連企業から集めたコンサルタント料名目の収入を、米国所在の実態のない3つの法人の口座に振り込ませ、同社の収入であるように仮装することで、自己に帰属する収入を除外していたとされています。

また、大手建設コンサルタント会社が、政府開発援助（ODA）事業を受注するために数億円の裏金を捻出し、東南アジア政府関係者にリベー

トを提供していたという案件では、元常務に香港で設立させた実体のない法人に、現地調査費名目で3年間に数億円を送金し、政府高官工作費として使用するとともに、残額1億数千万円を同口座にプールしていたとされています。

　いずれも「法人」と「口座」という体裁は整えられていたということになります。

　また、少し前の話になりますが、海外親会社から賦与されたストックオプションの行使利益を海外金融機関に留保していたことがマスコミを騒がせていました。

　この他、欧州を中心に展開する旅行代理店の創業者の相続案件では、オランダに所在する関連会社の株式の除外、カナダに所有するマンションの除外、さらに同マンションの賃料収入が振り込まれていた英国の銀行口座の預金の除外などが報じられています。

3 消費税の受還付犯件

Q 新聞報道で、宝石を海外に輸出したように装った虚偽の書類を税務署に提出し、計2億円前後の不正な消費税の還付を受けた旨の記事を目にしました。これは消費税の脱税ということでしょうか。また、消費税の還付が受けられる仕組みについても教えて下さい。

A 消費税の「輸出免税制度」を利用した脱税事例だと思われます。
消費税は、国内で消費される商品やサービスに課税され、輸出取引には課税されません。このため輸出業者は、国内で仕入れた消費税が上乗せされている商品に係る消費税を、確定申告により還付してもらうことになります。これが「輸出免税制度」です。ご質問の事例は、この制度を悪用したものと思われます。

輸出免税制度を利用するためには、第一に、課税事業者であることが必要です。このため開業届を出すと同時に、消費税の課税事業者となる旨の届出を行わなければなりません。

例えば、新規の個人事業者の場合は、課税期間がないことから免税事業者となります。従って、開業届を出した時から還付を受けようとするのであれば、まず課税事業者になることが必要となります。また課税期間の特例を選択して、毎月や3カ月ごとの還付申告を行うことも可能です。

第二に、実際に仕入れがあり、その仕入物品が輸出された事実があることが前提となります。このため仕入れに係る原資記録や輸出に係る申告書などの関係書類の保管がなされていなければなりません。

この輸出免税制度を悪用して脱税する場合、これらの要件をクリアする必要があることから、この流れに沿った仮装行為を行うこととなります。

ご質問の事件に関する当時の報道記事を見ると、「容疑者らは、国内で宝石の原石を仕入れ、香港に輸出したように装った申告書を税務署に提出。仕入れにかかったとする消費税分を不正に受け取った疑いが持たれている」、「実際に容疑者らが宝石の原石を仕入れた事実はなく、宝石の

輸出そのものがウソであったことが判明している」とあります。

　また、犯行グループは、明細書に宝石の仕入先として記入した納入業者と口裏を合わせ、税務調査への対策も講じていたようです。つまり、宝石のような個別管理や受け払いが可能な商品については、物の流れを追及されるため、その対処もしていたということです。

　このように様々な仮装行為を行っても、結局はウソがばれてしまっています。くれぐれも不正には手を染めないことが肝要です。

④ 査察調査の範囲

査察調査は、関係箇所に対して一斉に調査を行うとのことですが、海外取引を悪用した脱税事件が増加している昨今、例えば、国外にある支店や事務所などにも強制調査を行うのですか。

海外にある支店や事務所に対しての強制調査は、現状では行われていないようです。

　査察調査では、脱税に係る証拠を確実に収集するため、脱税を行っている疑いが極めて濃厚な者の本社・事務所・支店・工場、代表者や役員の居宅、取引金融機関など関係する箇所に対して、一斉に着手するのが原則です。

　海外にある支店や事務所にも査察調査を行えるかというご質問ですが、国税犯則取締法に国外調査権の規定がないことや、属地主義の原則により、現在、査察調査の範囲は日本の領域内に限ると解されているようです。

　査察調査の範囲が国内に限られるとなると、海外取引事案で証拠収集を確実かつ適正に行えるのか、という問題が出てきます。そこで実務上では、脱税者側を説得して海外に存在する証拠、例えば、海外の預金口座の取引記録、現地で作成され保管されている書類など不正取引に係る原資記録を取り寄せてもらい、任意で提出してもらうという方法を採っているようです。

　査察調査に着手する際には、裁判所の許可状（令状）の交付を受けなければなりません。令状の交付を受けるということは、疎明資料（証拠書類）を作成して裁判所に提出、説明し、脱税が極めて濃厚であることを確認してもらうということです。従って、この時点で脱税に係る相当な証拠の存在が確認されているということになります。

　この査察調査の着手時に、海外取引に係る不正が判明する証拠が確認されれば、まずは把握した証拠の分析から不正スキームを追及することになります。なお、実務においては、海外取引を悪用した証拠が国内に

全く存在しないということはあまりないようです。

　このほか、租税条約の情報交換による海外証拠の収集が考えられますが、同制度は脱税事件には適用されない国との租税条約もあること、あるいは時間がかかるなどの問題もあって、かつて脱税事件に関しては有効な手段とはいえませんでした。しかし平成23年11月、多国間条約である「税務行政執行共助条約」に日本国が署名したことにより、現在ではほとんどの国と脱税事件の情報交換が可能となり、回答期間も短縮されてきたようです。

　査察部としては、国内で収集した証拠を十分に分析し、事実関係を明らかにして、この事実から推認される海外の証拠を提出してもらう等、相手の協力を得て脱税の全貌を解明していくと同時に、租税条約の情報交換も活用し、より効率的に調査を進めているようです。

5 海外にある証拠の収集方法（捜査共助）

 海外に存在する証拠を収集する方法として、司法当局には「捜査共助」という制度があると聞きました。
どのような制度でしょうか。また、脱税事件とはどのような関連があるのですか。

「捜査共助」とは、日本の司法当局が、外国の司法当局に対して事件に関する証拠の提出を求めるものです。

犯罪白書（平成17年版）においては、「我が国の刑事事件の捜査（公判における補充調査を含む）に必要な証拠が外国に存在する場合、原則として、外交ルートを通じて国際礼状による捜査共助を要請する」と記載されています。

また、その手続については「我が国の刑事事件の捜査に必要な証拠の収集について外国に共助を求める場合、検察庁または警察等が外交ルートを経由してこれを行っている。通常、検察庁の依頼によって共助の要請をする場合には、検察庁→法務省→外務省→在外日本公館→相手国の外務省という経路をたどり、それぞれ、当該国の司法当局等が捜査を実施する」とあります。

脱税事件は、国税局が検察庁に告発し、検察庁が検事捜査を経た後、起訴するという流れになりますので、国税が捜査共助を依頼する先は検察庁ということになります。

かつて、「防衛フィクサー」と呼ばれた者の所得税の脱税事件に関して、「特捜部は早々に、米国法人に振り込まれた金額はフィクサーの個人収入に当たると判断し、狙いを所得税法違反に絞った。国税当局との協議に入る一方、防衛関連企業とコンサルタント契約をめぐる有印私文書偽造などの疑いで米司法当局に捜査共助を要請した」との報道がありました。

所得税法違反とするための裏付けとして、米国法人の預金口座の取引記録の写しおよび法人申告書の写しが必要と思われますので、これらの

証拠収集を依頼したものと思われます。
　実務において、検察庁との合同捜査等でない限り捜査共助は考えられません。

6 同時査察調査

 Q 査察事件において、SCIP（スキップ）という調査方法があるそうですが、どのようなものですか。

 A 「SCIP（Simultaneous Criminal Investigation Program）」とは、「同時査察調査」のことです。

　平成24年7月2日、日米両国は、日米租税条約第26条に基づいて行われる情報交換に関し、「アメリカ合衆国と日本国の権限のある当局間の同時査察調査の取決め」（日米同時査察調査実施取決め）に合意しました。この取決めは、日本の査察調査のために必要な情報提供を米国に要請することや、日本の査察調査において米国にとって有効と認められる情報を把握した場合に、その情報を米国に提供することを定めているものです。

　画期的なことは、両国の権限ある当局が本取決めに基づく同時査察調査に合意した場合、当局間で交換された情報について、指名代表（国税局の査察担当の職員の中から指名された者）間で直接協議等を行うことが可能となったことです。これにより、迅速かつ効率的に調査ができるようになりました。

　ここでいう「権限ある当局」とは、日本側は国税庁国際業務課のことです。情報交換はそれまで、国税庁国際業務課を通じてでなければ行えませんでしたが、国税局査察部の調査担当者が米国のIRS（内国歳入庁）の査察部の調査担当者と直接情報交換ができるため深度ある早期の調査が可能となりました。

　日本と米国の両方で脱税した人は、両国で刑務所に入る可能性もあります。十分な注意が必要です。

7 査察の国際化対応

Q 平成26年度査察（マルサ）の概要によれば、各国税局に配置されている国税査察官は、適正・公平な課税の実現と申告納税制度の維持を目的として、厳正な査察調査に基づき、悪質な脱税者に対する刑事責任の追及を行っているとされています。査察における国際化対応の取組み等について教えて下さい。

A 査察のプレスリリースによれば、平成26年度の査察における国際化への対応は次の通りです。

　近年、経済・金融取引のグローバル化が進展している中、国際取引を利用した事案に的確に対応するため、査察部の専門部署による調査支援及び租税条約等の規定に基づく外国税務当局との情報交換制度の活用を積極的に行っています。

　平成26年度に処理した事例では、査察官を外国税務当局へ派遣して事案の説明をした上で情報提供を要請したものや、海外からの水増し現金仕入が想定されたことから、情報提供を要請した結果、外国税務当局の調査により相手国に持ち込んだ現金の金額が明らかとなり、真実の現金仕入の金額が判明したものなどがありました。

　OECDが開催する租税犯罪タスクフォース（TFTC：Task Force on Tax Crime and Other Crimes）等の国際会議に積極的に参加し、脱税等への対応について意見交換を行いました。

　なお、脱税によって得た不正資金の多くは、現金や預貯金、株式及び不動産として留保されていたほか、高級外車や腕時計の購入、競馬などの遊興費、特殊関係人に対する資金援助や老人ホームの入居権利金などに充てられていた事例も見受けられましたが、不正資金の一部と報道されています。海外の預金で留保されていた事例や海外のカジノで費消されていた事例もありました。

　平成25年度の査察の概要においては、国際取引を利用した事案に的確に対応するため、査察部の専門部署による調査支援および租税条約等の

規定に基づく外国税務当局との情報交換制度を積極的に活用したとされています。

その結果、脱税資金を海外の預貯金やFX取引等の投資に充てられていた事例や、消費税事案では、輸出免税売上に対応する課税仕入の消費税が還付になることを奇貨として、架空の輸出免税売上とこれに見合う架空課税仕入れを計上する方法で不正に還付を受けていた事例が判明したとのことです。

また国際事案では、海外の取引先と通謀して仕入代金を水増して送金し、水増し分をバックさせていた事例が発見されたとの報道もあります。

平成24年度以前の査察の概要においてプレスリリースされた中で、主な国際事案については次の通りです。

平成24年度
○脱税によって得た不正資金を国外における投資に充てていた
○売上を英領ヴァージン諸島に設立した法人の取引に仮装し、同法人名義の海外の預金口座に振り込ませて除外していた
○中国の取引先に対し水増しした経費を送金し、水増し分をバックさせ国外預金で留保していた
○脱税によって得た不正資金については、マレーシア、シンガポールの預金口座、アメリカの投資証券、韓国の投資信託、ハワイの不動産で留保していた
○平成24年度に処理した事案では、7事件で外国税務当局に情報提供を要請し、このうち、査察官を外国税務当局に直接派遣して事案の概要を説明した上で要請を行った結果、海外の貸金庫に保管されていた相続財産が判明した

平成23年度
○自己の国内取引（FX取引）を海外（英領ヴァージン諸島）法人の取引に仮装した上、得た資金をシンガポールに送金し、留保していた
○フランスの取引先に対する貸付金を支払手数料に仮装して計上していた
○ベトナムへ中古農機具を輸出していた業者が消費税申告において、架空の輸出免税売上とそれに見合う架空仕入を計上する方法により、不正に消費税の還付を受けていた
○海外法人への支払手数料を計上していた事案において、当該海外法人の代表者に対する質問調査を当該外国税務当局に要請し、支払手数料が架空であることが判明
○外国税務当局からの要請により、犯則調査を実施し、情報を提供した

平成22年度

- 技能取得を目的とした外国人研修生を日本企業へ斡旋する「外国人研修生受入事業」の告発
- 架空の外注費をタックスヘイブンに設立した関係法人に対して計上するとともに、海外に開設したその関係法人名義の預金に送金し、留保していた
- 海外で受領した仲介手数料収入を申告から除外するとともに、当該収入を国内に持ち込むことなく、海外に開設した預金で留保していた
- 被相続人が所有していた海外の預金や、コンドミニアムを相続税の申告から除外していた
- 遊興費として渡航先のカジノで費消していた

平成21年度

- タックスヘイブンに設立した関係会社に対して、架空経費を計上していた
- 国内に住民登録をせず、海外居住者を装い、全く申告していなかった

平成20年度

- A社は海外の仕入先との通謀の上、仕入代金を水増しして送金し、水増し分の金額については、代表者が海外へ行った際に現金で回収していた
- B社は、海外の自社工場において製造過程で発生した鉄くず等の別産物の売上代金を除外するとともに、その代金を海外の金融機関の預金口座で管理するほか、海外の不動産の取得費用などに充てていた
- Dは国内に居住していたにもかかわらず、海外に移住したかのように装い、国内での株式取引により得た所得を一切申告していなかった

平成19年度

- 外国為替証拠金取引（FX取引）による利益を除外していた
- 架空の輸出免税売上とそれに見合う架空の課税仕入れを計上したり、人材派遣業を中心に本業課税仕入に該当しない人件費を課税仕入となる外注費に科目を仮装したりする等により消費税を脱税していた

第10章

国際課税と税務調査
［納税手続編］

① 海外赴任中の納税手続

Q 日本国内の商社に勤務しているサラリーマンです。この度、2年間の予定で海外支店に赴任することになりました。私には国内の不動産の貸付けによる所得がありますが、出国までに行わなければならない納税手続を教えてください。また、今後も継続して不動産の貸付収入がある予定ですが、海外支店赴任中の納税手続はどのようにすればよいのでしょうか。

海外支店勤務が1年以上の予定なので、日本国内に住所を有しない者と推定され、所得税法上の非居住者となります。

このように海外勤務等によって非居住者となる者が、海外に出発する日までに一定の所得があるときや、海外に出発した後に国内の不動産貸付け等によって日本国内で所得が生じるときには、日本で確定申告が必要になる場合があります。

この場合、納税管理人を定め、非居住者に代わって確定申告および税金の納付をする必要があります。

日本国内の会社に勤めている給与所得者が、1年以上の予定で海外の支店などに転勤し、または海外の子会社に出向した場合、この者は原則として、所得税法上の非居住者になります。

非居住者が国外勤務で得た給与には、原則として日本の所得税は課税されません。従って、非居住者となる時までに日本国内で得た給与について源泉徴収された所得税を精算する必要があります。

また、非居住者の所得のうち、国内にある貸家の賃貸料など一定の不動産所得があれば、毎年確定申告書を提出し、納税しなければなりません。

このような場合には、非居住者の確定申告書の提出や税金の納付等を行うために、出国までに非居住者の納税地を所轄する税務署長に「所得税の納税管理人の届出書」を提出し、納税管理人（法人でも個人でも可）

を定める必要があります。

　納税管理人とは、確定申告書の提出や税金の納付などを非居住者に代わって非居住者の納税義務を果たす人のことです。

　納税管理人を定めた以後、税務署が発送する書類は、納税管理人宛に送付されますが、確定申告書は非居住者の納税地を所轄する税務署長に対して提出することになります。

　このように出国の時までに納税管理人の届出書を提出した場合、年の中途で海外勤務となった年の1月1日から出国する日までの間に生じたすべての所得と、出国した日の翌日からその年12月31日までの間に国内で生じた所得を合計し、納税管理人を通して翌年の3月15日までに確定申告・納税をします。

　ところで、出国の時までに納税管理人の届出書を提出しない場合は、その年の1月1日から出国する日までの間に生じた所得のみについて、出国の時までに確定申告（準確定申告）・納税をする必要があります。なお、申告・納税をしたとしても、その年1月1日から出国する日までの間に生じたすべての所得および出国した日の翌日から12月31日までの間に国内で生じた所得（源泉分離課税となるものを除く）について、翌年3月15日までに確定申告・納税をする必要があります。

　また、翌年以後も、日本国内で所得が生じるときは、日本で確定申告が必要になる場合があります。この場合は納税管理人を定め、この納税管理人を通して確定申告・納税をすることになります。

② 国外転出時課税の納税猶予

Q 本年10月末にシンガポールに転出します。私は国外転出時課税の適用により多額の所得税を納付することになりますが、納付するための資金がありません。どうすればよいでしょうか。

A 国外転出の時までに、納税管理人の届出や確定申告書に納税猶予の特例を受ける旨を記載するなどの一定の手続を行った場合は、国外転出時課税の適用により納付することとなった所得税について、国外転出の日から原則5年間、納税猶予の特例を受けることができます（所法137の2①）。

また、長期海外滞在が必要な場合は、国外転出の日から5年を経過する日までに「国外転出をする場合の譲渡所得等の特例等に係る納税猶予の期限延長届出書」を税務署に提出して、猶予期間を5年間延長（合計10年）することができます（所法137の2②）。

国外転出時課税の納税猶予の特例の適用を受けるためには、まず、国外転出の時までに、税務署に「納税管理人」の届け出をしなければなりません。その後、納税管理人を通じて、次のような手続が必要になります（所法137の2①・③）。

① 国外転出時課税の申告をする年分の確定申告書に納税猶予の特例を受ける旨を記載して翌年3月15日までに提出する
② 「国外転出等の時に譲渡又は決済があったものとみなされる対象資産の明細書（兼納税猶予の特例の適用を受ける場合の対象資産の明細書）《確定申告書付表》」および「国外転出をする場合の譲渡所得等の特例等に係る納税猶予分の所得税及び復興特別所得税の額の計算書」を添付する
③ 確定申告書の提出期限までに、納税猶予を受ける所得税額および利子税額に相当する担保を提供する

確定申告書の提出後についても、納税猶予期間中は、各年の12月31

日時点で所有している対象資産について、引き続き納税猶予の特例の適用を受けたい旨を記載した「国外転出をする場合の譲渡所得等の特例に係る納税猶予の継続適用届出書」を翌年3月15日までに提出する必要があります（所法137の2⑥）。

「継続適用届出書」の提出をしなかった場合、その4カ月後に納税猶予期間が終了してしまいます。

ところで、納税猶予期間中に国外転出時課税の対象となった有価証券等を譲渡した場合は、納税猶予を適用した所得税額のうち譲渡をした部分の金額に応じた所得税については、納税猶予の期限が確定するため譲渡の日から4カ月以内に納付しなければなりません（所法137の2⑤・⑫）。併せて、申告期限の翌日から納税猶予期限までの期間について特例基準割合（平成28年は1.8％）を適用した利率で計算した利子税を納付する必要があります（措法93①）。

ちなみに、ここでいう特例基準割合とは、各年の前々年の10月から前年の9月までの各月における銀行の新規の短期貸出約定平均金利の合計を12で除して得た割合として各年の前年の12月15日までに財務大臣が告示する割合に、年1％を加算した割合をいいます。

また、譲渡があった日から4カ月以内に、「国外転出をする場合の譲渡所得等の特例等に係る納税猶予期限の一部確定事由が生じた場合の適用資産等の明細書」を提出しなければなりません（所令266の2⑤）。

なお、納税猶予の特例の適用を受けた納税者は、納税猶予期間の満了日（国外転出の日から5年または10年を経過する日）までに納税を猶予されていた所得税および利子税を納付しなければなりません。

納税猶予期間の満了日において、国外転出の時から引き続き所有している対象資産の価額が国外転出の時の価額よりも下落している場合には、国外転出の時に納税猶予期間の満了日の価額で譲渡等したものとみなして、国外転出時課税の申告をした年分の所得税を再計算することができます（所法60の2⑩）。

この場合には、納税猶予期間の満了日から4カ月以内に更正の請求をすることで、所得税を減額することができます（所法153の2③）。

3 国外転出時課税の納税猶予における担保提供

Q 国外転出時課税の譲渡所得の納税猶予の特例を受けるに当たって担保が必要であるとのことですが、どのような担保を提供すればよいのでしょうか。

A 納税猶予の特例の適用を受けるにあたっては、申告書の提出期限までに、納税猶予の所得税額および猶予期間中の利子税額の合計額に相当する担保を提供する必要があります。

国外転出時課税制度の納税猶予の特例の適用を受けるための担保として提供できる財産は次の通り、国税通則法第50条に掲げる財産になります。

① 国債および地方債
② 社債その他の有価証券
③ 土地
④ 建物、立木および登記・登録される船舶、飛行機、回転翼航空機、自動車、建設機械で保険に付したもの
⑤ 鉄道財団、工場財団、鉱業財団、軌道財団、運河財団、漁業財団、港湾運送事業財団、道路交通財団および観光施設財団
⑥ 税務署長が確実と認める保証人の保証

なお、非上場株式のように取引相場のない株式の場合は、

イ 財産のほとんどが非上場株式であり、かつ、その株式以外に所得税に係る納税猶予の担保として適当な財産がないと認められること
ロ 他にも財産があるが、その財産が他の債務の担保となっており、納税猶予の担保として提供することが適当ではないと認められること

これらのいずれかに該当すれば担保とすることができます。
また、担保として提供することができる財産の「税務署長が確実と認

める保証人の保証」には、法人による保証も含まれます。

　法人による保証である場合には、資力が十分であると認められるほかに、保証人となる法人がその国税を保証することが、その法人の定款に定める目的の範囲内に属する場合に限られます。次のような法人による保証は、「定款の定めの範囲内に属する場合」として取り扱われます。

　イ　保証する者と取引上密接な関係にある営利を目的とする法人
　ロ　保証する者が役員となっている営利を目的とする法人で、株主総会または取締役会などの承認を受けた法人

　ところで、担保の提供に当たっての必要な添付書類等は次のようなものになります。

　① 担保提供書
　② 担保目録
　③ （不動産の場合）　・抵当権設定登記承諾書
　　　　　　　　　　　・印鑑証明書
　　　　　　　　　　　・不動産登記事項証明書
　　　　　　　　　　　・固定資産税評価証明書
　　　（非上場株式）　・供託書正本
　　　　　　　　　　　・議事録の写し
　　　（法人による保証の場合）
　　　　　　　　　　　・納税保証書
　　　　　　　　　　　・法人の印鑑証明書
　　　　　　　　　　　・法人の登記事項証明書
　　　　　　　　　　　・貸借対照表及び損益計算書
　　　　　　　　　　　・議事録の写し

4 国外転出(贈与)時課税の納税猶予

Q このたび、私が所有する株式の大半を米国に居住している長男に譲ることにしました。

国外転出(贈与)時課税の納税猶予の特例の適用を受けるためには、どのようにすればよいでしょうか。

また、長男は5年以内に帰国することもあるらしいのですが、その時はどのような手続きをすればよいでしょうか。

A 贈与者が提出する国外転出(贈与)時課税の申告をする年分の確定申告書に、納税猶予の特例の適用を受けようとする旨を記載するなどの一定の手続きを行った場合は、国外転出(贈与)時課税の適用により納付することとなった所得税について、贈与の日から原則5年間、納税猶予の特例を受けることができます(所法137の3①・④)。

贈与者が確定申告書に納税猶予の特例を受ける旨を記載するなど、次の①から③の手続を行った場合は、国外転出(贈与)時課税の適用により納付することとなった所得税について、贈与の日から原則5年間、納税猶予の特例を受けることができます(所法137の3①・④)。

なお、贈与者が特例の適用を受けるときは納税管理人の届出は必要ありません。

ただし、贈与者が納税猶予期間中に国外転出をする場合には、出国までに納税管理人の届出を提出しなければなりません。

① 国外転出(贈与)時課税の申告をする年分の確定申告書に納税猶予の特例を受ける旨を記載して翌年3月15日までに提出する。

② 「国外転出等の時に譲渡又は決済があったものとみなされる対象資産の明細書(兼納税猶予の特例の適用を受ける場合の対象資産の明細書)《確定申告書付表》」および「国外転出をする場合の譲渡所得等の特例等に係る納税猶予分の所得税及び復興特別所得税の

額の計算書」を添付する。
　③　確定申告書の提出期限までに、納税猶予を受ける所得税額および利子税額に相当する担保を提供する。

　また、贈与者は納税猶予期間中、各年の12月31日時点で受贈者が所有等している贈与対象資産について、引き続き納税猶予の特例の適用を受けたい旨を記載した「国外転出をする場合の譲渡所得等の特例に係る納税猶予の継続適用届出書」を翌年3月15日までに提出する必要があります（所法137の3⑦）。

　さらに、贈与の日から5年を経過する日までに「国外転出をする場合の譲渡所得等の特例等に係る納税猶予の期限延長届出書」を提出して、猶予期間を5年間延長（合計10年）することができます（所法137の3③）。

　ところで、贈与を受けた非居住者が贈与の日から5年以内に帰国をした場合、帰国の時まで引き続き所有している贈与対象資産については、贈与者は、国外転出（贈与）時課税の適用がなかったものとして、課税の取消しをすることができます（所法60の3⑥一）。

　また、贈与の日から5年以内に受贈者が贈与対象資産を居住者に贈与した場合や、受贈者が亡くなり、その贈与の日から5年以内に亡くなった受贈者からの相続等により贈与資産を取得した相続人等のすべてが居住者となった場合にも、贈与者は、国外転出（贈与）時課税の適用がなかったものとして、課税の取消しをすることができます（所法60の3⑥二・三）。

　ただし、ここで注意してほしいのが次の点です。

　納税猶予の特例の適用を受けずに所得税を納付した場合、5年以内に受贈者が帰国をして更正の請求を行い所得税が還付されるときには、還付加算金は、その更正の請求があった日の翌日から起算して3カ月を経過する日とその更正の請求に係る更正があった日の翌日から起算して1カ月を経過する日とのいずれか早い日の翌日から還付の支払決定日または充当日までの期間について発生します。

　従って、納付した日から還付加算金が発生するわけではありません。

5 国外転出(相続)時課税の納税猶予

Q 父が亡くなりました。相続人はロンドン在住の長男とニューヨーク在住の長女の2名です。国外転出(相続)時課税の納税猶予の特例の適用を受けるためには、どのようにすればよいでしょうか。

A 相続財産を取得した非居住者である相続人等が、国外転出(相続)時課税の申告期限までに納税管理人の届出をするなど一定の手続を行った場合には、相続人は国外転出(相続)時課税の適用により納付することとなった所得税について、相続開始の日から5年を経過する日まで納税を猶予することができます(所法137の3②)。

納税猶予の特例の適用を受けるためには、まず、非居住者である相続人等の全員が準確定申告書の申告期限(相続開始があったことを知った日の翌日から4カ月を経過した日の前日)までに納税管理人の届出をしなければなりません。

非居住者である相続人等が2人以上いるときは、非居住者である相続人等が連署による書面で納税管理人の届出書を提出しなければなりません(所令266の3②)。

その後、納税管理人を通じて、次の手続をする必要があります(所法137の3②・④)。

① 準確定申告書に納税猶予の特例を受ける旨を記載して翌年3月15日までに提出する。

② 「国外転出等の時に譲渡又は決済があったものとみなされる対象資産の明細書(兼納税猶予の特例の適用を受ける場合の対象資産の明細書)《確定申告書付表》」および「国外転出をする場合の譲渡所得等の特例等に係る納税猶予分の所得税及び復興特別所得税の額の計算書」を添付する。

③ 確定申告書の提出期限までに、納税猶予を受ける所得税額および

利子税額に相当する担保を提供する。

　さらに、相続人は、被相続人の準確定申告書の提出後についても、納税猶予期間中は、各年の12月31日時点で相続人等が所有等している対象資産について、引き続き納税猶予の特例の適用を受けたい旨などを記載した「国外転出をする場合の譲渡所得等の特例等に係る納税猶予の継続適用届出書」を翌年3月15日までに、提出する必要があります（所法137の3⑦）。

　この継続適用届出書を提出する場合、相続人が2人以上いるときは、相続人が連署による書面で提出しなければなりません（所令266の3⑪）。また、相続対象資産を取得したかどうか、居住者または非居住者であるかを問わず、相続人が原則として連署によりその継続適用届出書を提出する必要があります。

　なお、「国外転出をする場合の譲渡所得等の特例等に係る納税猶予の期限延長届出書」または「国外転出をする場合の譲渡所得等の特例等に係る納税猶予期限の一部確定事由が生じた場合の適用資産等の明細書」を提出する場合も同様に、連署によりその届出書等を提出する必要があります。

　ところで、非居住者である相続人等が、納税猶予期間中に国外転出（相続）時課税の対象となった有価証券等を譲渡した場合、相続人は、譲渡をした部分の金額に応じた所得税について譲渡の日から4カ月以内に、利子税と併せて納付する必要があります（所法137の3⑥・⑭）。

　また、その譲渡があった日から4カ月以内に「国外転出をする場合の譲渡所得等の特例等に係る納税猶予期限の一部確定事由が生じた場合の適用資産等の明細書」を提出しなければなりません（所令266の3⑩）。

6 相互協議中の納税猶予(1)

Q 我が社は移転価格税制の適用による法人税および加算税の更正・決定を受け、多額の納税額が発生しました。取引相手国との相互協議を申立てましたが、相互協議が合意に達するまで、納税の猶予は受けられるのでしょうか。また、猶予期間中の延滞税はどうなるのでしょうか。

A 移転価格税制による更正または決定を受けた者が、取引相手国との相互協議の申立てをした場合、納税の猶予申請書を提出して要件に該当すれば、相互協議の対象となる国税につき納税の猶予を受けられます（措法66の4の2①）。

なお、納税の猶予を受ける場合には、猶予を受ける税額に相当する担保を提供しなければなりません（措法66の4の2⑦）。

また、納税の猶予を受けた場合には、延滞税のうち納税の猶予期間に対応する部分の金額は免除されます。

1 納税の猶予の要件

(1) 移転価格税制によって更正決定を受けていること
(2) 申請者である内国法人または外国法人が相互協議の申立てをしていること
(3) 移転価格税制によって更正・決定を受けた納付すべき国税等のうち納税の猶予を受けようとする金額が取引相手国との間の相互協議の対象となるものであること
(4) 納税の猶予に係る国税等以外の国税の滞納がないこと
(5) 納税の猶予金額に相当する担保の提供があること

2 納税の猶予の申請手続き

「納税の猶予申請書」および添付書類並びに担保提供に関する書類を提出します。

3　納税の猶予申請書の添付書類

(1) 相互協議の申立てをしたことを証する書類

なお、相手国等の権限ある当局に対する相互協議を申し立てている場合には、その申立ての翻訳資料を添付してください。

(2) 納税の猶予に係る国税等が、移転価格税制による更正・決定を受けた納付すべき国税等の額であることおよび相互協議の対象となるものであることを明らかにする書類

4　納税の猶予期間

納税の猶予の期間は、納期限と納税の猶予の申請の日のいずれか遅い日から相互協議の合意に基づく更正があった日の翌日から1カ月を経過するまでの期間となります。ただし、前記の「相互協議の合意に基づく更正があった日」について、合意に至らないで相互協議が終了した場合や合意内容が税額の変更をするものではない場合は、国税庁長官がその旨を通知した日となります。

5　納税の猶予許可の取消し

納税の猶予を受けているとき、次のいずれかに該当する場合には、その猶予が取り消されます。

(1) 相互協議の申立てを取り下げたとき
(2) 相互協議に必要な書類の提出に協力しないとき
(3) 国税通則法第38条《繰上請求》第1項各号のいずれかに該当する事実がある場合において、猶予に係る税額を猶予期間内に完納することができないと認められるとき
(4) 担保の変更等（通則法51①）の命令に応じないとき
(5) 新たに猶予に係る国税等以外の国税の滞納が発生したとき
(6) 財産の状況その他の事情の変化により、その猶予を継続することが適当でないと認められるとき

6　延滞税の免除

納税の猶予をした場合には、その国税等に係る延滞税のうち、納税の猶予期間に対応する部分の金額は免除されます。

なお、納税の猶予の申請が納期限以前である場合には、申請の日から

納期限までの期間も免除期間に含みます。

　ただし、納税の猶予の取消しの基因となるべき事実が生じた場合には、その生じた日後の期間に対応する部分の金額については、免除しないことがあります。

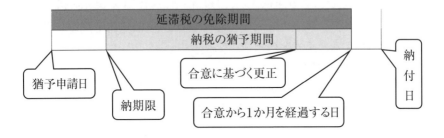

7 相互協議中の納税猶予(2)

Q 我が社は移転価格税制の適用による法人税および加算税の更正・決定を受け、多額の納税額が発生しました。納税の猶予を受けるに当たって、税額に見合う担保を提供しなければならないと聞いていますが、詳しく教えて下さい。その他、納税の猶予に当たって留意すべき事項を教えて下さい。

A 納税の猶予を受けようとする場合は、原則、納税の猶予申請書の提出に併せて、納税の猶予に係る金額に相当する担保を提供しなければなりません（措法66の4の2②）。

1 担保提供について

納税の猶予を受けようとする場合は、納税の猶予申請書を提出するときに、原則、併せて納税の猶予に係る金額に相当する担保を提供しなければなりません。

ただし、納税の猶予に係る国税等について滞納処分の執行により差し押さえられた財産があるときは、その担保の額は、猶予する金額から差し押さえられた財産の価額で国税等への充当見込額を控除した額を限度とします。

なお、次の場合は担保の提供は必要ありません。

① 納税の猶予に係る国税等の額が100万円以下である場合
② 猶予期間が3カ月以内の場合
③ 担保を提供することができない特別の事情がある場合

2 担保の種類

担保として提供できる財産は次の通り、国税通則法第50条に掲げる財産になります。

① 国債および地方債
② 社債その他の有価証券
③ 土地

④ 建物、立木および登記・登録される船舶、飛行機、回転翼航空機、自動車、建設機械で保険に付したもの
⑤ 鉄道財団、工場財団、鉱業財団、軌道財団、運河財団、漁業財団、港湾運送事業財団および道路交通財団並びに観光施設財団
⑥ 税務署長が確実と認める保証人の保証
⑦ 金銭

3 添付書類

担保の提供に当たっての必要な添付書類等は次のようなものになりますが、次に掲げる書類のほか、担保の種類に応じて必要な書類もあります。

① 担保提供書
② 担保目録
③ 第三者の所有財産を担保とする場合には、担保を提供することについての第三者の承諾書およびその第三者の印鑑証明書（例：抵当権設定登記承諾書等）
④ 担保が、法人等の所有物である場合には、代表者、法定代理人等の資格を証する書面またはその担保の設定に同意した旨が記載された書面およびその代表者、法定代理人等の印鑑証明書
⑤ 法人による保証である場合には、資力が十分であると認められるほかに、その提供等につき株主総会の承認、取締役会の承認または社員の過半数の承認を受けたことを証する書面
（非上場株式）　・供託書正本
　　　　　　　　・議事録の写し
（法人による保証の場合）
　　　　　　　　・納税保証書
　　　　　　　　・法人の印鑑証明書
　　　　　　　　・法人の登記事項証明書
　　　　　　　　・議事録の写し

4 その他の留意事項

① 納税の猶予期間中、納税証明書その3（未納税額のない証明）を

発行されません。
② 還付金が発生した場合には、納税の猶予期間中は当該猶予国税等に充当することはできず、納税者に還付することとなります（通則令23①ただし書、措令39の12の2④）。

執筆者プロフィール

【監修・編者】

武田　恒男：国税庁長官官房税務相談官、東京国税局調査第四部統括調査官（連結納税担当）、同局調査第一部調査開発課長、同局課税第二部資料調査第一課長、同局第二部次長、新宿税務署長。平成25年7月退職、同年8月税理士登録。租税調査研究会主任研究員。

【各項目執筆者】

多田　恭章（全体・法人税）：国税庁国際業務課国際業務係長、東京国税局調査第一部特別国税調査官主査（移転価格調査）、東京国税局課税第二部法人課税課国際税務専門官、国税庁国際業務課情報交換2係主査。平成26年6月辞職。平成26年9月税理士登録。社会保険労務士。租税調査研究会研究員。

小寺　壽成（国際税務の流れ、法人税）：東京国税局課税第一部国際情報課国際情報専門官、同長官官房国際業務課相互協議室課長補佐、税務大学校研究部教授（国際）、東京国税不服審判所審判官、大和税務署長。平成25年7月退職、同年8月税理士登録。租税調査研究会主任研究員。

竹村　良平（法人税）：東京国税局調査一部特別国税調査官付調査官、同統括主査、同四部特別調査部門統括主査、同部連結法人特別調査部門総括主査、同調査第二部総括主査。税務署特別調査官。平成25年7月退職、同年8月税理士登録。租税調査研究会主任研究員。

高橋　雅之（法人税）：東京国税局直税部資料調査第五課実査官（資料源開発）、同査察部主査、同調査第一部特別国税調査官室統括主査（特別調査）、同調査部　統括主査（特別調査、ソフトウエア、マスコミ等）。平成27年7月退職。平成27年8月税理士登録。租税調査研究会主任研究員。

黒田　治彦（所得税・源泉所得税、消費税）：国税庁個人課税課係長、同個人課税課課長補佐、東京国税不服審判所　副審判官。東京国税局課税第一部資料調査課統括国税実査官、国税庁監督評価官副室長、板橋税務署長、豊島税務署長。平成26年7月退職、同年8月税理士登録。租税調査研究会主任研究員。

米山　英一（源泉所得税）：麹町税務署国際税務専門官、東京国税局調査第一部特別国税調査官付総括主査（機動・特調）、同調査第四部連結法人部門総括主査、税務署特別調査官（法人・資産）平成25年7月退職、同年8月税理士登録。租税調査研究会主任研究員。

松林　優蔵（所得税・資産税）：東京国税局直税部資料調査第一課税国税実査官、同局課税第一部資料調査第三課主査、同局課税第一部資料調査課第二課課長、武蔵野税務署長、市川税務署長。平成25年7月退職、同年8月税理士登録。租税調査研究会主任研究員。

小林　幸夫（消費税・印紙税）：国税庁課税部消費税課課長補佐、国税庁事務管理課課長補佐（システム開発担当）、東京国税局課税第二部消費税課消費税課長、品川税務署長、仙台国税局調査査察部次長、江戸川北税務署長。平成25年7月退職、同年8月税理士登録。租税調査研究会主任研究員。

佐藤　一彰（酒税）：国税庁課税部酒税課検査検視係係長、国税局課税二部酒税課課長補佐、同課税二部酒類調整官、仙台国税局一関税務署長、鎌倉税務署長、平塚税務署長。平成25年7月退職。平成26年年8月　税理士登録。租税調査研究会主任研究員。

衛藤　重徳（査察）：東京国税局査察部審理課課長補佐、同査察部総括二課課長補佐、東京国税局査察部統括国税査察官、同査察部審理課長、同査察部総括二課課長、品川税務署長、葛飾税務署長。平成25年7月退職、

同年8月税理士登録。租税調査研究会主任研究員。

中島　洋二（納税手続・徴収）：東京国税局徴収部管理課課長補佐、国税庁監督評価官、東京国税局徴収部Ｓ－１特別国税徴収官、鎌倉税務署長、同徴収部機動課長、同徴収部管理運営課長、同徴収部次長、横浜中税務署長。平成25年7月退職、同年8月税理士登録。租税調査研究会主任研究員。

【編集協力】

河添美羽　　租税調査研究会・事務局編集委員。元税金専門紙編集長。
佐伯絵里　　租税調査研究会・事務局総務・メールマガジン担当。
宮口貴志　　租税調査研究会・理事、事務局長。「KaikeiZine」編集長

＊本書の編著者及び編集は、一般社団法人租税調査研究会の主任研究員、研究員、事務局が担当。同研究会は、国税局の各部局で活躍した国税出身の税理士等で設立。適正納税と難しい税務諸問題（審理解釈）を検討かつ研究し、会員会計事務所及び法人などにアドバイスする。

■**一般社団法人租税調査研究会**

東京都千代田区永田町2-14-3　東急プラザ赤坂9F
　　　　TEL：03-3539-2929、FAX：03-5510-1132
　　　　ホームページ　http://zeimusoudan.biz/
　　　　Mail：tax@zeimusoudan.biz

税目別 ケースで読み解く!
国際課税の税務調査対応マニュアル

平成28年11月7日 第1刷発行

編 著　武田　恒男
発行者　株式会社 ぎょうせい

〒136-8575　東京都江東区新木場1-18-11
電話　編集　03-6892-6537
　　　営業　03-6892-6666
フリーコール　0120-953-431
URL：http://gyosei.jp

〈検印省略〉

印刷・製本　ぎょうせいデジタル㈱
＊乱丁本・落丁本は送料小社負担にてお取り替え致します。
※禁無断転載・複製
©2016 Printed in Japan
ISBN 978-4-324-10171-1
(5108264-00-000)
〔略号：国際税務調査〕